Franz von Baader, geboren am 27. März 1765 in München, ist am 23. Mai 1841 ebendort gestorben.
Franz von Baader war »eine vielseitige und bedeutende Natur« im Sinne Goethes: Philosoph, Mediziner, Bergbaufachmann, Alchymist, Erfinder, Industrieller, Sozialpolitiker, Pionier einer Wiedervereinigung der großen christlichen Bekenntnisse, Vordenker einer Erneuerung des Russischen Reiches aus dem Geist religiöser Weltverantwortung, Vermittler zwischen deutscher, baltischer und slawischer Geisteswelt, Prophet einer »heiligen Allianz« von Proletariat und Priestertum, Interpret und Fortsetzer der Gedanken Meister Eckharts, Taulers und Saint-Martins. Bewundert von Goethe, Novalis, Schelling, Alexander von Humboldt, Hegel, Lenau, Kierkegaard, Hermann Hesse und Ernst Jünger, hat Baader die Philosophie Rußlands von Solowjow bis zu Berdjajew nachhaltig inspiriert, eine »Ökosophie« mit dem Hochziel einer Integration von Mensch und Kosmos vorbereitet und eine visionäre Metaphysik der Geschlechtlichkeit auf androgyner Grundlage entfaltet.
Die von Gerd-Klaus Kaltenbrunner herausgegebene Auswahl berücksichtigt nicht nur die eingängigen Goldkörner des Aphoristikers und Tagebuchschreibers Baader, sondern alle wesentlichen Aspekte des gerade heute überaus aktuellen Gesamtwerks. Sie schlägt eine Lichtung in das stellenweise rätselhafte und schwierig zugängliche Waldesdickicht des barocken Grüblers, hütet sich aber mit Bedacht vor unziemlicher »Popularisierung«, die das Geheimnisvolle und Herausfordernde billig verflacht. Sie zeigt den hellsichtigen Gesellschaftsdiagnostiker, den für »die Freiheit der Intelligenz« sich stark machenden Konservativen, den ökumenisch gesinnten Katholiken, papstkritischen Traditionalisten, naturfrommen Mystagogen und ganz besonders auch den Philosophen sinnlich-geistiger, geschlechtlich-übergeschlechtlicher, menschlich-göttlicher, kosmosverbürgender und transzendenzstiftender Liebe. Baader war unbestreitbar der höchstbefugte, glaubwürdigste und erleuchtetste Esoteriker seines Jahrhunderts.
»Wenn jemand beim Durchstöbern einer Bibliothek auf Baader stößt und an ihm hängenbleibt, dann liebt ihn Gott.«

insel taschenbuch 1320

Franz von Baader

Sätze aus der erotischen Philosophie

Franz Xaver von Baader, um 1830

Franz von Baader

Sätze aus der erotischen Philosophie

und andere Schriften

Herausgegeben von

Gerd-Klaus Kaltenbrunner

Insel Verlag

insel taschenbuch 1320
Erste Auflage 1991

Hinweis zu dieser Ausgabe am Schluß des Bandes
Vertrieb durch den Suhrkamp Taschenbuch Verlag
Umschlag nach Entwürfen von Willy Fleckhaus
Druck: Nomos Verlagsgesellschaft, Baden-Baden
Printed in Germany

1 2 3 4 5 6 – 96 95 94 93 92 91

Gerd-Klaus Kaltenbrunner
Kopfzerbrechen ohne Ungestüm, damit es licht wird . . .

Zum 150. Todestag des Philosophen
Franz von Baader
und zur Neuausgabe der Auswahl
aus seinen Werken

Ceterum et mihi vetustas res scribenti nescio quo pacto anticus fit animus et quaedam religio tenet, quae illi prudentissimi viri publice suscipienda censuerint, ea pro indignis habere, quae in meos annales referam.
Livius

Vielleicht grünet, was ietzt herfür keimet, mit der Zeit.
Paracelsus

Alles, was der Mensch unternimmt, um in sich das Ewige zu erwecken, tut er, um den Daseinswert der Welt zu erhöhen.
Rudolf Steiner

Habent sua fata libelli, »Bücher haben ihre Schicksale«. Das Wort trifft auch auf diese Anthologie aus den Werken eines fast vergessenen deutschen Denkers zu. Nach einem Vierteljahrhundert erscheint sie in zweiter Auflage. Seinerzeit grundgelegt, entworfen und vorbereitet, als der 200. Geburtstag Franz von Baaders bevorstand, kommt sie, seit Jahren völlig vergriffen, nunmehr zur 150. Wiederkehr seines Todestages erneut heraus. Der Verlag ist zwar der nämliche, doch wie sehr unterscheiden sich Umstände und Konstellationen von damals und heute. Als ich – damals gerade ein Mittzwanziger – von Dr. Unseld, dem meine Zuneigung zu Baader nicht entgangen war, überraschenderweise ermuntert wurde, für seine neugeschaffene »Sammlung Insel«, die der Rehabilitierung aufklärerisch-progressiven Geisteserbes geweiht sein sollte, justament eine Auswahl aus den Schriften dieses im Geruche reaktionärer Romantik stehenden Altbayern zusammenzustellen, da lebten noch Männer wie Theodor W. Adorno, Max Horkheimer, Herbert Marcuse, und ihr Ruhm nahm tagtäglich zu. Die sogenannte Studentenrevolution kündigte sich an, und mit ihr die Auferstehung eines mit psychoanalytischen, geistesaristokratischen sowie sexualromantischen Motiven amalgamierten Marxismus, der die damals noch etablierten marxistisch-leninistischen Orthodoxien in Osteuropa erheblich mehr beunruhigte als das ohnehin für linken Geistesschick zügellos aufgeschlossene »Bürgertum« des Westens.

Vor diesem geistespolitischen Hintergrund lag der editorische Einfall nahe, aus dem vielschichtigen und stollenreichen Gedankenbergwerk Baaderscher Philosophie jene Erträge hervorzuholen, die sich noch am ehesten als »fortschrittlich« ausweisen ließen. Um Baader überhaupt die

Chance eines Revivals in der damaligen Szene zu verschaffen, wählte ich aus verständlichen Gründen solche Schriften aus, die vom Thema oder Ansatz her in den späten sechziger Jahren einen gewissen Widerhall erwarten ließen. Es waren dies die gesellschaftskritisch-antikapitalistischen, die kirchenkritisch-konziliaristischen und die ehekritisch-erotologischen Arbeiten; hinzugefügt wurden Auszüge aus den Jugendtagebüchern, die den von englischer Aufklärung, Französischer Revolution, Frühanarchismus, utopischem Sozialismus und Frauenemanzipation berührten Baader der Lehr- und Wanderjahre zeigen. Zu kurz kamen bei dieser aktualisierenden Akzentuierung die im strengen Sinne religionsphilosophischen, die metatheologischen oder theosophischen Schriften und Vorlesungen des Münchners, denen ich heute, rein von der Sache her und unabhängig von Bemühungen um unmittelbare Gegenwartsbezogenheit, entschlossener als damals den Vorzug geben würde. Mehr als vor fünfundzwanzig Jahren ist mir jetzt bewußt, daß die sexualmetaphysischen und sozialreformatorischen Ansätze und Vorschläge Baaders nicht beziehungslos neben dem theosophischen Hauptstrom seiner Gedanken entstanden sind, sondern in ihm gründen. Gesellschaftstheorie, Kapitalismuskritik, androgyne Erotologie und Polemik wider Verdinglichung, Abstraktion und Naturfremdheit neuzeitlichen Geistes verdanken sich nicht irgendwelchen privaten Schrullen Baaders oder meteorgleichen Eingebungen. Sie entspringen zutiefst gnostischer Religiosität, esoterischem Christentum, einem überkonfessionellen und hyperkatholischen »Traditionalismus« und »Integralismus«. Angesichts einer grassierenden Luderesoterik und Warenhausmystik, deren Talmigold und Glasperlen heute mit konzernmäßigen Marketingmethoden verramscht werden, könnte eine Erschließung des theosophisch-mystagogischen Lebenswerks von Baader als heilsames Korrektiv wirksam werden.

So sehr Baader ein entschiedener Selbstdenker ist, so wenig

ist er ein metaphysischer Autist. Ungeachtet seiner Originalität, die sich rücksichtslos über akademische Arbeitsteilungsgepflogenheiten und kirchliche Zensuren hinwegsetzt, gleicht Baader durchaus nicht einem der narzißtischen Gurus, die heute beinahe zum Jet-Set gehören. Hinter Baader stehen die Schwabenväter, allen voran Oetinger, aber auch Bengel und Hahn. Hinter ihm stehen Jakob Böhme sowie dessen französische Jünger Saint-Martin und Villermoz. Er schöpft aus den Überlieferungen und Grübeleien des Portugiesen Martinez Pasqualis, des Bayern Karl von Eckartshausen, des Norddeutschen Johann Friedrich Kleuker, des in dänischen Diensten stehenden Barons Carl Heinrich von Gleichen; er ist vertraut mit der hermetischen Literatur der Rosenkreuzer, Alchymisten und Kabbalisten; er versenkt sich im Laufe seines Lebens immer mehr in die mystische Theologie Eckharts und Taulers, desgleichen in die Naturspekulationen eines Paracelsus, Kepler und Helmont; Scotus Eriugena, Dionysius Areopagita und Proklos hat er ebenso studiert wie Platon, Augustinus, Anselm von Canterbury, Thomas von Aquin und die griechischen Kirchenväter. Obwohl gläubiger Katholik, fühlt sich Baader unzähligen bekannten und weniger bekannten Eingeweihten jüdischer, protestantischer, ostkirchlicher und vorchristlicher Herkunft verpflichtet. Er weiß sich in eine Urtradition hineingestellt, die bereits im Paradies beginnt und an der auch die Inder, Chinesen, Altägypter teilhaben. Die ursprüngliche Astrologie ist für ihn mehr als Schwindel oder Gesellschaftsspiel mit Horoskopen. Von seinem »Zug und Hang zu einem pythagoreischen Einsiedlerleben« (XI, 7) spricht er im Tagebuch; eine seiner frühen Schriften, der Goethe Bewunderung zollte, ist dem »pythagoreischen Quadrat in der Natur« (III, 247ff.) gewidmet. Er scheute sich nicht, in einem einzigen Absatz neben Kant oder Hegel auch aus dem Jakobusbrief oder der Apokalypse zu zitieren. Er kannte die Klassiker, aber hingezogen fühlte er sich doch weit mehr zu alchymistischen, pansophischen und paracelsianischen Werken von der Art des »Amphitheatrum Eternae Sapientiae« Heinrich Khunraths oder der »Kabbala denudata« des Barons Christian Knorr von Rosenroth. Die vorsokratische, mittelalterliche und frühneuzeitliche Elementenlehre ist für Baader ebensowenig abgetan wie die hebräische Esoterik mit ihren Aufschlüssen über die *Chochma (Sophia),* die *Sephirot* und den *Adam Kadmon,* dessen Androgynität nicht Hermaphroditentum bedeutet, sondern ganzheitlich heile, geheiligt aufgehobene, keineswegs aber vernichtete oder verworrene Geschlechtlichkeit. In Jesus erblickte er das »Herz Gottes«, aber auch eine Art von Doppelgänger des vater- wie mutterlosen Priesterkönigs Melchisedech, der als erster das unblutige Opfer von Brot und Wein dargebracht hat. Wenige Tage vor seinem Tode wiederholte Baader emphatisch den von Isaak von Ninive, Rupert von Deutz, Alexander Halensis, Albertus Magnus, Johannes Duns Skotus, Bernardin von Siena, Laurentius von Brindisi, Franz von Sales und Franz Suarez formulierten, aber von Augustinus, dem Aquinaten und Luther abgelehnten Gedanken, daß auch ohne Luzifers Höllensturz und Adams Sündenfall der eingeborene Sohn Gottes Mensch geworden wäre. Die alte Theologenfrage *cur Deus homo* beantwortet er entschieden so: »Wäre die Menschwerdung nicht notwendig gewesen zur Erlösung von der Sündenschuld, dann hätte sie sich zur Verklärung und Krönung des Kosmos vollzogen« (vgl. XV, 160).

Baader stand mittelbar und unmittelbar, sei's durch ausdrückliche Mitgliedschaft, sei's auf eher kapillarischem, ja telepathischem Wege in *»Rapport«* – dies eines seiner philosophischen Lieblingsworte! – mit fast allen Geheimbünden, Mysterienzentren und Initiationskreisen Alteuropas. Er wußte über die gnostische Bedeutung des heiligen Grals ebenso Bescheid wie über die Disziplin der Bauhütte, deren Adepten mit Schwert und Maurerkelle zugleich zu hantieren geübt sind. Er zweifelte nicht daran, daß vieles, was in sichtbaren Staatsaktionen vollstreckt wird, ursprünglich in kleinsten Konventikeln, Logen und Zellen vorbereitet worden ist. Ohne jemals einer paranoiden »Weltverschwörungs«-Ideologie anzuhangen, verfügte der mit besonderem Witterungsvermögen für die Arkandimension der Politik begabte Baader anscheinend über unzweideutige Belege für das geheime Wirken informeller wie organisierter Kleingruppen im geistespolitischen Raum. Gedanken haben Konsequenzen. Alles Exoterische ist im Anfang esoterisch. Hinter jeder Politik steht eine bestimmte Mystik. Sämtliche Massenparteien haben Wurzeln in einem okkulten Untergrund. Die Anfänge des deutschen Liberalismus verlieren sich im radikalaufklärerischen Illuminatenorden Adam Weishaupts. Die Ursprünge nationalstaatlich ausgerichteter Demokratie kann man unter anderem im antinapoleonischen und antirestaurativen »Tugendbund« erblicken. Die frühesten Spuren des deutschen Konservatismus lassen sich bis zu den jüngeren Rosenkreuzern zurückverfolgen. Kotzebues Ermordung durch Karl Ludwig Sand und Kaspar Hausers Schicksal haben eine esoterische Dimension. Die ersten deutschen Kommunisten, die sich um Wilhelm Weitling scharten, waren geheimbündisch zusammengeschlossene Handwerksburschen im Exil. Der Nationalsozialismus wurde wenigstens teilweise grundgelegt von den »ariosophischen« Gurus des »Neutemplerordens«, der »Thule-Gesellschaft« und des »Germanenordens«. An der Wiege des italienischen Faschismus stehen nicht nur Marx und Mazzini, Sorel und Pareto, sondern auch Gabriele d'Annunzio und der ghibellinische Neognostiker Julius Evola, der das Mysterium des Grals in antiklerikalem Sinn zu entziffern versuchte.

Erscheinungen dieser Art, die erst im zwanzigsten Jahrhundert von seriösen Forschern wie Augustin Cochin eingehender untersucht wurden, hatte schon Baader visiert: »das religiöse wie das antireligiöse Interesse, deren Spiel in den

wichtigsten Weltereignissen nicht geleugnet werden kann«, sei von jeher »von geschlossenen und sich traditiv fortpflanzenden, wenn schon esoterischen oder geheimen Bündnissen aus geltend gemacht« worden (VIII, 328; vgl. VIII, 330ff.; I, 85ff.; XV, 374ff., 378). Baader wußte, wovon er sprach, als er im Hinblick auf gewisse konspirative Sekten feststellte: »Und da in jeder Menschenbrust ein Keim der Zerstörungslust schlummert, so darf es endlich nicht befremden, wenn solche Lehren der absoluten Souveränität oder Unbedingtheit des Menschen wenigst in einzelnen jungen Gemütern jenen Keim in dem Maße erwecken, daß er zur Furie des Zerstörens sich entwickelt, und dieser Zerstörungstrieb endlich mit dem Gefühl des Daseins dermaßen identisch wird, daß ein solcher Mensch zerstören (alles Bestehende hassen und vernichten) muß, um sich nur in der Kontinuität des Gefühls seines Daseins zu erhalten.« (I, 85)
In welchen Geistessphären dieser hellsichtige, weil die metapolitischen Wurzeln der politischen Sphäre veranschlagende Zeitdiagnostiker und Sozialpathologe zu Hause war, verraten intime Aufzeichnungen, die erst hundert Jahre nach seinem Tode veröffentlicht wurden. In ihnen bekennt er zum Beispiel, daß er trachte, schon zu Lebzeiten »durch Wartung und Übung jenes *inneren Sinnes* zu Kenntnissen und lebendigem Anschauen von Wahrheiten« zu gelangen, die »gewöhnlichen schlummernden Menschen nur beim völligen Erwachen desselben nach dem Tode zuteil werden«. Der Vierzigjährige gesteht seinem milden Mentor Johann Michael Sailer, dem später zum Bischof von Regensburg aufgestiegenen Freund Lavaters, Claudius' und Jung-Stillings: »Als Bergmann grabe ich schon seit Jahren unter Tages und höre von dem Geschwätze nichts, das über mir verhallt. Ich habe manches gefunden, von dem die Schwätzer nichts wissen, aber das Beste liegt noch unter mir und nur manchmal erfreut mich der Klang des Vergrabenen! *Per ignem ad lucem!* (Durch die Glut zum Licht!) Durch den

heiß brennenden Schmerz der Unwissenheit zur Erkenntnis! Und man kommt nur durch diese *Höllenfahrt* der Selbsterkenntnis zum Himmel des klaren Wahrnehmens.« 1820 schreibt der von Bewunderern wie Feinden immer wieder als Blitzgenie, als *philosophus per fulgur,* angesprochene Philosoph: »Tief hat sich die Geisterwelt wie eine donnerschwangere Wolke niedergesenkt, und wir fühlen bereits die kleinen Funken dieser elektrischen Spannung, Vorläufer größerer Blitze.«

Der Esoteriker Franz von Baader war nicht nur dem bürgerlichen Berufe nach, sondern auch aus geistiger Berufung und in einem symbolisch-spirituellen Sinn Bergmann, Metallurg und, ähnlich wie Jarno in Goethes »Wilhelm Meister«, ein wahrer »Montan«. Die »wirklich Eingeweihten« erscheinen ihm als »Magier«, wobei er immer wieder auf den nicht nur lautlichen Zusammenhang und Zusammenklang von *Magie, Imago, Imagination* und *Magnetisation* hinweist (vgl. I, 62, 409; II, 259f.; III, 378; IV, 12; VIII, 95, 332; XIII, 217ff.). In seinen Untersuchungen über das Wesen der menschlichen Freiheit (1809) bescheinigte Schelling Baader, daß dieser den »allein richtigen Begriff des Bösen wieder hervorgehoben und durch tiefsinnige physische Analogien, namentlich die der Krankheit, erläutert« habe. Bereits drei Jahre früher hatte er höchstwahrscheinlich Baader im Auge, als er folgenden Satz niederschrieb: »Einen kenne ich, der ist von Natur ein unterirdischer Mensch, in dem das Wissen substantiell und zum Sein geworden ist, wie in den Metallen Klang und Licht zu gediegener Masse; dieser erkennt nicht, sondern er ist eine lebendige, stets bewegliche und vollständige Persönlichkeit des Erkennens.«

Diesen »unterirdischen Menschen«, der zugleich eine »vollständige Persönlichkeit des Erkennens« ist, habe ich in der vorliegenden Anthologie aus den oben angedeuteten Gründen wohl zu wenig berücksichtigt. Baader als Theosoph, Gnostiker und Mystagoge christlichen Typs ist auch heute noch trotz einiger Vorarbeiten ein weitestgehend unbekannter Erdteil. Verglichen mit den von ihm durch das »Kreuz der Spekulation« (XV, 528) gewonnenen Einsichten und Gedankengängen erweist sich das meiste, was neuerdings unter dem Etikett »Esoterik« gehandelt wird, als billiger Winkelmystizismus bar aller Substanz. Die Schwierigkeit im Umgang mit diesem Hauptgebiet liegt allerdings darin, daß Baader »kein schmeichelnder Autor« (Josef Siegl) ist, der es dem Leser leicht macht. Obwohl von Franz Hoffmann und Johannes Claassen bis zu Leopold Ziegler, Hans Graßl und Peter Koslowski beachtliche Anstrengungen unternommen wurden, bleibt die Übersetzung Baaderscher Theosophie ins Deutsche nach wie vor ein Desiderat, das hochherziger mäzenatischer Förderung würdig wäre.

Wenn der Leser auf schwerverständliche Stellen stößt und sich überhaupt mit Baader schwertut, dann lasse er es sich dennoch nicht verdrießen. Er befindet sich mit dieser Schwierigkeit in bester Gesellschaft. Bereits Friedrich Schlegel, Ludwig Tieck und andere wohlwollende Zeitgenossen haben seufzend festgestellt, daß Baader in persönlichem Gespräch ein leichtverständlicher, in seinen Büchern ein überaus dorniger Autor sei. Die Anstrengung, die der geduldige Leser dem wunderlichen Manne widmet, vergilt dieser aber mit Erfahrungen, wie sie heutzutage Gedrucktes kaum zu vermitteln vermag. Aus eigenem Erleben belehrt, kann ich unterschreiben, was der altlutheranische Theologe Rudolf Rocholl vor mehr als hundert Jahren verehrungsvoll gesagt hat: »Eine Stunde bei Baaders Schriften ist wie eine Luftfahrt durch dunkles Wolkengeröll, daraus hier und da ein glänzender, blendender Blitz springt.«

Auch wenn es weitestgehend verpönt ist, sich auf Autoritäten zwecks Beweisführung zu berufen, so sei doch die merkwürdige Tatsache besinnlichem Nachdenken anempfohlen, daß Goethe, Novalis, Hegel, Alexander von Humboldt, Kierkegaard, Rahel von Varnhagen, Wladimir Solowjow, Nikolai Berdjajew, Rudolf Steiner, Othmar Spann, Ernst Bloch und Ernst Jünger, aber auch Dichter wie Hugo Ball und Hermann Hesse, Nikolaus Lenau und Per Atterbom – der Fürst der schwedischen Romantik – Baader bewundert und aus seinen Schriften dankbar geschöpft haben. Leo Löwenthal, der »letzte Mohikaner« der beinahe schon zur Legende gewordenen »Frankfurter Schule«, hat seine profunde Doktorarbeit der »religiösen Soziologie« Baaders gewidmet. Er stellt darin hellsichtig fest, daß Baader als der einzige überragende Gegenspieler zu Marx begriffen werden müsse. Und deutlich entsinne ich mich noch, wie die Augen Gottfried Salomons, des aus dem Exil zurückgekehrten Altmeisters deutscher Politikwissenschaft, zu leuchten begannen, als ich zu ihm um 1963 von der Notwendigkeit einer Rehabilitierung Baaders sprach.

Wem Baader nicht auf ersten Anhieb eingeht, der tut gut daran, sich im Hinblick auf die soeben genannten Kronzeugen an das Wort zu erinnern: »An ihren Früchten sollt ihr sie erkennen.« Es muß doch etwas an dem bisweilen schwerverständlichen Mann daran sein, der seit zweihundert Jahren bei einer Elite unterschiedlichster Geister solchen Widerhall gefunden hat! Im übrigen darf der Leser, der sich mit dem auf seine Weise heraklitischen Baader schwertut, sinngemäß ein Wort des Sokrates als Kompaß benutzen: »Was ich von Heraklit verstanden habe, ist vortrefflich. Daraus schließe ich, daß das andere, was ich noch nicht verstanden habe, ebenfalls vortrefflich ist.«

Habent sua fata libelli . . . Diese erstmals 1966 erschienene Anthologie wurde zwar kein Bestseller, doch fand sie die freundliche Aufmerksamkeit einiger namhafter Theologen, Philosophen, Religionshistoriker und Mystikforscher, wie Walter Nigg, Ernst Benz, René Marcic, Joachim Günther, Kurt Poppe, Gerhard Wehr und Diana C. Wyssdom. Auffallend ist auch das Echo, das nicht nur die kleine Auswahl, sondern Baader als solcher im außerdeutschen Raum gefunden hat: in Frankreich, in Italien, in den Vereinigten Staaten von Amerika und neuerdings in den nachkommunistischen Ländern Osteuropas. Ich habe den Eindruck, daß Franz von Baader heute im Ausland eifriger gelesen wird als in seiner Heimat.

Wahrscheinlich haben die meisten Deutschen heute Wichtigeres zu tun, als sich mit Baader einzulassen. Die Gewogenheit, ihn zu studieren, ist noch geringer als vor gut hundert Jahren. Damals wirkten noch einige überlebende Schüler und Jünger des Philosophen, denen in jungen Jahren begegnet zu sein, ein Hermann Hesse sich später dankbar erinnerte. Der Baader gewidmete Artikel im Philosophiegeschichtlichen Lexikon von Ludwig Noack (1879) umfaßt mehr als vierzig Spalten, während spätere Nachschlagewerke – sofern sie ihn überhaupt erwähnen – ihm kaum mehr als zehn Zeilen gönnen. Ein durch Hektik abgebrühtes Geschlecht wähnt, es würde sich langweilen, wenn es den Spuren von Baaders unterirdischem Ruhm aufmerksam nachginge. Es bildet sich ein, es sei unterhaltsamer, die modisch schicken Schaufenster mit den Blindbänden der »Postmoderne« zu begaffen. Wer allerdings das Erstaunen noch nicht völlig verlernt hat, wird Baader zu den Sieben Weltwundern deutscher Metaphysik zählen – neben Meister Eckhart, Jakob Böhme, Leibniz, Hamann, Herder und Nietzsche. Verwundern muß die Vergessenheit des Mannes, der einen Goethe, Novalis und Schelling zu fesseln vermochte, mit dem übereinzustimmen der reife Hegel aufs angelegentlichste beteuerte.

Aber nicht wirkungsgeschichtliche Reminiszenzen und ideenhistorische Glasperlenspiele sollen den Auftakt zum Gedächtnis seines hundertfünfzigsten Todestages bilden. Nachdem ich im Spätherbst 1990 einige Wochen hindurch fast ausschließlich Baader wieder gelesen hatte, erging es mir ähnlich wie diesem selbst im Umgang mit Jakob Böhme: »Je mehr ich Böhme betrachte, desto mehr bearbeitete ich mich selbst, und je mehr ich eine neue Auflage von ihm besorge, besorge ich eine Auflage meiner selbst.« (XV, 250).

Ich nenne aufs Geratewohl einige Aspekte, Themen, Grundgedanken und Motive Baaders, um derentwillen ihm eine über den Tag hinausreichende Zeitgemäßheit zukommt.

Zentral ist für ihn die esoterische Dimension des Christentums oder, genauer gesagt, die Auffassung des Christentums als einer wesensmäßig esoterischen Religion. Während die übliche Theologie die Aussagen der Bibel mehr oder weniger exoterisch versteht, zielt die Theosophie unmittelbar auf die unbedingte Wirklichkeit Gottes. Theosophie im Sinne Baaders ist legitime christliche Gnosis, die nicht mit dem häretisch-synkretistischen Gnostizismus der Spätantike verwechselt werden darf. Als »Lichtwaffe der Intelligenz« (VI, 103) durchdringt sie Schrift und Überlieferung. Deren Autorität wird von Baader zwar anerkannt, doch mit dem Zusatz, »daß die Verbindlichkeit der Anerkennung einer Autorität selber etwas Erweisbares und Beweisbares und außer allen Zweifel Setzbares ist und sein muß« (VIII, 52). Es gibt eine Art Urwissen von Gott, das darin gründet, daß wir in Gottes Bewußtsein urständen. Theosophie weiß, daß »in letzter Instanz nicht der Mensch dem Menschen Autorität ist« (V, 379), sondern ein Höheres. Wie sich dieses uns zeigt, hängt vom Menschen selbst ab, dem es gegeben ist, mit, ohne oder gegen Gott zu leben, ohne ihn aber loswerden zu können (VIII, 32f.). Theosophie entfaltet dieses Wissen. Als spekulative Metaphysik ist sie ein Drittes jenseits der erpresserischen Alternative von Rationalismus oder Irrationalismus, Agnostizismus oder Fideismus, Nihilismus oder Fundamentalismus. Das Christentum ist keine abgesonderte Religion, sondern die zum Bewußtsein gekommene, die erleuchtete und vollendete Urtradition. Baader kann sich dabei auf keinen Geringeren als den heiligen Augustinus stützen. Für diesen Kirchenvater »war die Sache selbst, welche jetzt christliche Religion genannt wird, auch bei den Alten und man

gelte vom Anbeginn des Menschengeschlechts mitnichten, bis Christus im Fleische erschien; von da ab begann die wahre Religion, die seit eh und je gewesen, die christliche zu heißen.« (Retractiones I, 12) Die »Sache selbst« *(res ipsa)*, von der Augustinus spricht, ist die gleichbleibende eine und wahre *Sophia perennis, the eternal wisdom* (XIII, 65f., 359ff.), deren Spuren sich auch bei den Hebräern, Ägyptern, Griechen und andern Völkern nachweisen lassen. Ausdrücklich erklärt Baader: »Falsch ist es, wenn man glaubt, daß das Christentum und die christliche Philosophie ex abrupto mit der Erscheinung Christi entstanden sei.« (VIII, 50; vgl. III, 362ff.) Von diesem Urwissen, diesem esoterischen Christentum avant la lettre, ist uns vieles verlorengegangen oder unverständlich geworden.
Theosophie versteht sich als Arznei gegen diese Weisheitsvergessenheit, gegen den intellektuellen Sündenfall des ursprünglich mit der göttlichen Sophia versehenen Menschen. Theosophie ist militanter »Traditionalismus« oder »Originismus«. Als religiös-metaphysische »Archäologie« ist sie Anamnese der frevlerisch verschütteten Ursprünge. Von hier aus ergibt sich auf organische Weise ein vertiefter und differenzierter Kirchenbegriff. Neben der Amtskirche mit ihrer öffentlich-apostolischen Lehrautorität gibt es eine verborgene mystisch-theosophische Sukzession spiritueller Lehrmeister, in denen der unsichtbare Christus gegenwärtig ist. Sie bewahrt das geistige, das in transzendenter Urtradition wurzelnde Christentum vor Erstarrung und Verengung. Im Zusammenhang damit entfaltet Baader eine tiefsinnige Lehre von Kult, Opfer und Sakrament, insbesondere eine Theorie der Eucharistie und der Erlösung durch »Derivation«. An die Stelle einer barbarischen Satisfaktionstheorie, der zufolge Christus zwecks Beschwichtigung des erzürnten Vatergottes leidet und stirbt, tritt die Vision, daß mit der Menschwerdung des Logos die Reintegration des als »Mikrotheos« geschaffenen, aber durch eigene Schuld gefallenen Menschen

und, damit zusammenhängend, die Reintegration der Natur begonnen habe.
Theosophie im Baaderschen Sinne ist weder weltflüchtig noch dem Status quo verschworen. Sie macht Ernst mit dem Novalis-Wort: »Wir sind auf einer Mission. Zur Bildung der Erde sind wir berufen.« Das, was ist, ist weder »normal« noch »originär«. Die den Ursprung als Ziel eräugende Theosophie ist radikaler »Revisionismus«. Die krude Faktizität deutet sie als das Ergebnis einer Katastrophe. Sie entschlüsselt die von der Aufklärung übersehene Hieroglyphenschrift der in Wehen liegenden Natur, die seufzend der Befreiung harrt. Theosophie geht »genetisch« vor, indem sie das Seiende als etwas Gewordenes begreift. Sie weigert sich, die heutige Verfassung des menschlichen Geistes, der menschlichen Gesellschaft und der außermenschlichen Natur für ursprünglich, ewig oder ordnungsgemäß zu halten. Ähnlich wie Baader die »Säkularisierung« nicht für einen spätzeitlichen Zwischenfall, sondern für eine bereits früh einsetzende Tragödie hält (vgl. I, 95 f.; V, 377 f.; IX, 28 ff.), so erachtet er die gegenwärtige Gestalt der Schöpfung oder »Welt-Zeit« (des *»Äons«*) und des in sie hineingestellten Menschen für das Ergebnis einer Deformation, einer kataklystischen Ver-Rückung und Diabolie (das griechische Wort für Teufel bedeutet eigentlich: *»Durcheinanderwerfer«*).
Von diesem Ansatz aus erweist sich vieles, was schon Zeitgenossen für Entgleisungen oder Marotten Baaders hielten, als durchaus folgerichtige Auswirkung oder Ausführung seines theosophischen Herzgedankens: etwa sein Einsatz für die »Proletairs«, sein Aufruf zu einem Bündnis zwischen gnostisch erleuchtetem Priestertum und industriegesellschaftlichen Parias, seine polemische Unterscheidung zwischen katholisch-universaler »Weltstandschaft« und römisch-zentralistischem Papalismus, seine für viele skandalöse Hinwendung zur russischen Geisteswelt, sein Beharren auf der ökumenischen Schlüsselrolle der ostkirchlich-orthodoxen Chri-

stenheit. Der Pionier einer »Heiligen Allianz«, die berufen sei, das durch Revolution, Krieg und Despotie zerrüttete Europa auf christlich-föderalistischer Grundlage zu erneuern, war alles andere als ein »restaurativer« Denker im abschätzigen Sinn. Seine Vision einer Europäischen Eidgenossenschaft, die auch die Völker des Ostens umfaßt, ist gerade heute aktueller und zukunftweisender als ein bloß zwischen Markt und »supranationaler« Reglementierung schwankendes Eurokratentum.

Und wer ahnt, in wie hohem Maße nach dem Verenden des jahrzehntelang als Staatsreligion mißbrauchten Marxismus und der Rückbesinnung der russischen Intelligenz auf die Philosophie Chomjakows, Tschaadajews, Solowjows, Berdjajews, Losskijs und Bulgakows endlich Franz von Baaders ostwärts gerichtete Gedanken zu ihrem Frühling kommen? Kein zweiter deutscher Philosoph unterhielt so intensive Beziehungen zu russischen Staatsmännern, Gelehrten und Kulturpolitikern wie dieser Münchner, der 1823/24 in Riga und Memel vergeblich darauf gewartet hatte, in St. Petersburg zu einer Audienz vorgelassen zu werden. Wie kein anderer Deutscher des neunzehnten Jahrhunderts wandte sich dieser Konservative gegen eine weitverbreitete »Russophobie« (X, 109), gegen das Zerrbild von den »völlig ungebildeten und schmählich verknechteten Barbaren« im Osten, ohne daß er deshalb für manche schwerwiegende Mißstände im Zarenreich blind gewesen wäre (vgl. XV, 75 ff., 81 ff.). Wer weiß, was in baltischen und georgischen, in Petersburger, Nowgoroder und Moskauer Archiven an Baaderschen Schriftstücken, an Zeugnissen seiner jahrzehntelangen Bemühungen um eine europäisch-russische Friedensordnung aus dem Geiste christlicher Theosophie heute noch ungehoben dahindämmert? Ist es vermessen, in dem offenkundigen Untergang des obligatorischen Partei- und Staatsmarxismus in Mittel- und Osteuropa zumindest den möglichen Beginn, die mögliche Wiederaufnahme dessen zu erblicken, worum

es Baader ging: einen Einsatz zur Überwindung des europäischen Schismas?
Baader hatte das Zeug zu einem »Philosophenkönig«, und vielleicht ist es nicht ganz zufällig, daß seine Altersphysiognomie der des greisen Präsidenten Charles de Gaulle gleicht. Was Marx und Engels gesehen haben, hat auch Baader gesehen und vorausgesehen – aber eben nicht nur dies, sondern noch viel mehr. Dieser mit archaischen Überlieferungen vertraute Nachfahre Clemens' von Alexandrien, Eckharts und Böhmes, dieser Erbe der Pansophie Paracelsus', Comenius' und der Rosenkreuzer hat mit divinatorischem Sinn gewahrt, wofür die Linke – auch die intelligenteste – nicht nur seines Jahrhunderts mit Blindheit geschlagen war: Umschlag von Idealismus in Barbarei, Naturverlust, Nihilismus, geistiger Kältetod.
Nichts enthüllt aber auch das Elend des deutschen Konservatismus deutlicher als dessen Ignoranz in bezug auf Franz von Baader. Einige seltene Denker abgerechnet, zu denen Hans Sedlmayr, Leopold Ziegler und etliche Schüler der Spannschen Ganzheitslehre zählen, huldigt der Troß der deutschen Konservativen meist dritt- oder viertrangigen Modephilosophen oder Zeitgeistlichen – wenn er nicht überhaupt seine theoretische Unbedarftheit trügerisch als »Freiheit von Ideologie« beschönigt. Für konservatives Denken von Rang gibt es jedoch nur zwei grundsätzlich mögliche Standpunkte: Nietzsche *oder* Baader, Ewige Wiederkehr *oder* Freilegung der Urtradition, Titanismus des Übermenschen *oder* Vision des Menschen als »Christophorus«, berufen zur Mitarbeit an Gottes Schöpfungswerk.
Nietzsche, den der Faschismus nicht völlig grundlos sich dienstbar zu machen versucht hat, und der vielfach als obskurantistischer Reaktionär geächtete Baader verkörpern die beiden äußersten Möglichkeiten konservativer Philosophie oder – besser gesagt – eines philosophisch ausgerüsteten Konservatismus. Es gibt keine andere Wahl. Einige russische

Denker, insbesondere Solowjow und Berdjajew, haben dies bereits vor bald hundert Jahren deutlich erkannt. Hinzuzufügen ist, daß von Baaders Position aus entscheidende Einsichten Nietzsches verstehbar und integrierbar sind, nicht aber von Nietzsches Grenzpunkt solche Baaders.

Die hiermit wieder zugängliche Auswahl lädt zur Probe ein, zur Überprüfung und Berichtigung grober Vorurteile, aber auch – ich wiederhole es – zur Übersetzung Baaders ins Deutsche, die unabdinglich ist, wenn sich spät, hoffentlich nicht zu spät, die Prophezeiung seines treuen Schülers Franz Hoffmann erfüllen soll, daß dieser eigenständige Bayer der »Begründer der Philosophie der Zukunft« sei. Was Baader von Jakob Böhme sagt, kann uns Nachgeborenen dabei als Richtschnur dienen: daß wir »weiter gehen können und sollen, als er ging, aber nur dadurch, daß wir, in ihn eingehend, ihn durchgehen, anstatt ihn ... zu ignorieren und vorbeizugehen« (vgl. II, 196, 199f.; XIII, 162ff., 237ff., 331ff.; XV, 250, 572f.). Der sowohl unbefangene als geduldige Leser möge selbst entscheiden, ob ein Denker »reaktionär« sein könne, der die satanische Macht des Negativen mit dem Absolutismus unfruchtbar-zukunftsloser Vergangenheit gleichsetzt (vgl. II, 72, 244). Der zu wiederholten Malen die Zeitgenossen Metternichs mit der Behauptung schockiert hat, daß nur dann etwas beim alten bleiben könne, wenn es ununterbrochen vor dem Veralten bewahrt, somit erneuert werde, weil Stehenbleiben Rückwärtsgehen, Nichtverjüngung Niedergang sei (vgl. VIII, 16f., 219f.; VI, 75f., 101f., 127f.). Der Ursprungsnähe mit Jungsein zusammendachte, »weswegen die Begriffe der Jugend, der Unsterblichkeit und der Integrität des Seins ineinanderfallen« (XIV, 33) und die »Propheten ... die eigentliche Jugend der Societät zu jeder Zeit bilden« (XIV, 54). Der vor »despotischem und stupidem Mißbrauch der Natur« ebenso warnte wie vor triebhafter »Selbstverknechtung« unter eine chaotische Natur (VII, 276). Der dem Menschen vorwirft, daß er »seine Mission in bezug auf die Erde« und den »sakramentalen Verband« mit ihr in kainitischer Weise verraten habe (III, 315). Der davon spricht, daß die »Polypenarme« einer zum »Bauch- und Magentier« verkommenen Menschheit »abwechselnd mit Industrie und Barrikadieren beschäftigt« seien (VI, 59). Der monströse »Mißgestalten« weissagt, mit denen eine durch Raubbau geschändete Schöpfung am sie vergewaltigenden »Chevalier d'industrie« (V, 33) rächerisch Vergeltung üben werde, »indem sie auf ihn selbst wieder entstellend und vergiftend zurückwirkt« (II, 120) oder auch »den Menschen nicht mehr trägt und erträgt, sondern ihn ausspeit oder verschlingt« (III, 315; vgl. XV, 368).

Christentum, wie Baader es versteht, ist theozentrische Heiligung der Natur, Esoterik der Erde, progressive Ökosophie. In dichterischen Worten hält er fest, daß es »die Urbestimmung des Menschen« gewesen sei, »das Paradies zu bauen und über das ganze Universum zu verbreiten« (II, 119). Der sich von seiner königlich-hohepriesterlichen Aufgabe abwendende Adam verriet sein Amt. Er »wollte nicht mehr in Gott offenbar sein, sondern nur in dieser Kreatur, anstatt sie durch sich in Gott wieder zu offenbaren« (II, 119f.). Infolge seiner Untreue brachte er nicht nur über sich selbst und seine Nachkommen Mangel, Schaden und Elend, sondern auch über die durch ihn pervertierte Natur. Der von ihm zu leitende Prozeß einer Verklärung des Kosmos geriet ins Stocken. Die Erde kann »nun nicht mehr himmlische Früchte« hervorbringen: »Durch alle Schönheiten der Natur hindurch vernimmt der Mensch, bald leiser, bald lauter, jene melancholische Wehklage derselben über ihren Witwenschleier, den sie aus Schuld des Menschen tragen muß.« (II, 120)

Was Christus für die Menschheit ist, das soll der im Namen Jesu versehene Mensch (IV, 325ff.) für die Natur sein: ihr »Mikrotheos« (V, 256; XII, 205), ihre »Sonne« (V, 33), ihr Messias, dem – ähnlich wie Orpheus, der das unselige Ixionsrad stillstehen ließ – »Harmonie und Segen auch in der niedrigeren Natur um sich zu verbreiten« zugemutet wird (V, 33). Baader weiß, wie »unglaublich, märchenhaft und phantastisch« diese Verheißung dem neuzeitlichen Menschen klingen muß; aber er beharrt darauf, daß nur jene sich Christen im Vollsinn des Wortes nennen dürfen, die eben *dies* glauben. Theosophie ist immer auch Kosmosophie, Wiedererinnerung der vergessenen Uroffenbarung, Rekonstruktion des ethisch-alchymistischen Auftrags, den der Mensch gegenüber der Natur wahrzunehmen hat: »Wir . . . haben keinen Begriff mehr von der hohen Macht, die der Mensch in seiner ursprünglichen Relation zur Natur auf sie auszuüben vermochte.« (VIII, 191) Es gäbe ein höheres und subtileres Verhältnis zur Schöpfung »als das materiell-industrielle« (IX, 83). »Die Industrie vermag die Natur nur äußerlich und das schlecht genug zu beherrschen, abgesehen davon, daß sie lieblos und bloß eigennützig ist.« (VIII, 191) Es geht aber um mehr: »Die wahre Macht über die Natur entspricht der der Seele über den Leib.« (ebd.)

Zwar ist der Mensch aus seinem Urstand gefallen und seiner anfänglichen Lichtleiblichkeit verlustig gegangen. Aber sein Körper, durch den er mit der Erde solidarisch verbunden ist, stellt zugleich eine »Erdtaufe« dar (VII, 337). Der Mensch ist mit Erde getauft, so wie der Mensch der bevollmächtigte Täufer der Erde ist: »Der Mensch ist Erde im Psychischen und seine Komplicität mit der Erde macht, daß er *sich* wiedergebärend *diese* wiedergebären muß« (XV, 329). Der durch Teilhabe an Christi Erlösungswerk seiner ursprünglichen Aufgabe wieder ansichtig gewordene Mensch ist zur Wiedergeburt der Erde berufen. Nicht als Ausbeuter, sondern nur als Freund, Liebhaber und Gemahl der ihm »sakramentalisch« verbundenen Natur (V, 310f.) könne er die Erde zur Heimat erheben. Der Mensch dürfe sich nicht damit begnügen, bloß seine Seele zu retten. Baader verwirft diesen spiritualistischen Heilsegoismus unter Berufung auf

Paulus, Paracelsus und Böhme zugunsten einer eschatologischen und ökosophischen Perspektive. Dem »Vorstand« der Schöpfung obliege »die Besorgung des Wohlstands« nicht nur der Menschen, sondern aller Kreaturen (IX, 83). Gnostisch erhellte Religiosität verliert sich nicht in leibfeindlichem »Idealismus«, sondern ist Anamnesis des verratenen, aber nicht endgültig verspielten Auftrags, die Erde zu heiligen. »Wie nämlich der Mensch zu Gott steht, vertrauend, glaubend und wissend, so steht er zu anderen Menschen (Oberen und Unteren), ja zur Natur.« (I, 364) Noch deutlicher heißt es an anderer Stelle (V, 310): »Dem Verhalten des Menschen zu Gott entspricht sein Verhalten zum Grund und Boden, dem Kultus die Kultur, und wie er mit seinem Vater im Himmel steht, so steht er mit seiner Mutter – der Erde«. So wie der Alchimist »das im Steine verlarvte Gold« zu bergen verstehe, so erkenne der christliche Gnostiker und gnostische Christ, daß die »als Werkzeug wirkende und dienende Natur« nicht nur »eine vergängliche Natur« sei. Vielmehr entspringe »das eigentliche Konsekrierbare (Weihe- und Verwandlungsfähige) in dieser verweslichen Natur« einer »ewigen Natur«: »so daß also die Weihe der sakramentalen irdischen Materie durch Erweckung der unsterblichen Natur in ihr sich als Antizipation der Auferstehung . . . der Erde darstellt« (X, 125 f.).

Kann man hochsinniger vom Menschen, größer von der Würde der Schöpfung denken als dieser Theosoph, der von sich bekannte (XV, 263): »J. Böhme, Paracelsus und Kepler haben sich in meinem Geiste ein Rendezvous gegeben«? Entgegen dem Anschein war dieser Mann zeitlebens alles andere als ein »Romantiker«, sondern ein durchaus nüchterner Beobachter und Praktiker, studierter Mediziner, anerkannter Experte für Bergbau und Hüttenwesen, Chef einer Glasfabrik und Erfinder eines patentierten Glaserzeugungsverfahrens, zweimal glücklich verheiratet, Vater mehrerer Kinder, in sozialpolitischen Belangen geradezu ein »Radikaler« und gemeinsam mit seinem Bruder Joseph ein Pionier des Eisenbahnwesens in Deutschland. Wie vor ihm allenfalls noch Leibniz, vereinigt Baader in sich Anlagen, Antriebe und Antworten, die üblicherweise nicht in ein und derselben Person anzutreffen sind. Welche Spannweite des Geistes verraten etwa die hier auf gut Glück herausgezogenen Worte, denen man unzählige verwandte Aphorismen, Sentenzen und Maximen hinzufügen könnte: »Von der Physik getrennte Ethik ist grundlos und gottlos« (V, 34), »Ohne Mystik keine Moral« (XV, 204), »Das eigentliche Rätsel der Philosophie ist jenes der gebärenden und schaffenden Liebe« (X, 29), »Der effektiv gute Wille im Menschen ist Christus in ihm« (IV, 250), »Der Vater ist im Sohn, der Sohn in der Mutter« (IV, 187), »Eigentlich hebt nur das Wunder unsere Intelligenz in jene Höhe, von der herab wir sie auf Niedrigeres ausüben können« (XII, 384), »Länder, welche noch glücklich genug sind, große, ergiebige Wälder zu besitzen, haben um so mehr Ursache, diesen Schatz sorgfältig zu bewahren und nicht wie eine Kraut- oder Rübensaat zu nutzen« (VI, 203f.), »Es ist ein Grundvorurteil der Menschen, zu glauben, daß das, was sie eine künftige Welt nennen, ein für den Menschen geschaffenes und vollendetes Ding sei, und ohne ihn bestehend, wie ein gebautes Haus, in welches dieser Mensch nur einzugehen braucht, während doch vielmehr jene Welt ein Gebäude ist, dessen Erbauer der nämliche Mensch ist, und welches nur mit ihm erwächst« (VII, 17f.; vgl. II, 42; VIII, 287).

Sätze wie diese bedürfen wohl keiner Übersetzung, sondern nur der besinnlichen Erwägung. In den Texten dieser Anthologie finden sich immer wieder solche Stellen, an denen Baader auf herzerfrischende Weise einfach, knapp und prägnant im ursprünglichsten Sinn des Wortes zu uns spricht: tiefsinnig, bedeutungsträchtig, blitzerfüllt. Von ihnen aus fällt auch Licht auf das, was uns dunkel, verworren oder trübe dünken mag. Es ist auch nicht schlimm, wenn sogar dem geduldigen Leser manches anfänglich verschlossen bleibt. Diese Opazität teilt Baader mit anderen Mystikern und Gnostikern. Mit dem von ihm bewunderten Meister Eckhart würde Baader in diesem Fall sagen: »Wer diese Rede nicht versteht, der bekümmere sein Herz nicht damit.« Er hat es auch wirklich gesagt, wenige Monate vor seinem Tode, zu einem jungen Freund, dem gleichfalls manches an Baaders Werk viel Kopfzerbrechen bereitete (XV, 140):

»Ich habe neulich vergessen, Ihnen das Schematisieren beim Studium meiner Schriften abzuraten. Das Schematisieren ist eine Sache, welche man nie am Anfang, sondern immer erst am Ende versuchen soll. Auch nehmen Sie Bedacht darauf, bei Ihrem Studium sich vorerst möglichst leidend zu verhalten. Begreifen Sie etwas nicht gleich, so lassen Sie es gehen; später wird das Verständnis schon kommen. Man muß bei dem gefallenen Zustande, worin wir uns befinden, Geduld mit sich selbst haben. Freilich muß man diesen Kopf und dieses Herz erst zerbrechen, oder vielmehr man muß sich diese beiden durch einen höheren Kopf und ein höheres Herz zerbrechen lassen; dann wird es plötzlich licht bei uns werden, mit Ungestüm aber geht das nicht.«

Habent sua fata libelli ... Vielleicht ist es erlaubt, im Zusammenhang mit dem soeben zitierten Ratschlag Baaders abschließend eine persönliche Erinnerung zur Sprache zu bringen. In der stillen Bibliothek eines süddeutschen Klosters bin ich vor bald drei Jahrzehnten auf die Werke einiger damals und wohl auch heute noch fast vergessener Philosophen gestoßen, unter ihnen Karl Christian Friedrich Krause, Immanuel Hermann Fichte, Anton Günther, Joseph Ennemoser, Gustav Theodor Fechner (»Dr. Mises«), Christian Hermann Weiße, Jakob Frohschammer, Carl Gustav Carus, Wilhelm Heinrich Preuß, Emil August von Schaden, Franz Anton Staudenmaier, Moritz Carrière, Ernst von Lasaulx, Ignaz Paul Vital Troxler, Carlo Michelstaedter, Karel Hynek Mácha, Augustin Smetana, Emanuel Rádl, János Erdélyi und andere. Am folgereichsten aber wurde für mich die ebenso mühsame wie beglückende Lektüre Baaders, über der ich alles andere vergaß. Ich fühlte mich entrückt in jenen tempelähnlichen Saal des Traumes, den Jean Paul in seinem von Imaginationen überquellenden »Titan« beschwört: Zwischen den Fenstern stehen Spiegelpfeiler, die zugleich sichtbar machen, was in der Nähe und was in der Ferne geschieht; Vergangenheit speist festliche Gegenwart, in die ihrerseits verjüngende Zukunft einströmt; Fülle der Zeit jenseits von Langeweile und Hektik. Föhnsturm heulte über dem Hochwald, der das abseits gelegene Monasterium von jeher umgibt.

Damals stieß ich auf einen kurzen, kaum eine Seite umfassenden Text, der in seiner beglückenden Simplizität einen Baaderschen Grundgedanken erläutert, der ihn als Geistesverwandten Eckharts, Taulers und Angelus Silesius' erweist. Es ist dies der »Impetus philosophicus für das Weihnachtsfest«, den ich später mit Bedacht in die Mitte dieser Anthologie aufgenommen habe. Ich las den theosophischen Kurzessay mit selbstvergessenem Entzücken, als ich plötzlich durch Schritte von hinten aufgeschreckt wurde. Es war Athanasius Sendlinger, der greise, aber rüstige Abt, der überraschend auf mich zutrat. Er fragte mich beiläufig, was ich lese. Ich zeigte ihm den aufgeschlagenen Band, den er in die Hand nahm. Als er die Seite mit dem »Impetus philosophicus« über die dreifache Geburt des ewigen Wortes erblickte, verriet mir seine Miene, daß er den Text offenbar gut kannte. Es mochte ihn vielleicht anfänglich ein wenig bekümmert haben, daß ich gerade in der reichbestückten Büchersammlung seiner Abtei etliche von der Kirche verurteilte, teilweise sogar exkommunizierte Autoren schmökerte, obwohl er mir gegenüber stets weitherzigste Duldsamkeit zu bezeigen pflegte. Stehend überflog er die Baaderschen Ausführungen, bei deren Lektüre er mich unterbrochen hatte. Dann gab er mir wieder den Band zurück und sagte mit heiterer Stimme:

»Ich kann Ihnen kaum einen schöneren Rat auf den Weg mitgeben: *Ite ad balneatorem!* Was dem jungen Tobias sein Reiseengel war, das kann Baader für uns Waldgänger im wirrseligen Grenzbereich zwischen Kirche und Ketzerei, Glaube und Gnosis, Naturforschung und Mystik sein. Wenn jemand beim Durchstöbern oder Ordnen einer Bibliothek auf Baader stößt und an ihm hängenbleibt, dann liebt ihn Gott.«

Abt Sendlinger war, was man heute wohl – mißverständlich genug – einen Traditionalisten nennen würde. Aber es fehlte ihm völlig jene zelotische Engstirnigkeit, wie sie leider so viele über die Folgen des Zweiten Vatikanischen Konzils bekümmerte Katholiken kennzeichnet. Auf ihn trafen haargenau die Worte zu, mit denen einst Alexander von Humboldt seinen Jugendgefährten Baader charakterisiert hat: »Er war gründlich im Beobachten der Tatsachen, heiter und satyrisch, aber immer mit Anmut, nicht intolerant gegen Andersglaubende.« Sendlinger hatte viele Freunde in ganz Europa, insbesondere unter den Liebhabern der lateinischen Sprache, der überlieferten Liturgie und einer ebenso hochsinnigen wie nüchternen Esoterik, in der neben dem Priesterkönig Melchisedech, dem Kosmosophen Pythagoras, dem Presbyter Johannes, dem Wolframschen Parzival und Christian Rosenkreuz auch Franz von Baader in einer würdigen Nische seinen festen Platz hat.

Ich wollte die Neuausgabe meiner in jungen Jahren zusammengestellten Baader-Anthologie Athanasius Sendlinger zueignen. Er ist, während ich diese letzten Seiten schrieb, beim üblichen Spättrunk nach dem Completorium mitten im Gespräch mit seinen Mönchen schlagartig eingeschlafen, um nicht mehr aufzuwachen. Jetzt kann ich das wieder erscheinende Bändchen nur dem Andenken des in erzväterlichem Hochalter verstorbenen Baader-Bewunderers widmen. Wenn manche seiner Freunde diese abschließenden Zeilen lesen, werden auch sie gewiß noch einmal in Dankbarkeit des Mannes gedenken, dessen nobler Gastfreundschaft ich einige der nachhaltigsten Geisterfahrungen meines Lebens verdanke.

Kandern in der Markgrafschaft,
am St. Martins-Tag 1990

Gerd-Klaus Kaltenbrunner

Gerd-Klaus Kaltenbrunner

Ältervater und Novalis

Leben und Werk Franz von Baaders

»Mit überspannten mystischen Ideen angefüllt« und »in Hinsicht seiner politischen Ansichten zu den Liberalen und Demagogen« gehörend – so apostrophiert 1823 der preußische Gesandte in München auf eine geheime Anfrage aus Berlin den »Oberstbergrat und Akademiker« Franz Xaver von Baader. Schon diese denunziatorische Bemerkung aus der Ära Metternich enthält in nuce jene zuerst überheblich-gereizte, dann in schweigende Verdrängung übergehende Abwehr eines Mannes, den man einmal voreilig als »Begründer der Philosophie der Zukunft« gefeiert hat. Baader widerfuhr, was ein Biograph über Ernst von Lasaulx, seinen Schwiegersohn, berichtet hat: »Die einen verzweifelten oft ebensosehr an seinem Christentum, wie er den andern seiner kirchlichen Orthodoxie wegen verhaßt war.« Ein Bayer, der sich um Rußland bemühte und manche Argumente der Slawophilen vorwegnahm; ein Katholik, der sich gegen die »römische Diktatur« empörte, mit der Ostkirche sympathisierte und als Laie theologische Vorlesungen hielt; ein Mystiker aus dem Geblüte eines Nikolaus von Kues, Paracelsus, Böhme und Hamann, der zugleich ein umsichtiger Administrator, Vorkämpfer des Eisenbahnwesens und erfinderischer Chemiker war; ein durch den neugeschaffenen Bayerischen Zivildienstorden geadelter Bürger, der zur Zeit, als Georg Büchner verfolgt wurde, offen für die Koalitionsfreiheit der »Proletairs« agitierte, ist Baader, der anderswo zu den »Ältervätern« der Nation, im Sinne Goethes, gehören würde, nun schon bald seit einem Jahrhundert aus dem Gedächtnis selbst der Gebildeten entschwunden. Seine Verdrängung wurde symbolisch inauguriert durch Schopenhauers Angriff auf den »scheußlichen Baader'schen Aberwitz« und Bismarcks ablehnenden Bescheid dem Baader-Schüler Franz Hoffmann gegenüber, der den Kanzler um Unter stützung von 600 Talern für eine Gesamtdarstellung der Philosophie seines Lehrers gebeten hatte (1870).

Baader war Konservativer, ohne zum Musageten feudalabsolutistischer Restauration oder gar Vorläufer der faschistischen Pronunciamentos zu werden – ein in Deutschland unwahrscheinlicher Glücksfall! Seine Vergessenheit ist nicht nur ein Symptom für das Diskontinuierliche, Brüchige des deutschen Geistes, sondern auch für das Versagen des deutschen Konservatismus, für seine fehlende stilbildende und tradierende Funktion. Es gab und gibt restaurative Interessenpolitik und legitimistische Ideologie, politische Romantik und ein zuletzt im Totalitarismus mündendes dezisionistisches Abenteurertum, daneben die entsprechenden Ideeneinbläser und Leibstilisten. Weder gehört Baader zu diesen, noch können sie mit ihm etwas anfangen. Es stimmt nachdenklich, daß Baader wohl der einzige deutsche Philosoph von Rang ist, der bis heute von keiner Partei ideologisch »verheizt« worden ist. So wurde er beispielsweise in der nationalsozialistischen Philosophiegeschichte »Anti-Cartesianismus« (1938) von Franz Böhm nicht einmal erwähnt. Zu gut spürte wohl der Verfasser, daß der katholische Altbayer, obgleich er sein Leben lang gegen Descartes polemisierte und sich seiner Differenzen gegenüber Hegel wohl bewußt war, nicht gut in den Irrationalismus des Dritten Reichs einzuordnen war. Bezeichnenderweise wurde er auch nicht von marxistischer Seite reklamiert, obwohl sein Aufsatz »Über das dermalige Mißverhältnis der Vermögenslosen oder Proletairs« (1835) sehr gut neben Friedrich Engels' »Die Lage der arbeitenden Klasse in England« (1844) gelesen werden kann. In seiner marxistischen Philosophiegeschichte »Die Zerstörung der Vernunft« (1955) widmet Georg Lukács Baader nur einige belanglose Sätze, dessen Schrift über die Proletairs erwähnt er überhaupt nicht. Auch die katholische Welt verschließt sich dem Laien-Theologen, dessen Schule um 1840 so einflußreich war, wie später der von Leo XIII. offiziell sanktionierte Thomismus.

Wie beispiellos der Exodus Baaders ist, mag ein Gedankenexperiment zeigen: man stelle sich vor, daß Frankreich de Maistre, England Burke aus dem Verkehr gezogen hätte! Selbstverständlich wird einem voltairianischen Laizisten oder existentialistischen Humanisten der savoyardische »Traditionalist«, einem Labourabgeordneten die Rhetorik des Apologeten der Landaristokratie zuwider sein. Aber es ist undenkbar, daß diese »Reaktionäre« aus der nationalen Bildungswelt ausgebürgert würden. Vielmehr stehen noch ihre Gegner im Dialog mit ihnen; so gingen Saint-Simon und Comte, die Propheten des Industrialismus und Schöpfer der Soziologie, bei de Maistre und de Bonald in die Schule, kommen noch Sartre und Camus wie selbstverständlich auf sie zurück.

Die Einsamkeit Baaders hat also objektive Gründe in der deutschen Geschichte seit 1848 und – wie wir noch sehen werden – in der neueren Geschichte des Katholizismus. Dazu kommen die in seinem Werke selbst liegenden Schwierigkeiten, die zusammen mit den beiden erwähnten historischen Entwicklungen Baaders fatale Wirkungslosigkeit und Abgeschiedenheit geradezu als überdeterminiert erscheinen lassen. Wir meinen den schon zu Lebzeiten des Denkers berüchtigten »Baaderstil«, der dem unvorbereiteten, auch gutwilligen Leser die Lektüre sehr oft zu einer schier unerträglichen Zumutung macht und ihn voreilig kapitulieren läßt. Ungewöhnlich lange, sich oft über mehrere Seiten schwerfällig erstrekkende Perioden mit verwirrenden relativischen Satzanschlüssen, die sich manchmal in weitläufigen Parenthesen und Fußnoten fortsetzen und in einem Anakoluth enden; barocke theosophische Terminologie und zahlreiche lateinische, griechische, hebräische, französische, italienische und englische Fremdworte; umständlich und unbeholfen wirkende, dem lateinischen ablativus absolutus und Gerundium nachgebildete Latinismen, Leerläufe und eigenwillige etymologische Konstruktionen kennzeichnen seine ursprünglich zumeist als Zeitschriftenaufsätze, Sendschreiben oder Broschüren erschienenen Werke. Dabei ist Baaders Stil nicht ohne Reiz: manchen seiner Briefe sowie seinem Jugendtagebuch eignen köstliche Frische, Anmut und Würde; seine burlesken Bilder haben etwas von der altfränkischen Lustigkeit grobianischer Osterpredigten, und häufig finden sich volkstümliche, vom bajuwarischen Dialekt bestimmte Redewendungen mitten in subtilen metaphysischen Diskursen. So überlagern und verschlingen sich in seinem Werke verschiedene Schichten. Unmittelbar neben »alchymistischen Grillen« und »kabbalistischen Rechnungsspielwerken« (II, 231), einem bisweilen nicht nur vorkantischen, sondern geradezu vorsokratischen Hantieren mit kosmischen Elementen und Prinzipien finden sich Sätze wie dieser an Thomas Münzers revolutionäres Pathos und Saint-Simons Sozialkritik zugleich erinnernde: »Man muß zeigen, daß Könige Staatsgefangene und alle Reichen Pensionäre sind« (XI, 253). Mitten in seinen Exegesen von Böhmes »Mysterium Magnum« blitzt die Parole auf: »Verständige Leute lassen sich indes weder durch Liberale die Freiheit verleiden, noch durch Servile ausschwätzen« (XIII, 227) und in einer Sammlung von Kirchenvätertexten überrascht ein an die Könige adressierter Hinweis auf die »Proletairs« (X, 196f.). Durch alle Schriften ziehen sich wie mit einer Leuchtspur archepoetische Bilder – etwa von Gott als dem »wahren Orient« der Kreatur (XIV, 106), vom »Silberblick« der Liebe (IV, 177, 354; X, 139), vom »Witwenschleier« der entfremdeten Natur (II, 120) – und Arkanworte wie Licht, Auge, Blitz, Blick, Feuer, Wasser, Stern, Jungfrau, die dann und wann zu alchymischen Märchen, heraldischen Ikonen von Chagallschem Zauber zusammenschießen: »Aus dem roten Feuerlöwen und dem weißen Lamme . . . ist nun . . . der rosinfarbene Löwe und Ritter – der Jüngling mit dem Jungfrauenherzen – urgeständet« (XV, 646). »Es ist das Lamm, das den Löwen in sich trägt« (VIII, 185). Eines seiner Lieblingsworte ist auch »Evolution«, das sich in gleicher Weise in seinen theogonischen Spekulationen wie in seinen sozialpolitischen Memoranden findet. Aber es ist ebenso weltenweit entfernt von Darwin, Comte, Spencer, Haeckel, an die man momentan etwa denken könnte, wie Ernst Blochs diaphanischer, utopiegeladener Materiebegriff von den cimmerischen Verlautbarungen der bestallten Bewußtseinsverwalter.

Wer war Franz von Baader? Am 27. März 1765 in München als Sohn eines herzoglich-bayerischen Leibarztes geboren, zeigte der stille, träumerische Knabe schon früh vielversprechende Geistesanlagen. Mit sieben Jahren verfiel er jedoch in einen sonderbaren nachtwandlerischen Dämmerzustand, aus dem er erst nach drei Jahren »beim Anblick der geometrischen Figuren des Euklides, der ihm in die Hände gefallen war, wie aus einem tiefen Traum erwachte«. Baader begann als Sechzehnjähriger Medizin zu studieren und trat nach einjährigem Praktikum in Wien 1785 in die ärztliche Praxis seines Vaters ein. Doch sah er bald ein, daß er wegen seines allzu einfühlsamen Mitleids mit den Patienten zum Arzt nicht tauge. So wandte er sich dem Beruf des Bergmannes zu und studierte Mineralogie, Chemie sowie Physik. Nachdem er die bayerischen Gruben, Hütten und Eisenwerke kennengelernt hatte, setzte er seine Studien von 1788 bis 1792 an der Bergakademie Freiberg in Sachsen fort. Dort lehrte der berühmte Mineraloge Abraham Gottlieb Werner, bei dem später auch Novalis hörte. Alexander von Humboldt war ein Mitschüler Baaders. Noch im hohen Alter rühmte Humboldt das »geistreiche und satyrische« Wesen sowie die »Toleranz Baaders gegen Andersglaubende«. Schon in diesen Jahren war der Student mit den Schriften der Mystik bekannt geworden, wie aus dem Jugendtagebuch hervorgeht.
Vorerst aber sollte ihn ein anderes Erlebnis entscheidend prägen! 1792 begann Baaders vierjähriger Englandaufenthalt: ein halbes Jahrhundert vor dem Pietistensohn Friedrich Engels war der katholische Bayer – als einziger seiner romantischen Generation – an Ort und Stelle der industriellen

Revolution, dem Elend des Proletariats sowie dem Frühsozialismus begegnet. Hier besuchte er mit seinem um zwei Jahre älteren Bruder Josef – dem publizistischen Wegbereiter des Eisenbahnwesens in Deutschland und Freund Friedrich Lists – englische und schottische Bergwerke, studierte in Edinburgh weiter, lernte den älteren Darwin und die Ökonomie Adam Smith' kennen. Zustimmend zitiert er in seinen Tagebüchern William Godwin, den Begründer des Anarchismus und Inspirator des revolutionären Poeten Shelley. (1844 bezeichnete Friedrich Engels in seinem Buch »Die Lage der arbeitenden Klasse in England« Godwin als »fast ausschließliches Eigentum des Proletariats«). Mehr denn je nähert sich Baader der hohen Aufklärung, beschäftigt er sich neben Godwin mit Bacon, Hobbes, Rousseau und Kant, sympathisiert er mit der Französischen Revolution zu einer Zeit, als sich Goethe und Schiller bereits angewidert von ihr abwenden, tritt er in die geistige Gefolgschaft von Godwins Frau, Mary Wollstonecraft, der ersten Verfechterin moderner Frauenemanzipation, und gelangt zu einem sozialen Realismus, der Jahrzehnte später in seiner Schrift »Über das dermalige Mißverhältnis der Vermögenslosen oder Proletairs« – dreizehn Jahre vor dem »Kommunistischen Manifest«! – zu seinem reifsten Ausdruck kommen sollte. Dieser soziale Realismus, der ihn teilweise wie Marx argumentieren läßt, unterscheidet Baader von aller politischen Romantik à la Adam Müller, Friedrich Schlegel e tutti quanti.

Im Sommer 1796 kehrte Baader nach Deutschland zurück. Den ehrenvollen Ruf, Direktor einer Blei- und Silbergrube in Devonshire zu werden, schlug er aus Anhänglichkeit an seine bayerische Heimat aus. Er vertiefte sich nun systematisch in die Mystik Jakob Böhmes und seines französischen Schülers Claude de Saint-Martin. Durch dieses lebenslange Studium wurde Baader wohl zum besten Kenner Böhmes im 19. Jahrhundert. Kein Kompliment hat ihm besser gefallen, als das von August Wilhelm Schlegel, der ihn als »Boehmius redivivus«, als wiedererstandenen Jakob Böhme feierte. Baader war es auch, der Hegel auf Meister Eckhart hinwies: »Er war so begeistert, daß er den folgenden Tag eine ganze Vorlesung über Eckhart vor mir hielt und am Ende noch sagte: ›da haben wir es ja, was wir wollen‹.« (XV, 159) Auf Anregung Baaders hatte dann dessen Schwiegersohn Ernst von Lasaulx – als Geschichtsphilosoph ein Vorläufer Toynbees – eine Ausgabe der Schriften Meister Eckharts vorbereitet. Seine Vorarbeiten benützte Franz Pfeiffer in seinem zweiten Band der Ausgabe deutscher Mystiker. So wurde Baader zum spiritus rector der auch noch heute unentbehrlichen Sammlung der Werke Eckharts.

Neben dieser stillen Hingabe an die Welt christlicher Mystik vollzog sich Baaders berufliche Karriere. Seiner Anstellung als Münz- und Bergrat im bayerischen Staatsdienst schon ein Jahr nach seiner Rückkehr aus England folgte in raschem Aufstieg die Beförderung zum Generallandesdirektionsrat (1799), Oberbergmeister (1800), Oberbergrat (1801) und Oberstbergrat (1807). Seit 1800 oblag ihm die alljährliche Inspektion sämtlicher Gruben, Hütten und mineralischen Fabriken in den oberbayerischen Kurlanden sowie die Oberaufsicht über die bedeutenden, zu den bayerischen Krongütern gehörenden Bergwerke Böhmens. Es ist erstaunlich, welchen praktischen Hausverstand und technischen Erfindungsgeist der Adept mystischer Theosophie in Beruf und Verwaltung zeigte. Er entwarf ein neues Verfahren zur Verdampfung der Salzsole im großen. Ferner besaß Baader in Lambach im Bayerischen Wald eine Tafelglasfabrik. In zahlreichen chemischen Experimenten entwickelte er hier eine für die Glasindustrie umwälzende Methode, deren Patent die österreichische Regierung 1811 um 12000 Gulden erwarb: die vom Außenhandel abhängige und viel Holz verbrauchende Pottasche ersetzte er bei der Glasfabrikation durch Glaubersalz. (Vgl. seine diesbezüglichen technischen Abhandlungen: Sämtl. Werke, Bd. VI, S. 227ff.)

Inzwischen mußte Baader Zugang zur politischen und intellektuellen Elite Rußlands gefunden haben. Wenn wir auch heute noch über die Anfänge seiner russischen Beziehungen im unklaren sind, so wissen wir doch, daß Baader im Sommer 1814 und nochmals im Frühjahr 1815 drei gleichlautende Schreiben dem Kaiser von Österreich, dem russischen Zaren sowie dem König von Preußen übersandte. In ihnen äußerte er Gedanken, die sich dann in der Urkunde der »Heiligen Allianz« vom September 1815 wiederfanden. Daß diese letzte Friedensstiftung aus christlichem Geist, von Lord Castlereagh als »sublimer Mystizismus und Unsinn«, von Metternich zynisch als »lauttönendes Nichts« bezeichnet, nur zu bald ein Emblem des restaurierten Absolutismus wurde, war weder Baaders Schuld, noch entsprach dies der ursprünglichen Vision des Zaren Alexander I. Ostkirchliches Sendungsbewußtsein verband sich in Alexander mit starken Impulsen der pietistischen Erweckungsbewegung, eines toleranten Liberalismus, einer verchristlichten Aufklärung und Elementen des Frühsozialismus. Baader erschien dem russischen Hof als willkommener Bundesgenosse. So wurde der bayerische Katholik vom orthodoxen Zaren beauftragt, ein theologisches Lehrbuch für den orthodoxen Klerus Rußlands zu schreiben, und zum literarischen Korrespondenten des allmächtigen Kultusministers Golycin ernannt.

Baaders Annäherung an die Bestrebungen des russischen Hofes darf also keineswegs voreilig als »reaktionär« oder »restaurativ« bezeichnet werden. Anders als die französischen Restaurationsideologen de Bonald und de Maistre verherrlichte Baader weder das ancien régime noch forderte er eine Oberherrschaft des Papstes. Er ist gegen jede »Bewahrung oder Wiederherstellung alter Formen« und hellsichtig erblickt er bereits im Absolutismus des Sonnenkönigs die Wurzel des späteren revolutionären Umschlages, im maßlosen päpstlichen Machtanspruch den Keim der Kirchenspaltung. Ausdrücklich betont er – wider die Ideologie absolutistischen Gottesgnadentums und die Selbstverklärung des roi très chrétien –, daß es bis jetzt »noch keinen christlichen Staat« gab, und die im Christentum enthaltene Moralität bisher nur in privaten und familiären Verhältnissen sich einigermaßen entfalten konnte. Deswegen könne gar keine Rede davon sein, antiquierte gesellschaftliche Zustände wieder zu erneuern (VI, 24ff.). Baader verkündet als Ideal eine Art »Theodemokratie«, wenn er fordert, wir sollten »einander königlich und nicht sklavisch behandeln und keiner über den andern zu herrschen begehren, sondern vorzüglich durch Liebe, wie Gott, in andere zu wirken suchen« (VI, 25). Entgegen K. L. Haller, dem Ideologen des grundbesitzenden Feudaladels, weist Baader entsprechend darauf hin, daß nicht nur der Regent, sondern »alle Glieder des Sozialorganismus von Gottes Gnaden da sind«, und »lächerlich« findet er »die Anmaßung der Illiberalen«, »die, noch immer von Restauration des Mittelalters träumend und schwatzend, obschon hier nicht Schwache restauriert, sondern wirklich Verstorbene wieder auferweckt werden müßten, mit aller Hartnäckigkeit der Bigotterie die Hoffnung nicht fallen lassen wollen, die verstorbenen Formen dieses Weltreiches durch ihre Schreibfedern wieder zu restaurieren, so wie der alte König Lear mittels einer Flaumfeder an dem Leichnam seiner geliebten Cordelia sein Experimentieren nicht aufgeben wollte« (XIV, 115f.). »Menschen, die selber keine Geschichte haben und machen können, und in denen sich also die Geschichte nicht fortsetzen kann, begnügen sich, selbe in Szene zu setzen, und meinen in ihrer armseligen Hoffart, daß ... die Menschen auf ihren allerhöchsten Befehl diese Mumien für lebendig halten, und mit ihnen das possenhafte Mummenspiel treiben sollten. Aber dieses Zurücklangen in die Vergangenheit beweist nur, daß sie selber bereits Mumien geworden sind, mit ihren zurückgedrehten Köpfen sehen sie nicht, was andere mit vorwärts gewendeten Köpfen sehen ... Ohne Zweifel erinnern Sie sich des Prinzen Zerbino von Tieck, der mitten im Stücke toll wird, und alle vergangenen Szenen und

Personen wieder zurück schiebt« (XV, 619ff.). Hier nimmt Baader bereits geschichtsphilosophische Argumente seines Schwiegersohnes Ernst von Lasaulx vorweg, der darum wußte, daß es noch »niemals gelungen ist, das auf dem Weg der natürlichen Entwicklung Untergegangene durch verständige Reflexion wiederherzustellen«. Zugleich könnten diese Zeilen geradezu von Heine sein, der in »Deutschland. Ein Wintermärchen« die reaktionär-romantischen Restaurationsträume Friedrich Wilhelms IV. ähnlich apostrophierte.

Den tragischen Höhepunkt fanden Baaders Bemühungen um Rußland in seiner abenteuerlichen Reise nach St. Petersburg, die er 1822 unternahm. Hellsichtig erkannte er die wachsende Bedeutung des Slawentums. Er zweifelte nicht daran, daß Rußland in eine revolutionäre Katastrophe stürzen würde, falls es nicht aus der Geschichte des westeuropäischen Absolutismus die entsprechenden Lehren zöge. Er warnte vor einem despotischen Mißbrauch der monarchischen Gewalt und vor den Gefahren sozialer Stagnation. Nicht zuletzt trat er dafür ein, daß in Rußland dem Bürgertum der ihm gebührende Raum in der Gesellschaft freiwillig gewährt werde. Rußland vor der Revolution zu bewahren, war der Orgelton seiner jahrzehntelangen literarischen, politischen und religiösen Beziehungen zum slawischen Osten. In seinem Brief vom 16. 3. 1822 an den baltischen Baron Boris von Yxkull faßt er seine ganze Geschichts- und Sozialphilosophie im Hinblick auf Rußland prägnant zusammen: »Das die Monarchie konstituierende christliche Prinzip verlor sich zuerst bei den Monarchen selbst, welche lüstern nach ungezähmter Macht, die Korporationen (Stände, Adel) teils innerlich verwesen, teils durch neu hervorgerufene Stände niedergeworfen sehen wollten, und zwar auf diese Weise zu einer Akme ihrer despotischen Macht kamen (z. B. Ludwig XIV. und Papst Gregor VII.), aber auch eben die Reaktion von unten hervorriefen, die sogenannte erst religiöse oder kirchliche, sodann politische Reformation. Rußland steht dermalen in derselben Krise . . .«

(XV, 373). Wie wir schon feststellten, war die russische Politik in den ersten Jahren nach dem Wiener Kongreß durchaus geeignet, selbst auf liberale und progressive Geister anziehend zu wirken. Ganze Züge von Kolonisten schwärmten damals nach Osten, sehr oft von endzeitlichen Erwartungen getrieben. Baader selbst hat die Einwanderung nach Rußland aktiv und mit offizieller Billigung des Ministers Golycin gefördert. Seine Mission scheiterte jedoch an jener scharfen Änderung der russischen Innen- und Kulturpolitik, wie sie auf dem Kongreß von Verona endgültig beschlossen wurde. Baader wurde nicht nach St. Petersburg vorgelassen, seine Stellung als »literarischer Korrespondent« verlor er, seine Freunde und Gönner am russischen Hof wurden gestürzt. Hatte es kurze Zeit so ausgesehen, als könnte durch Baader und seine Freunde im Osten ein großartiges Experiment christlich inspirierter Sozialreform verwirklicht werden, ja von Rußland eine religiöse Erneuerung ausgehen, so siegte nun der Geist Metternichs und des reaktionären, fanatischen orthodoxen Klerus, der sich gegen jeglichen westlichen Einfluß und jede Liberalisierung auflehnte. Als 1825 Alexander I. unter mysteriösen Umständen starb, folgte auf ihn der sture Autokrat Nikolaus I. Wurden nicht schon damals, als man Baaders Einreise sabotierte, die Weichen für jene andere Einreise – ebenfalls über Deutschland, aber illegal, im »plombierten« Eisenbahnwaggon – gestellt, die 1917 das Zarenreich endgültig zertrümmerte? Es ist eine Ironie der Geschichte, daß der zutiefst christliche, gerade für die Ostkirche so verständnisvolle und gegen russophobe Vorurteile kämpfende Bayer verbannt wurde, während die Werke des »roten Preußen« – wie man Marx genannt hat – ungehindert verbreitet werden durften, weil sie die russische Zensur in einem hochgradig analphabetischen Volk für harmlos hielt. Baader hat dieses Verhängnis prophetisch so ausgesprochen: ». . . wie denn jede gehemmte Evolution in eine Revolution endlich umschlägt und das aufgehaltene Licht als Blitz wiederkehrt . . .« (X, 108). Dem tief

enttäuschten Philosophen schlug jedoch eine glückliche Stunde, als er 1826 an die neue Universität München berufen wurde, allerdings nur als Honorarprofessor. In seiner Antrittsrede »Über die Freiheit der Intelligenz« nimmt Baader nicht nur gewisse Prinzipien der Wissenssoziologie vorweg, sondern liefert er auch eine glänzende Apologie der Freiheit in Forschung und Lehre. Sein Aufruf zur Toleranz in der Ära des Metternichschen Systems ist um so bemerkenswerter, als selbst so progressive, ja revolutionäre Denker wie Hobbes, Rousseau und Fichte drakonische Maßnahmen gegen geistige Vielfalt vorschlugen. Wie schon Clemens von Alexandrien, von dem das Wort »Laßt hundert Blumen blühen!« stammt, plädiert Baader für den Dialog und gegen die Zensur.
Jene hellenische Freude an der Vielfalt der Lehre, jenes Vertrauen in den sich dialogisch entfaltenden und anreichernden Logos, jenes von gläubigem Optimismus erfüllte Vertrauen in die Freiheit des mündigen Christenmenschen sollte Baader immer mehr in Gegensatz zum Absolutheitsanspruch der römischen Kirche bringen. Hier liegt die Wurzel des Antiklerikalismus und Antipapismus dieses tiefgläubigen Katholiken, zugleich aber auch seiner Neigung zur Ostkirche mit ihrer Synodalverfassung. Baader wies aus dieser Einstellung heraus auch allen christlichen Wiedervereinigungsversuchen einen neuen Weg, den viele erst angesichts des Ökumenismus der Gegenwart entdecken. Die protestantische Reformation ist ihm nicht der Anfang der Kirchentrennung, sondern nur die notwendige Folge der früheren Spaltung in abendländische und morgenländische, in West- und Ostkirche. Die Katholizität der Kirche ging deshalb nicht erst durch Luther verloren, sondern bereits im Schisma des 9. Jahrhunderts. Daher könne auch durch eine Reunion von Protestantismus und römischer Kirche der ursprüngliche Katholizismus keineswegs wiederhergestellt werden, vielmehr müsse die griechisch-orthodoxe Ostkirche hinzugenommen werden. Deshalb wiederholt Baader oft seine Mahnung: Audiatur et tertia pars! (V,

393; XV, 637). Der Kampf Baaders gegen das Papsttum ist keineswegs ein »psychologisches Rätsel« – wie etwa Johannes Sauter meint – und ist auch nicht als peinliche Entgleisung zu übergehen. Sein antipapistischer Affekt wurde nicht erst im Kölner Kirchenstreit geweckt – schon 1816 fällt eine Äußerung, welche die römische Suprematie für nachapostolischen Ursprungs erklärt (XV, 319) –, vielmehr ließen ihn seine ganze Sozialmetaphysik, seine ökumenischen Bestrebungen sowie seine kulturpolitischen Ambitionen mit zwingender Logik zum großen Gegenspieler des genialen Reaktionärs de Maistre werden. In seinem Werk »Über den Papst« hatte Joseph de Maistre die Unfehlbarkeit des römischen Bischofs in einer Weise umschrieben, die bereits die dogmatischen Resultate des ersten Vatikanischen Konzils vorwegnahm. Baader dagegen sieht in der Kirche keine Weltmonarchie, sondern eine »Weltcorporation«, »Weltgemeine« und »Weltinnung«. Von diesem »theodemokratischen« Kirchenbilde her mußte ihm die ostkirchliche Synodalverfassung, die er allerdings nur aus teilweise idealisierenden Schilderungen kannte, besonders sympathisch sein. In ihr – »einem ständigen kirchlichen Landtag« (X, 91; XV, 156) – erblickte Baader die der Kirche als »Weltgemeine« adäquateste Verfassung. Aus seiner ökumenischen Haltung heraus mußte er zugleich gegen alle Bestrebungen auftreten, die auf eine Steigerung der päpstlichen Lehr- und Jurisdiktionsgewalt hinausliefen und die ohnehin schon schwierige Wiedervereinigung der christlichen Konfessionen noch mehr komplizierten. Baaders letzte Schrift »Der Morgenländische und Abendländische Katholizismus« ist eine Summa seiner lebenslangen ökumenischen Bestrebungen und die bis heute bedeutendste katholische Stellungnahme zur Wiedervereinigung der christlichen Bekenntnisse.

Neben seinen philosophischen, religiösen und kirchenpolitischen Studien wandte sich Baader im Alter wieder wirtschaftlichen und sozialpolitischen Problemen zu. »Wie oft habe ich den meetings und associations der Fabrikherrn in England beigewohnt, welche alle mit der Festsetzung eines Maximums für die Arbeitslöhne und eines Minimums für die Verkaufspreise endeten, somit um nichts besser als Konspirationen in Bezug auf die Proletairs waren, deren Lohn sie nämlich beständig tief unter dem natürlichen Wert und Preis ihrer Ware (nämlich ihrer Arbeit) hielten« (VI, 125). »In der Tat, wer als Augenzeuge nur einen Blick in den Abgrund des physischen und moralischen Elends und der Verwahrlosigkeit geworfen hat, welchen der größere Teil der Proletairs in England und Frankreich preisgegeben ist, der wird ... gestehen müssen, daß die Hörigkeit, selbst in der härtesten Gestalt (als Leibeigenschaft, mit welcher die Geisteigenschaft gleichen Schritt hielt, wie denn keine ohne die andere bestehen kann), doch ... minder grausam und unmenschlich, folglich unchristlich war ..., als diese Vogelfreiheit, Schutz- und Hilflosigkeit des bei weitem größten Teils unserer, wie man sagt, gebildetsten und kultiviertesten Nationen« (VI, 131f.). Die Revolutionierbarkeit habe ihren Grund »in einem bei der dermaligen Evolutionsstufe der Sozietät, ihrer Gesittung und Lebensweise eingetretenen Mißverhältnisse der Vermögenslosen oder der armen Volksklasse hinsichtlich ihres Auskommens zu den Vermögenden, welches Mißverhältnis hinwieder mit jenem zwischen der Geld- und Naturalwirtschaft ... nach ihrer materiellen Seite zusammenhängt, was bereits mit der Entdekkung Amerikas in Europa seinen Anfang nahm, sich aber dermalen auf die Spitze getrieben hat« (VI, 129). Deshalb könnten nur »wahre politische Quacksalber und Charlatans« glauben, »daß das Übel, an welchem die Sozietät litt, lediglich politischer Natur sei und daß also auch durch eine bloße Umformung oder Wechsel des Regiments oder des Regenten diesem Übel abzuhelfen stünde« (VI, 77). Diese Sätze stehen nicht bei Marx, sondern lange vor dem Kommunistischen Manifest in zwei Aufsätzen Baaders mit den barocken Titeln: »Über das dermalige Mißverhältnis der Vermögenslosen oder Proletairs zu den Vermögen besitzenden Klassen der Sozietät

in betreff ihres Auskommens sowohl in materieller als intellektueller Hinsicht aus dem Standpunkte des Rechts betrachtet« und »Über den Evolutionismus und Revolutionismus oder über die positive und negative Evolution des Lebens überhaupt und des sozialen Lebens insbesondere«.
Es ist verblüffend, wie sehr sich Marx-Engels und Baader in einzelnen Diagnosen berühren. Engels überkommt im Londoner Straßengewühl, in der »brutalen Gleichgültigkeit« der Passanten, die Vision vom »sozialen Krieg«, in dem »das Haus jedes einzelnen im Belagerungszustand« sich befindet. Mehr noch als Baader kommt Engels, der sensible Pietistensohn, auf das religiöse Vegetieren der Proletairs zu sprechen. Er berichtet von einem elfjährigen Mädchen, das »nie von einer andern Welt, vom Himmel oder einem anderen Leben gehört« hat. Von einem Sonntagsschüler, der auf die Frage, wer die Apostel waren, zuversichtlich antwortet: »Ich weiß es Herr, es waren die Aussätzigen!« Von dem sechzehnjährigen Jungen, der über Jesus sagt: »Er war ein König von London vor langer, langer Zeit.«
In einer Zeit, als Metternich allgewaltig reglementierte und selbst die bescheidensten Versuche sozialer Emanzipation unnachsichtig geahndet wurden, forderte Baader für die Arbeiterschaft Koalitionsfreiheit und Repräsentationsrecht. Als Anwälte der Proletairs will er »weder Polizeibedienstete noch überhaupt Bedienstete, noch Advokaten im engeren Sinne«, sondern Priester, die sich nicht nur um pastorale »Seelsorge«, sondern auch um sozialpolitische »Leibsorge« bemühen sollen (VI, 138f.). Man hat in diesem Gedanken Baaders nur romantische Utopie und soziale Phantastik sehen wollen, zu unrecht. Baader nimmt nicht nur das moderne Experiment der Arbeiterpriester vorweg, sondern repräsentiert zugleich jene Linie universaler christlicher Solidarität, die gleichzeitig mit den Greueln des Entdeckungszeitalters begonnen hat. So gesehen, gehört der einsame konservative Rebell aus Bayern in eine Reihe mit den streitbaren Mönchen Las Casas und

Vitoria, die leidenschaftlich für die geschundenen, gefolterten und versklavten Indios eintraten. Wenn auch die Behauptung Johannes Sauters übertrieben ist: »In seiner Wirtschaftslehre hat Marx von Baader das Material, in seiner Gesellschaftslehre von Hegel die Form übernommen – der Geist ist ihm beidemal entwichen!«, so hat Ernst Benz mit Recht darauf hingewiesen, daß angesichts der erstaunlichen Sensibilität Baaders für die soziale Frage die spätere antichristliche Wendung des Sozialismus eigentlich die unwahrscheinlichste Entwicklung war. Zugleich aber wird am Beispiel Baaders klar, welche sozialen Einsichten damals einem »Konservativen« möglich waren, Einsichten, die später verdrängt wurden und – um bei Baaders Bild zu bleiben – als »Blitz« wiederkehrten. Wir stehen hier vor dem Paradox, daß Baader als geborener Konservativer, der jedoch zugleich ein »wahrer Liberaler und Freisinniger im Christussinne« (XV, 311) war, nicht zum Quietismus, sondern zur Rebellion gelangte. Und diese Rebellion mündete keineswegs in elitäre und restaurative Kulturkritik, sondern kam zu sozialpolitischen Forderungen und ökonomischen Einsichten, die wir noch heute als »links« bezeichnen würden. Durchaus im Sinne der marxistischen Soziologie argumentiert Baader gegen jene, die »das eingetretene Bedürfnis einer *Sozial*reform mit dem Bedürfnis einer *politischen* Reform vermengten« (VI, 76). Baader kannte auch schon die Schriften der französischen Frühsozialisten Charles Fourier und Claude Henri de Saint-Simon, die von Marx und Engels zwar als Utopisten bezeichnet, aber stets mit Hochachtung neben der deutschen Philosophie und der englischen Ökonomie als unmittelbare Quellen des modernen Sozialismus genannt wurden. Er fand in einer fourieristischen Schrift »viel Gutes und zu Beherzigendes« und stellt nicht in Abrede, »daß das industrielle Assoziationsprinzip zur Verbesserung des Zustandes der Proletarier allerdings in mehreren Zweigen der materiellen Industrie heilsame Folgen haben kann und soll« (VI, 95). Von den Saint-Simonisten meinte er einmal nachdenklich, wenn sie »nicht gar so kraß und flach gewesen (wären), so würden sie recht daran gehabt haben, eine Restauration des Menschengeschlechts durch das Weib prophezeit zu haben. Gleichsam eine zweite Ankunft des Christs« (XV, 638). Er spielt hier auf die saint-simonistische Idee eines »femme-messie« an, die in der Tat eine merkwürdige Affinität mit seiner eigenen Philosophie der Sexualität, auf die wir noch zu sprechen kommen, aufweist. So wie Baader in seiner Jugend den revolutionären Anarchismus Godwins rezipierte, gelangte er in den Jahren zwischen der Julirevolution 1830 und der Februarrevolution 1848 in die Nähe des Sozialismus.

Nach dem Tode seiner ersten Frau (1835) heiratete er 1839 die fünfundzwanzigjährige Marie Robel (1814–1877), ein Mädchen aus »dienendem Stande« von »nicht gewöhnlichen Geistesgaben«, mit der er – äußerlich in dürftiger Lage, innerlich erfüllt von neuen Plänen und einem ungebrochenen Arbeitsschwung – seine letzten Jahre zusammenlebte. Dieser Schritt wurde dem alten Manne nicht weniger angekreidet als seine antiklerikalen Invektiven gegen das Papsttum. Gleichzeitig neben Briefen voller Zartsinn an seine junge Frau (XV, 622ff.) schrieb Baader die heftigsten antirömischen Schriften*, steigerte sich seine kritische Haltung gegenüber der römisch-katholischen Kirche bis zu Plänen für eine von Rom unabhängige deutsche Nationalkirche. Bis zu seinem Tode am 23. Mai 1841 in München verblieb Baader in Opposition gegen das Papsttum. Mit seinem Antiklerikalismus und Antipapismus steht er in einem großen geistesgeschichtlichen Zusammenhang. Es darf nicht vergessen werden, daß Baaders antirömischer Affekt seinem Leiden an der gespaltenen Chri-

* »Über die Trennbarkeit oder Untrennbarkeit des Papsttums oder des Primats vom Katholizismus« (V, 369ff.); »Über die Tunlichkeit oder Nichttunlichkeit einer Emanzipation des Katholizismus von der römischen Diktatur in bezug auf die Religionswissenschaft« (X, 53ff.); »Der Morgenländische und Abendländische Katholizismus mehr in seinem innern wesentlichen als in seinem äußern Verhältnisse dargestellt« (X, 89 ff.).

stenheit, seinem Lebenswunsch nach einer Wiederversöhnung der getrennten christlichen Bekenntnisse entsprang. Wie wenig diese antirömische Haltung, diese Kritik an der Dogmatisierung der päpstlichen Unfehlbarkeit in den Zeiten vor dem ersten Vatikanischen Konzil als antikatholisch empfunden wurde, erhellt schon daraus, daß seit der Barockscholastik und Leibniz zahlreiche Mönche, Priester, ja sogar Heilige ähnlich dachten. Von dem heiligen Clemens Maria Hofbauer, dem Zeitgenossen Baaders und Schutzpatron Wiens, wird z. B. überliefert, daß er fast täglich wiederholte, »Rom ist an allem Übel schuld«. Ähnlich wie Dantes Werk die geistige Unbefangenheit, Weitherzigkeit und Fülle des vortridentinischen Katholizismus anzeigt, ist Baaders theologisches und kirchenpolitisches Wirken ein Symptom für den breiten Spielraum, den es im Katholizismus vor dem ersten Vaticanum und vor den offiziellen Verurteilungen des »Modernismus« noch gab.

Baader ist niemals exkommuniziert oder auch nur einem kirchlichen Häresieprozeß unterworfen worden. Seine Schriften kamen – trotz kritischer Einwände einzelner Theologen – nie auf den Index der verbotenen Bücher. Dennoch gehört er als einer der ersten zu jenen christlichen Außenseitern im 19. und frühen 20. Jahrhundert, die durch Verdächtigungen, Mißtrauen und Denunziationen an den Rand der Kirche und aus ihr hinaus gedrängt wurden. Von Hermes, Bolzano und Anton Günther über Möhler, Döllinger, und Frohschammer, Lamennais und Rosmini bis zu Hermann Schell, Georg Tyrrell und Ernesto Buonaiuti wurden verheißungsvolle, leidenschaftliche und uneigennützige Versuche theologischen Fortschritts zensiert, diffamiert und konfisziert. Die Renaissance des Neo-Thomismus, der durch Leo XIII. (Enzyklika »Aeterni patris unigenitus«, 1879) zur offiziellen Philosophie der römischen Kirche erhoben wurde, war nur möglich, nachdem alle diese Stimmen liquidiert worden waren. Es geht uns dabei weder um bloße geistesgeschichtliche Bezüge und literari-

sche Abhängigkeiten noch um eine kritiklose Rechtfertigung dieser Theologen und Philosophen, sondern um die Einsicht, daß es vom Spätidealismus bis zum »Modernismus« einen eigenständigen Strom christlicher Spekulation gab, dessen Reglementierung und Zensierung 1832, 1870, 1890 und 1906 verhängnisvolle Folgen hatte.
Was Hegel im protestantischen Raum, war Baader im katholischen. Sein Einfluß reichte weit über Deutschland hinaus. In Rußland las man seine Schriften auch nach dem Scheitern seiner Reise. Bis zu seinem Tode stand er in Verbindung mit russischen Philosophen, Theologen und Politikern. Mit seinen Bemühungen, dem deutschen Bewußtsein Rußland und die Ostkirche näher zu bringen, steht Baader im 19. Jahrhundert einzigartig da. Aber auch nach Italien bestehen Verbindungen, besonders zu Rosmini, dem kirchlich verurteilten Theologen. Vor allem jedoch ist seine Begegnung mit Frankreich wichtig, wichtiger als seine Beziehungen zur deutschen Romantik. Trotz aller Gegensätze wurde er von Bonald und Lamennais hoch geschätzt. Lamennais plante eine Zeitlang, junge Schriftsteller nach München zu schicken, wo sie von Baader für die geistigen Auseinandersetzungen mit der modernen Welt gewappnet werden sollten. Umgekehrt hat Baader als erster die Werke Bonalds, eines Ahnherrn der Soziologie, in Deutschland ausführlich rezensiert. Wiederholt widmet er dem literarisch-publizistischen Schaffen Lamennais' eingehende Studien. Die Zeitschrift des liberal-sozialen Katholizismus »Avenir«, herausgegeben von Montalembert, wird ihm täglich zugeschickt. Seine Argumente gegen Rom wurden später von den Altkatholiken – insbesondere Döllinger – wiederaufgenommen.
Zentrale Motive Baaderscher Spekulation finden sich in den Schriften Teilhard de Chardins. Es ist kaum anzunehmen, daß Teilhard de Chardin auch nur eine Zeile von Baader gelesen hat. Die Konvergenz der Gedanken dürfte vielmehr ihren Grund darin haben, daß beide in der gleichen philoso-

phisch-theologischen Tradition wurzeln. Beide nehmen wieder Gedankengänge auf, die schon in der frühen Christenheit, später in der Ostkirche und in der franziskanischen Christologie formuliert wurden. Beide sind erfüllt von dem Verlangen, die moralistische und pietistische Verengung des Christentums aufzubrechen, um ihm seine kosmische Dimension wiederzugeben. Für beide ist die Menschwerdung Gottes nicht einfach eine Folge des Sündenfalls, sondern der Beginn eines kosmologischen Prozesses, in den die gesamte Menschheits- und Naturgeschichte einbezogen ist. Wie Teilhard de Chardin am Ende dieses Prozesses nicht einfach eine Wiederkehr des Zustandes vor dem Sündenfall, sondern eine höhere Stufe – den »Punkt Omega« – erblickt, so handelt es sich auch für Baader nicht um eine bloße »Restauration«, sondern um die »Vollendung der Schöpfung«. Gott wäre deshalb auch ohne Sündenfall Mensch geworden (IV, 333ff.). Der Mensch als gottesebenbildliches »Schlußgeschöpf« wurde im »Namen Jesu versehen«, berufen zur Teilnahme an Gottes Sohnschaft und Reintegration der Natur. Christus ist nicht nur der Erlöser von der Sünde, sondern »Eros und Heros« der Evolution. »Transmutation«, sagt Baader, sei »der Schlüssel des Christentums und der höheren Physik« (XV, 598). Dieser an alchemistische Esoterik gemahnende Ausspruch könnte ebenso von Teilhard stammen wie die Sätze: »Ohne das Verständnis dieses wahren Sinnes des ›verbum caro factum‹ bleibt die Physik wie die Ethik stumm und dumm« (XV, 309). ». . . daß so wie für das Geschöpf eine Geschichte entstund, auch Gott aus Liebe zum Geschöpf in diese Geschichte eingegangen und sich selber als Evolutionsprinzip derselben, als leitender Genius der Menschheit und als ihr oberstes leuchtendes Gestirn kund gegeben hat« (XIV, 111). Gemeinsam ist beiden die christozentrische Schau alles Seins. Beide denken evolutionistisch und akzentuieren auf eine dem herkömmlichen christlichen Idealismus und Asketismus widersprechende Weise Natur und Leiblichkeit. Baader polemisiert gegen den Spiritualismus noch schärfer als gegen den Materialismus, dem er konzidiert, »an der Leiblichkeit« festgehalten zu haben (IV, 234). In diesem Zusammenhang muß auch Baaders Deutung der Sexualität sowie seine Vorstellung vom »androgynen« Urmenschen erwähnt werden, die für seine gesamte Anthropologie und Christologie, aber auch seine ästhetischen Theorien bestimmend ist. Baader erneuert hiemit eine sowohl vom Judentum als auch vom offiziellen Christentum infamierte Tradition, die erst heute durch völkerkundliche und tiefenpsychologische Forschungen in ihrem ganzen Umfang ausgemessen wird. Nicht zu verkennen ist in Baaders »erotischer Philosophie« sein Affront gegen die zur bloßen Multiplikationsanstalt, zur bevölkerungspolitischen »Zelle« profanierte Ehe – als welche sie gerade von der scholastischen Moraltheologie definiert wurde –, indem er den Akzent auf die »wechselseitige Wiederherstellung des inneren Himmels- oder Engelsbildes«, auf die Wiedergeburt der paradiesischen Androgyne legt. So wird der alte tabuierte Mythos in Baaders Eingedenken zur integralen Chiffre erotisch versöhnter Humanität.

»Barbarus hic ego sum, quia non intelligor illis«, sagt Baader einmal von sich. Es ist seither nicht leichter geworden, ihn wieder zu entdecken. Was bleibt also von ihm für unsere Zeit? Sagen wir es nach Art der theologia negativa: *keine* restaurative Ideologie, *kein* Parteiprogramm, *kein* kirchenpolitisches Vademecum. Am ehesten wird er uns zugänglich, wenn wir darauf verzichten, in ihm einen Philosophen der Romantik oder des deutschen Idealismus erblicken zu wollen. In gewisser Hinsicht ist er ein Opfer dieser Bewegungen und ihrer politischen Filiationen. Er dachte als Mann mit Sinn für Tradition konservativ, als Gegner jeglichen Absolutismus liberal, als hellsichtiger Bürger sozialistisch. Wer sich in sein Werk geduldig vertieft hat, weiß: Er hätte 1914 die Kriegskredite nicht bewilligt, wozu sich eine noch sich revolutionär gebärdende Sozialdemokratie bereitfand. Er hätte 1933 mit dem

Trommler aus dem Bürgerbräu kein Konkordat abgeschlossen, sondern allenfalls zu dessen Exorzisierung geraten. Fremd war ihm die »Zeit- oder Geschichtsbigotterie« (VI, 102), sei's der vergangenheitsbezogenen Legitimisten oder der progressistischen Doktrinäre. Denen, die alles beim alten lassen wollten, setzte er die Maxime entgegen: »Nichts veraltern zu lassen.« Er verabscheute jeglichen Versuch, »einen neuen Kalender anzufangen« und »den Faden der Geschichte (Tradition) abzureißen«, aber er begriff auch alles Leben als »Evolution«, als »Ausgleichung der Vergangenheit mit der Zukunft« (VI, 127; vgl. auch VIII, 16 und 318). »Non progredi est regredi«, war einer seiner Lieblingssprüche. Insoferne erscheint er uns als ein wahrer Novalis. In mythisches Urgestein hinabreichend, barock und gotisch ineins wie so manches Juwel österreichischer und bayerischer Architektur, in dem der goldene Triangel – der Baadersche »Ternar« – visionär leuchtet, begegnet uns so sein vielschichtiges Lebenswerk als inspirierte und inspirierende Einladung zu jenem »Wechselgespräch«, von dem uns Baaders Biograph berichtet (XV, 110): »War eine Vorlesung Baaders zu Ende, so hörte damit keineswegs seine Lehrtätigkeit für diesen Tag auf, sie nahm nur eine andere Gestalt an. So wie er vom Katheder herabschritt, knüpfte er sogleich mit einem oder dem anderen der zunächst stehenden Zuhörer über irgendeinen Punkt seiner Vorlesung ein Gespräch an, eine bald größere, bald geringere Anzahl von Zuhörern gruppierte sich um den hochgeachteten Lehrer herum, so bewegte sich die ganze Gruppe durch den Hörsaal, durch die Gänge des Universitätsgebäudes und durch die Straßen der Stadt unter beständigen Wechselgesprächen, bis er an irgendeinem Punkte der Stadt plötzlich stehenblieb, sich mit einer leichten Hutschwenkung und Verbeugung, stets mit einer gewissen ungezwungenen Höflichkeit und mit einem seiner selbst bewußten Anstand, seinen Begleitern empfahl und verschwand.«

Ursprünge
Sturm und Drang, Aufklärung, Mystik

Wenn es übrigens der Zustand eines Propheten ist, von außen in der Hölle, innerlich im Himmel zu sein, so bin ich wahrlich ein Stück eines solchen Propheten, denn die Klarheit des Wissens, die mir aufging diesen Sommer und Winter über, die vérités précieuses, que j'ai arrachées à l'avenir, und die wie Gestirnsamen in meinem Geiste mir entgegenfunkeln, um in das bleibende Firmament des menschlichen Wissens und Erkennens sich zu ihrer Zeit emporzuheben, und von dort auch meinem Geiste als eine Ehrenkrone zu leuchten, diese tiefere und höhere Erkenntnis, die ich ohne die tiefste Einsamkeit nicht erlangt hätte, ist wohl gleich einem Himmel zu achten, um den mich freilich unter den wenigen nur wenige beneiden würden.

Brief an Baron von Yxkull, 28. Juli 1823, Baader, Sämtl. Werke, XV, S. 402

13. April 1786

. . . Das Entstehen einer Diagonalkraft aus Zusammenfluß, Ineinanderwirkung oder Strahlung mehrerer einzelner ist selbst nur – Erscheinung; was im Innern der Stoffe dabei vorgeht, wissen wir nicht. – Von nichts Innerem wissen wir in der Natur außer uns, von uns selbst, dem Innern in uns, nur durch Selbstgefühl, Bewußtsein, Selbstbeachtung! – Nun ist die Frage: ob und wie es angeht, daß wir hier von unserem sichern Leiter abgehen und über die Natur unseres Selbst in der Phänomenenwelt außer uns Aufschlüsse suchen wollen? Hier liegt der Knoten, das größte, tiefste Geheimnis aller unserer Erkenntnis liegt hier, wie ich auch aus Kant sehe. Aufschluß und Enthüllung werd' ich einmal gewiß noch finden! Mein heißer Durst wird gestillt, meine Tantalushöllenqual geendet sein, und ich ahne, daß ich dann staunen werde über die Nähe der Wahrheit und über mein Haschen – nach Schatten! – Tief fühle ich dies innere Bedürfnis der Erkenntnis und bei jeder Gelegenheit wacht es wieder auf in mir und mit ihm ein überaus süßer Zug und Hang zu einem pythagorischen Einsiedlerleben, ein Hang, den ich nun bereits seit Anfang meiner Selbstbildung mit mir herumtrage und in dessen Befriedigung ich himmlische Freuden setze.

Ruhig, still und ernst war nun meine Miene und mein Gang. Der große Gedanke: mein ganzes inneres Leben in meinem Tagebuche dermaleinst aufgezeichnet zu sehen, füllte ganz meinen Geist und gab mir ein gewisses Gefühl der Superiorität über den großen Haufen, der mir vorüberlärmte. – Eitelkeit mag sich eingemischt haben, aber umsonst würde ich mich bereden, daß kein sicheres, unverkennbares, bleibendes, von allem Menschenlob unabhängiges Gefühl von Adel darin gewesen sei. – Von edler, himmlischer Abkunft ist des Menschen Seele, Ebenbild, Tochter Gottes! – In lichten, ruhigen, besseren Momenten erinnert sie sich dessen, und edles Selbstgefühl

schwellt sie. Ihre volle Kraft ist dann gen Himmel gerichtet und dieses sind die wenigen seligen Momente, wo sie von innerem Leben, Dauer und Unzerstörbarkeit – leise, doch unleugbare Ahnungen überkommt! Von woher?? ...
Überhaupt fühle ich mich heute zu jeder großen, edlen Tat ungleich mehr aufgelegt, als gestern. –
Sieh! die Blume, wie sie sich ihrem Bräutigam, der Sonne, entgegenwendet, sie saugt Licht und prangt und blüht – Nacht, Finsternisse umgeben sie, – sie welkt! – Das geht täglich vor unsern Augen nach physikalischen Gesetzen, wie man sagt, vor. Und sollten im Innern der Dinge, in der Geisterwelt diese Gesetze nicht wirken? Ist denn mein Geist so isoliert, abgetrennt, willkürlich in allem seinem Tun, als wir wähnen? – Nein! er wendet sich hinauf zum Quell und zu der Sonne aller Wesen, und Licht und Wahrheit und Güte und himmlische Wollust füllt ihn, er vergißt seines Gottes, wandelt in irdischen Dingen herum, greift nach Schatten – und welkt! – Alles nach denselben ewigen physikalischen Gesetzen! Ein wahrer Influxus, den unser Selbstgefühl beweiset. – Einzig wahre Philosophie und Physik alles Gebetes! (1)

20. April 1786

Noch dauert der Hausfrieden fort. Große Gedanken blitzen manchmal in meiner Seele auf, wie Blitze erscheinen sie, es wird wie helle in ihr. Aber auch wie Blitze schwinden sie hin und ich kann sie noch nicht festhalten. Ich freue mich dann und jauchze und vertröste mich einer baldigen Morgenröte der Wahrheit! Trostblicke! Glauben, Gefühl Gottes!
Nach demselben Gesetze, nach welchem dieser Baum da, angeweht vom milden Lufthauche, angestrahlt vom allbelebenden Sonnenlichte, Blätter und Blüten treibt, nach demselben Gesetze wird jede unverdorbene, nach Wahrheit und Gotteserkenntnis ringende Seele erfreut und erhellt werden. – Wie? Könnte man durch Anstrengung und tätiges Wollen nicht

schon *hier* eine Stufe der inneren Vollkommenheit, Weisheit und Güte erreichen, die sonst unserer nur hinter dem Grabe harrt? – Moral ist ja nur höhere Physik des Geistes!
Je besser, wahrhaftiger ich mich fühle und bin, desto wahrer und unfehlbarer wird meine Erkenntnis alles Wahren und Falschen in anderen. O wäre meine Seele vollkommenes Ebenbild der Gottheit, Licht, Sonne, die alles um sich erleuchtet und erwärmt, Annäherung zur Gottheit, größtes, tiefstes Geheimnis in uns! – Ähnlichwerdung! Aller Lug und Trug wird vor einem wahrhaften Menschen zuschanden! (2)

22. April 1786

Diese zwei Tage hindurch war meine Seele milde, heiter, froh und munter, wie die nun wiederaufblühende Natur. Lachender Anblick des heiligen Tempels Gottes, wie erhebst und labst du meine Seele! Welche sanften, heiteren Gefühle und Ahnungen durchströmen die arme, lechzende Denkerin! Sie fühlt sich zu ohnmächtig, sie alle zu entwickeln und gibt sich willig dem erquickenden Genusse hin. Dank dir, Alleinweiser! sie genießt und trinkt nun Ströme von Blumendüften und trennt nicht Wurzeln! Erquickend sind diese Gefühle – nicht Gedanken mehr, die im Hirn bleiben und seine Fasern durchglühen, nein, das im Brennpunkt gesammelte Licht wird Wärme, die sich sanft und milde durch mein ganzes belebtes Ich ausgießt, ich fühle mich nun kein totes Kopfstück mehr, sondern Herz, Eingeweide und Glieder werden belebt, wallen und fühlen sich froh, wie der blütentreibende Baum, der alle seine jungen Arme im belebenden Luftstrom rüttelt! –
Wunder über Wunder! Aus Empfindung ward Gedanke, aus dem Meere zuströmender Gefühle wählte sich die Denkerin einige aus und einte sie mit unbegreiflicher Schöpfermacht zu einem lichten Punkte – zum Gedanken. Nun freut sie sich mit Mutterfreuden ihres Werkes und Kindes. Aber bald würde sie verlechzen und in Ohnmacht dahinsinken im bloßen, kalten

Anschauen und Denken. Sie schmachtet nach neuer Speise. Freiwillig läßt sie ab vom Anschauen, ruft ihre gesammelte Wirksamkeit von dem einen lichten Punkte zurück und so sieht sie mit unstet umherschweifendem Auge ihren ganzen Horizont in lieblicher Dämmerung. Der Gedanke wird Empfindung!

Bilder tun der Seele wohl! Sie sind ihre eigentliche Speise. Aufnehmen derselben, Wiederkauen gewährt Lust, und ohne diese Speise kann Gesundheit der Seele nicht bestehen. Wo solche Bilderspeise stattfindet, da ist jugendliche Vollsaftigkeit, Blüte der Seele: wo nicht, Auszehrung und Wassersucht des Geistes.

Spekulation ist nur Streben nach Erkenntnis; ein Tor oder Taglöhner, der immer strebt und sammelt, und nie genießt. Ich fühlte mich diese Tage über gar nicht zur Spekulation aufgelegt. Ich war gestern nach einem kalten Bade ganz gesund, leicht und munter an Leib und Seele, und mir behagte nun nichts, als abwechselnd mit großen Gefühlen und sanften, angenehmen Bildern meinen Geist zu laben und zu erfüllen. Das begegnet mir gewöhnlich. Ist nun ein gewisser Vorrat von solchen Bildern, Gefühlen etc. in mir und fühlt sich mein Geist satt (oft trunken), so geht dann das Wiederkauen, Verdauen, Spekulation an. Ich zehre den Vorrat auf, aber krank werd ich und ermatte, und fühle mein Gehirn heiß und wüst. Wenn das Futter einmal aufgezehrt ist, und ich dann noch fortfahre, an meinem eigenen saft- und kraftlosen Geistesextrakt wiederzukauen, dann ist es Zeit, mich nach neuer Nahrung umzusehen. Versäume ich dies, so ist jene Seelen-Krankheit, deren Wiedergenesung ich oben beschrieben, unausbleiblich. Siehe da aus meinem innigsten Selbstbewußtsein die Diätetik meines Geistes! – Welche unleugbare Analogie mit der körperlichen!

Eine unverdaute Idee bleibt oft lange in mir dunkel liegen. Ist sie erfreuend, verspricht ihre künftige Entwicklung viel Vergnügen, so erhält das dunkle Bewußtsein dieses verborgenen Schatzes in mir mich den ganzen Tag über in der heitersten, frohesten Laune, z. B. die Idee Gottes. Ist sie im Gegenteil unangenehm, gehässig, so fühlt sich mein Geist in seinen ganzen übrigen Ideengängen geängstet und ich weiß oft selbst eine geraume Zeit die Ursache meiner Ängstlichkeit nicht anzugeben. Lasse ich dann bei äußerer Stille, z. B. bei einer eben meine Aufmerksamkeit nicht fesselnden Lektüre, meinen Gedanken freien Lauf, so erwacht nicht nur unvermerkt jene wie eine gedrückte Feder verborgen gelegene Idee, sondern wunderbar! ich erhaschte mich manchmal schon auf der Tat, daß ich bereits geraume Zeit der ferneren Bearbeitung, Wiederkauung dieser Idee oblag – siehe da! plötzlich wachte ich gleichsam wieder auf, kam zu mir selbst und zerriß freiwillig den Gedankenfaden. (3)

24. Juni 1786

Nach Lesung der zerstreuten Blätter von Herder. Wenn ich von einem Buche in Wahrheit zu sagen vermag, daß es mir wohl tat, so ist es dieses. Bei Lesung der übersetzten griechischen Gedichte sowohl, als der übrigen eigenen Abhandlungen des Verfassers, durch die alle echter, froher, griechischer Jugendgeist weht, ward es mir so wohl und leicht und ruhig um das Herz, fühlte und genoß ich das Glück: Mensch, Jüngling – und nur solcher zu sein, so sehr, daß ich diese seligen Momente voll sanften Lebensgefühls wahrlich für die glücklichsten, besten, neidenswertesten und doch neidlosesten meines Lebens achte. Ihm, dem Menschenliebenden, so ganz und rein humanen Manne, den ich mir lange schon als meinen Genius erwählte, fließe dafür diese sanfte Zähre als ein stilles, heiliges Dankopfer! Ne quid nimis – Nemesis adest. Goldner Spruch! möchtest du mir tief immer ins Herz gegraben bleiben, mir mit Flammenzügen vom Firmament entgegenleuchten, daß ich überall und in allem sanftes Maß behalte, nirgend dem ruhigen, einzigsichern Weg der Mitte entgleite! Mein

Leben würde dahinfließen still und neidlos, als ein ruhiges Bächlein durch blumige Fluren dahinfließt, und der Abend meiner Lebenstage würde in stiller, heiterer Pracht herankommen als der sanftlachende Abend eines heitern, sturmlosen Frühlingstages! –

Ein Erdkloß ist der Mensch, von Gottes Odem durchweht und belebt, also ein Duplum, weder ganz Gott noch ganz Tier, weder reiner Geist noch bloßer Körper, weder Engel noch Teufel, sondern ein Gemisch, ein Compositum aus beiden, und nur bei jenem glücklichen Maß und jener glücklichen Mischung seiner verschiedensten Kräfte im Verhältnis zueinander kann er das sein und ganz sein, was er seinem Wesen nach nur sein soll: Mensch. Nur bei dieser ihrer Harmonie und dem freundschaftlichen Einklang aller zu einem Ganzen wird ihm völliges Gesundheitsgefühl an Leib und Seele, mithin blühender Wohlstand beider zuteil, jede geniemäßige Übertreibung einer Kraft auf Kosten der andern ist krüppelhafter Auswuchs, ist das, was der Wasserkopf oder der Wasserbauch bei welken, dürren, eingeschrumpften Extremitäten. Eben dieses sanfte, bestimmte Maß und diese Untereinanderordnung aller Kräfte im Menschen macht den überaus schönen, aber auch überaus reinen und heiklen Umriß und Form der Humanität in ihm aus, von der man, wie dort von Polyklets Schönheitslinie sagen kann:

Ihr Knaben, hütet euch, die Schönheitslinie auch nur um ein Haarbreit zu verfehlen!

Nur wenn der Mensch diesen sanften, schönen, reinen Umriß, diese blühende innere Form der Humanität in sich gebildet hat und mit Sorgfalt diese edelste Blume in sich pflegt und ihrer wartet, nur alsdann fühlt er sich als Mensch ganz so glücklich, als er es zu sein vermag, genießt er der Seligkeit, Mensch und nur Mensch zu sein in vollem Maße, bedient er sich gerne seiner Füße, vergessend, daß ihm keine Flügel geworden sind, weder lüstern sich sehnend nach verbotener Götterspeise der Erkenntnis des Guten und Bösen, noch beneidend die Tiere des Feldes um ihre Eicheln oder gar um ihre vier Füße. Dieses Zuviel und Zuwenig in allem Wissen und Tun hat sicher kein Volk so zart und treu gefühlt, bestimmt und erreicht, als die Griechen, und eben das ist es, was in ihren und allen Werken, wo ihr Geist atmet, so wohl tut, was uns alles in einem milden Lichte sehen macht, und zwischen Geist und Körper in uns – leider nur auf einige Zeit – völligen, süßen Hausfrieden herstellt.

Wer lange und nutzlos genug sich auf dem flammenden Sonnenroß seiner kränklich und fieberhaft erhitzten Phantasie in den Feuerkreisen umgetaumelt hat, und müde und matt mit versengten Flügeln und versengtem Gehirne auf die Erde herabsieht, aus welcher er doch immer nur gemacht ist, und zu der er als zu seiner Mutter bald wieder zurückkehren muß, wie willkommen wird diesem lechzenden Kranken die wohltätige Hand eines freundschaftlichen Genius, die in sanfter Herabstimmung seiner kränklich überspannten Kräfte seinen scharf nur auf einen und eben darum blendenden Gesichtspunkt gehefteten Blick von diesem einen Brennpunkt abruft, damit er seinen ganzen menschlichen Horizont in lieblicher, seinen Kräften angemessener Dämmerung zu überschauen vermöge! Eben in dieser sanften Herabstimmung einzelner, überspannter Kräfte und dem milden, gemäßigten, harmonischen Spiele aller liegt wahres Glück des Lebens, heitere Weisheit, unnennbar ruhiges, himmlisches Gesundheitsgefühl, Wohlsein und der reinste Genuß des Seligsten auf Erden – eine völlige Windstille!

Aber alles hat seine Zeit – Morgen und Mittag und Abend und Nacht, Frühling und Sommer und Herbst und Winter wechseln unaufhörlich auf unserm Erdenball. Wir selbst blühen im Frühling unseres Erdenlebens, wenn alle unsere Kräfte in der zarten Knospe eben in ihrem lieblichen Jugendschimmer sich entfalten, unser Leben gleicht da der heitern, frohen, vielversprechenden Morgenröte. Wenige Tage und der Zauberschimmer der Morgenröte ist vorüber, welk hängt die

Blume und streut ihre erblaßten Blätter in die Lüfte. Entweder ziehen trübe Wolken heran und versenken den übrigen Tag in Sturm und Schauer, oder die brennende Sonne flammt am Himmel in ihrer Mittagsglut, zeigt nun alles in seiner armseligen Wirklichkeit, was uns in zweideutiger, zauberischer Morgendämmerung so lieblich romantisch und glückweissagend anlockte – und der arme Mensch wühlt nun den Acker im Schweiße seines Angesichts für die Seinen um. Er, der voll jugendlicher Ungeduld noch vor wenig Stunden die Ankunft des Tages kaum erwarten konnte, sehnt sich nun matt und müde nach dessen Ende, dem ruhigern, stillen Abend, der dann den armen Träumer mit neuen Hoffnungen labt, wieder zu neuen Träumen einladet und zu neuem Fronwerke stärkt. Mit dem Menschengeschlecht im ganzen und dem Entwicklungsgange seines Geistes ist es wahrlich nicht anders. Auch die frohe, schöne Jugendzeit des menschlichen Geistes ist vorüber, vorüber mit ihr der volle, friedliche Lebensgenuß, das Jugendgefühl und der Frohsinn in der schönsten, blühendsten, humansten Form, im sanftesten Gleichmaß und harmonischsten Einklang aller Kräfte, vorüber mit ihnen jene aurea mediocritas, die überall aus ihren Werken uns noch als ein lieblicher Morgenschimmer entgegendämmert, uns lechzenden, keuchenden, im Schweiße unseres Angesichts am dürren Mittag – wenn man will – in literarischen Erdschollen umwühlenden Fronarbeitern und Taglöhnern so sanft und wohl tut, daß wir (Jünglinge) uns so gerne in jene Paradiese arkadischer Unschuld zurückträumen, aber leider nur träumen. Denn alles, was uns umgibt, ist so entsetzlich antigriechisch, überall auch die letzte Spur des sogenannten griechischen Jugendgeistes in gelehrten und ungelehrten Zünften so rein weggewaschen, verschwemmt und zertreten, die Schönheit der eigentlich humanen Wissenschaften, wie sie jetzt getrieben werden, ist eine meist so abstechende, übelgeratene Kopie der wenigen originellen Trümmer, die wir noch aus jenen goldenen Zeiten übrig haben, so abstechend gegeneinander, wie jener Herkulesrücken gegen den scheußlichen, geschundenen Rücken eines Herrgottbildes unserer Karfreitagsprozessionen, daß ich wahrlich dem Schwärmer keinen Namen wüßte, der es sich nur auf einen Moment in den Sinn kommen ließe, unter uns armen Franzgothen attischen Geschmack, attische Sitte, attischen Geist zu suchen oder gar zu finden, oder eheu! wohl gar diese zarten, nur in griechischer Luft blühenden und gedeihenden Blumen unseren Eichenstöcken aufpflanzen zu wollen!

Vorüber ist die schöne Blütezeit der Jugend, und der Mann hat wahrlich Besseres und Ernsteres zu tun, als mit dem Knaben über den verwelkten Blumenkranz zu weinen, oder mit dem frohen, sorglosen Jüngling seine Tage in sanft abwechselndem Vergnügen und heiterer Ruhe, in seliger Muße durchzuleben! Wenn dies Bild zu stolz klingt, weil es, wie ich gewiß glaube, unser Zeitalter in einen Mittagsschmuck kleidet, der ihm, was auch die Herren Aufklärer und Menschenerzieher sagen mögen, in Wahrheit doch sehr fremde sitzen mag, der habe hier ein anderes: Krank sind wir und all unser Tun und Arbeiten, alle unsere Philosophie und – Religion ist nur für uns Kranke. Die Kunst zu leben, und die Kunst, an Seel' und Leib gesund zu sein, und die Kunst zu sehen, und die ganze Menge von Künsten, die in unserem Professorenzeitalter gelehrt und ex professo von wahren Ärzten und von schelmischen Marktschreiern gegeben und gehört, geschrieben und – gelesen werden, und von denen man in andern, barbarischen Zeiten vielleicht so wenig wußte, als von der Kunst, zu gehen und zu laufen; alle diese Künste zeigen eigentlich, daß wir das wahre Leben, Gesundsein, Sehen etc. verlernt haben, daß wir krank, lahm und blind und also freilich wohl aller dieser Arzneien hochbedürftig sind. – Aber wozu dem Kranken immer den Beichtspiegel vorhalten, ihn immer quälen mit Bekenntnis seiner Schwäche und voll Eifer, wie jener Schulmeister das arme, mit den Wellen kämpfende Kind – hilflos ersaufen lassen? – Warum den Blick immer rückwärts in die

beschämende Vergangenheit, das verlorene Paradies, und nicht auch vorwärts auf Wiedererlösung, heitere Zukunft, Genesung? Siehe da den Geist des Christentums und dessen Unentbehrlichkeit für das menschliche Geschlecht!
Sei's, daß wir kränkeln, daß wir jenes gesunde Gleichmaß verloren haben und in kränklicher Überspannung einzelner Kräfte ganze Wissenschaften durch als in einer Fieberhitze faseln; so ist es doch unleugbar, daß eben diese Krankheiten uns, aber freilich nur uns, Mittel waren, durch die unsere innere, ewigrastlose Kraft Eindrücke und Erkenntnisse überkamen, deren sie in ungestörter Organisation nicht fähig war, auch nicht bedurfte, wie wir etwas Analoges in manchen merkwürdigen und von Philosophen zu wenig bemerkten Verirrungen des menschlichen Geistes bei Verrückten, Hirnkranken etc. sehen, und wie schon Plato eine gewisse Kränklichkeit als Disposition zu lebhafterem Erkennen empfiehlt. Wirklich sind wir aber auch über eine so große Menge von Torheiten hinweg, wirklich ist unser Geist von so vielen Fieberanfällen genesen, daß wir uns wahrlich mit dem Glauben an eine Abnahme des Übels und der Hoffnung einer wirklich herannahenden völligen Gesundheit trösten dürfen. Für solch ein heilsam kritisches Symptom halte ich zum Teil die neuliche Erscheinung des Kantischen, sogenannten kritischen Idealismus, der unsern Geist vom metaphysischen Fieber mit einem Male heilt, ihn wieder von diesen Träumen zu sich selbst bringt und ihm zeigt, daß es mit dem Flug ins große Nichts – eigentlich nichts, dialektisches Blendwerk sei, daß wir wirklich dadurch, daß wir eine ganze Afterwissenschaft, die lange genug baufällig und nur noch von Käuzlein und Fledermäusen bewohnt und bebaut dastand, endlich einmal niedergerissen und auf ihren Trümmern ihre Martersäule oder vielmehr den Marktturm des kritischen, bescheidenen Idealismus aufgebaut haben, der Wahrheit mächtig, wenn schon nur durch – Ausstreichen, Nichtwissen und Zurücktreten, näher gekommen sind, daran zweifle ich gar nicht. (4)

30. Dezember 1786

Die Sache, worauf es hier hauptsächlich ankommt, ist: diesen Glauben an Christum lebendig wirken lassen in sich in Gesinnung, Tat und Handeln, Proben, Beweise dieses lebendigen Glaubens darzeigen und offenbaren. Es ist hier nicht um literarische, tote Fortpflanzung, Tradition etwa eines merkwürdigen, in der Profangeschichte viel aufschließenden einzelnen Privatereignisses, sondern um lebendige Fortpflanzung des lebendigen, Heil, Segen und Leben spendenden Wortes zu tun.

Auf diesem Wege, nämlich dem Wege des gewissenhaften Experimentmachens mit dem Christentum an sich selber gelangt man vom toten Glauben zum lebendigen, vom Glauben zum Anfang des Schauens. Und hier ergibt sich der andere Beweis der Echtheit des Christentums. Ein Beweis, der sich immer mehr der Anschauung nähert, der die reizendste, immer heller und lichter werdende Perspektive bis zum Hinscheiden aus dieser Welt öffnet und sich nur beim Erwachen in jener Welt mit wahrem, völligem, himmlischem Schauen endet! . . .

Hier öffnet sich meinem Auge ein Organum novum der christlichen Lehre. Ich erblicke Data, nicht zu einem Beweise, sondern zum zweifelfreiesten, unantastbarsten, unmittelbaren, immer lichter und lichter werdenden Schauen der Unentbehrlichkeit des Christentums, der Nichtgedenkbarkeit seines Nichtdaseins. –

Und wenn Christus selbst von sich sagt: »Mir ist alle Gewalt gegeben im Himmel und auf Erden« und wenn es überall von Ihm heißt, daß durch Ihn alles im Anfang gemacht ist, was da gemacht ist, und wenn Er sagt, daß Er bei den Seinen bleibe bis ans Ende der Welt, und daß Er gekommen sei, die Werke des Teufels zu zerstören; – wie? da sollte uns noch nicht die Binde von den Augen fallen, wir sollten auch da, bar aller Menschen- und Naturkenntnis, nicht sehen und nicht wahrnehmen Seinen Geist in uns und in allem, was sich vor unsern Augen so sinn- und gütevoll wirkt, Ihn nicht wahrnehmen im heiligen Schauergefühl seiner Nähe, im großen Drama des Universums, der Welt, in der großen vorübereilenden Fabel dieser großen Welt, wie in der kleinen jeder einzelnen kleinen Welt, und wir sollten auch da uns nicht freuen in freudigem Schauer des Aufschlusses, den wir aus Seinem Munde über die künftige Moral der kleinen wie der großen Fabel überkommen haben? Nein! du hast dich deinen gefangenen Knechten nicht unbezeugt gelassen, großer Genius unseres Geschlechtes! Du, unser göttlichliebender und unseres zahllosen Elendes dich göttlich erbarmender Herr und Erlöser! Wo ich hinsehe, erblicke ich von deiner göttlichen Barmherzigkeit triefende Spuren deiner Hand, Fußstapfen deiner unter den Menschen lustwandelnden Weisheit! Jeder selbst matte Strahl deines Lichtes, der mir im Widerscheine dieser dunklen Nacht des irdischen Beintales entgegenleuchtet, ist mir Zeuge deines Daseins, du holder Morgenstern! erfreuliches Pfand und erheiternder Bote deines Kommens und Aufgehens nach ängstlich langharrender Dämmerung. Dein und unser aller Vater hat dir alle Gewalt im Himmel und auf Erden gegeben, und im liebevollsten, schonendsten Incognito brauchst du dieser großen Gewalt und führst du alles, göttlicher Dramaturg! nach deinem und deines Vaters ewigem Ratschluß und Plan, göttlichweise und göttlichgut, zur Vollendung des großen, liebevollen Werkes der Wiedergeburt, herrlich hinaus!

Freudig und willig geb ich mich hin, o Herr! Schalte du mit mir nach deinem Belieben! Mit neuer Freude und mit neuer Labung will ich nun an mein Tagewerk gehen, der ich bald völlig ein losgekaufter Knecht im Hause deines und meines Vaters sein werde. Denn ich weiß, alles steht wohl in deiner Hand. Ich weiß, daß du, Gott! die Liebe bist, und daß diese deine Liebe mich ganz eigentlich durch diese mühe- und labyrinthvolle Reise durch das Leben führt und leitet. Mögen sie dann noch so dunkel und mühevoll sein, diese Labyrinthe

meines nächtlichen Erdenwandelns, genug, auch sie sind ein Stickwerk deiner Hand, ein Lustgarten deiner Güte, und einst am Ende dieses großen Dramas wird auch mir die Himmelswonne zuteil, die alles mit einem Male offenbarende, alle noch bisher unenthüllbar gebliebenen, dunkeln Stellen meines Lebens und des Lebens des ganzen Alls um mich aufschließende, bei dem allaufhellenden Strahle deines Gerichts helleuchtende Flammenschrift deiner unerschöpfbaren, unbegreiflichen und unendlichen Güte zu lesen! Amen.
»Aber ich weiß, daß mein Erlöser lebt, und Er wird mich hernach aus der Erden auferwecken. Und werde darnach mit dieser meiner Haut umgeben werden und werde in meinem Fleische Gott sehen. Denselben werde ich nur sehen, und meine Augen werden Ihn schauen und kein Fremder.«* (5)

26. Dezember 1792

Respue quod non es! –
Sondre dich auch in Manier und Sprache von dem aristokratischen Gesindel. –
Der Miss Mary Wollstonecraft Rights of Women haben mich sehr getroffen. – Noch immer fallen mir Schuppen von den Augen! Aller Mißbrauch der Kraft, alle Usurpation muß schlechterdings aufhören in der bürgerlichen Gesellschaft, wenn Tugend in ihr sein und bleiben soll, d. i. Wahrheit. Sie muß zu Trümmern gehen, oder eine neue Organisation empfangen. – (6)

31. Dezember 1792

Da ist nur ein Prinzip in dem Wesen, das Mensch heißt, – nur ein Schwerpunkt des Aggregats aller seiner Kräfte – Vernunft. – Alles Gefühl muß Form und Regel von ihr erhalten. Auch für menschliche Gesellschaften, auch für einzelne Länder

* Hiob 19, 25–27 (Anm. d. Hrsg.).

ist dieses der einzige Schwerpunkt. – Fortis et in se ipso totus teres atque rotundus. Ich fühle eine große Reform in meinem Innern. – Der Genius der Zeiten hat mich getroffen. – Mein Herz bleibe rein, mein Kopf hell, und so mag werden um mir, was da will. –
Tu, si ex animo velis bonum, addas operam – sola cadaver est voluntas! – (7)

Den 10. April (im Jahre 1793)* fing ich an Godwin zu lesen. – (8)

Bei Lesung der 863. Seite des zweiten Bandes von Godwin** frappiert mich die Idee, daß der Mensch alles kann, was er will – in der strengsten Wahrheit und Allgemeinheit dieses Satzes. Wäre es möglich für einen Menschen, unsterblich sein zu wollen, so würde er es sein. – (9)

Je wahrhaftiger, lebendiger der Mensch wird, desto länger wird er leben. Unsterblichkeit ist die letzte Grenze seines Strebens. Er stirbt darum, weil er den Tod, nicht das Leben sucht, weil er *will* sterben. – Im Verhältnisse als er länger lebt, wird er weniger Kinder zu zeugen geneigt sein. – Die Zeugungslust ist nur eine notwendige, begleitende Folge der Todeslust, eine Äußerung der vis naturae medicatrix, ein notwendiges Übel, welches aufhören wird, so bald die Todeslust aufhört und hiemit der Tod.
Die Poeterei unserer Sprache ist an allem metaphysischen Unfug schuld. Du sprichst von Vernunft, von Willen, und kannst nicht anders sprechen, als wären sie einzelne Wesen (Substantiva). – Dies führt auf Analysis unserer Sprache und

* Hier endet die Datierung des Jugendtagebuches, das mehr und mehr den Charakter eines philosophischen Notizbuches und einer Exzerptensammlung annimmt (Anm. d. Hrsg.).
** Enquiry concerning Political Justice and its Influence on General Virtue and Happiness (1793). (Anm. d. Hrsg.)

infolge derselben zur Auflösung alles metaphysischen Scheines, – wie Kant anfing zu tun.
Gerechtigkeit von Recht (gerade aufrichtig sich verhalten). Tugend von Tauglichkeit, Tüchtigkeit zum Ganzen. Der Mensch ist tugendhaft heißt: er taugt (im allgemeinen Anblick) zum ganzen Menschengeschlecht. Rechtschaffenheit – Recht schaffen.
Diese ist innere Wahrheit, also der natürliche Zustand eines vernünftigen Wesens. (10)

Man braucht in der Tat nur das einzige Phänomen: daß eine große Familie in unserer bürgerlichen Gesellschaft im Durchschnitt als Last und Übel angesehen wird, zu betrachten, um über die Verkehrtheit und die Unnatur derselben zu erstaunen!
Die Religionslehre von dem eignen Unvermögen scheint mir doch nicht viel anders, als das Mundöffnen, damit gebratene Vögel hineinfliegen, oder das Bitten und Schreien um Licht, wenn man das Feuerzeug in beiden Händen hält. (11)

Die Reichen brauchen Arme, um zu arbeiten und zu bewundern. – Je mehr Arme und je ärmer sie sind, desto besser befinden sich die Reichen, – wie sie meinen. Zugleich findet es sich, daß gerade die ärmste Volksklasse am schnellsten sich fortpflanzt, wenngleich viele wieder – krepieren. Darauf gründet sich die Lehre der Bevölkerung. Darauf zielt der Geist der englischen Gesetzgebung mit ihren Konsumtionstaxen. (12)

Bei Lesung Godwins, besonders der im zweiten Bande zu Ende vorgetragenen maurerischen Ideen, fühlte ich von Neuem meinen Geist sich heben; aus den engen, düstern Werkstätten gangbarer Gelehrsamkeit in einen lebendigeren Kreis geführt, wittre ich Morgenluft. – Gewiß muß es um Wahrheit ganz ein anderes Ding sein, als der Haufen wähnt. – (13)

Man bedenke, daß alle Vervollkommnung in allen Wissenschaften, Künsten und Gewerben Vereinfachung ihrer Prinzipien ist, also unser Vermögen über die Natur in demselben Verhältnis zunimmt, in welchem wir vernünftiger werden. Dahin also zielt alles, und dahin arbeiten alle, die je etwas leisteten. – Hier also wieder Maurerei. (14)

Das Wort Subjekt – Untertan – von Untertuen, Unterwerfen – enthält in gewisser Rücksicht die ganze Geschichte und Philosophie aller monarchischen, aristokratischen und demokratischen Regierungen. Freilich sind gewöhnlich auch die Landeskinder sehr unmündige und kindische, die nichts Besseres verdienen. (15)

»Man muß die Dinge durch den Menschen und nicht den Menschen durch die Dinge erklären.«* (16)

Es gibt keine andere Tugend als bürgerliche. Ein Robinson Crusoe kann nur der Möglichkeit nach, nicht in Wirklichkeit tugendhaft sein. Aber der Tugend erstes und einziges Gesetz ist die Gleichheit des menschlichen Geschlechtes. –
Man muß zeigen, daß Könige Staatsgefangene und alle Reichen Pensionäre sind. (17)

Anarchie kann mit Despotie enden und hat oft mit ihr geendet. In diesem Falle hat die Einführung der Anarchie bloß dazu gedient, die Menschen mit einer unübersehbaren Menge von Übeln zu überschütten. Anarchie kann aber auch nach Umständen zu einer gemäßigteren, billigeren Regierungsform führen, als die war, welche die Anarchie veranlaßte. Und es scheint selbst nicht unmöglich, daß Anarchie sogar zu der besten Form der menschlichen Gesellschaft uns führen kann,

* Ein von Baader auch später gerne zitiertes Wort von Saint-Martin (Des erreurs et de la vérité ou les hommes rappelés au principe universel de la science, par un philosophe inconnu, Lyon 1775, deutsch von Matthias Claudius, Breslau 1782). Vgl. Baader, Sämtl. Werke, VIII, 59 (Anm. d. Hrsg.).

die nur immer der durchdringendste Verstand des Philosophen sich zu denken vermag. – Ja, die Anarchie hat etwas in sich von einer Ähnlichkeit, von einer verzerrten und fürchterlichen Ähnlichkeit mit wahrer Freiheit als Karikatur der Freiheit. – Anarchie ist gewöhnlich durch Haß der Unterdrückung erzeugt worden, sie bringt den Geist der Unabhängigkeit mit sich, sie befreit die Menschen von Vorurteil und blindem Glauben und fordert sie in gewissem Grade auf zu einer unparteiischen Untersuchung über die Gründe ihrer Handlungen. – Anarchie ist der kräftigste Antrieb an jedes einzelnen eignes Urteil!

Sehr an ihrer Stelle dürfte hier die Bemerkung sein, daß Anarchie keineswegs ein künstliches Machwerk ist, sondern vielmehr eine von den wenigen politischen Erscheinungen, die sich selber machen. Einzelne Menschen können sie wohl vorhersehen und benützen, aber nicht herbeiziehen. Diese Bemerkung verdient Nachdenken; denn sie weist auf des Guten Keim, den sohin Anarchie, wie jede natürliche Erscheinung dieser Art, in sich haben muß. Anarchie ist eine der Äußerungen der Heilkräfte der Natur (der menschlichen Gesellschaft). – Eine Fieberbewegung nach der chronischen Erschlaffung der Despotie.

Die Menschen sind so an das Geführt-, Regiert- und Gouverniertwerden gewöhnt, daß sie jeden, der ihnen zu zeigen versuchen würde, sie könnten wohl, wie sie es nur wagten, auf eigenen Füßen stehen, als einen Schwärmer oder Bösewicht anstarren. Anarchie ist das Mittel, welches sie auf kürzere oder längere Zeit doch wirklich nötigt, sich einstweilen selbst zu regieren. – Umsonst hätten alle sieben Weisen Griechenlands die ehrlichen Berner beredet, daß sie ihren Bären keck abschaffen könnten. Ein Zufall mußte denselben ihnen nehmen und dieser Zufall belehrte sie durch die Tat selbst und a posteriori. – Sie sind jenem Narren ähnlich, der in dem Wahne stund, daß seine Füße strohern seien, und daß sie bei dem geringsten Gebrauche unwiederbringlich zusammenknik ken würden. Mit aller Mühe und Redekunst vermochte man nicht, ihn aus seinem Bette wegzubringen, in welchem er mit der ängstlichsten Sorgfalt seine Füße verwahrte. Endlich brachen Diebe in seine Wohnung, der Lärm kam bis zu seinem Zimmer, er sprang auf, und lief – einige tausend Schritte weit, ehe er noch die Bemerkung zu machen Zeit hatte, daß er wirkliche und gesunde Beine besitze.

Die ganze Philosophie des Gouvernierens ist diese: wahre und gute, nützliche Dinge bedürfen keiner Materialisierung durch positive Institutionen und bestehen und wirken für sich fort, z. B. Gesellschaft, Künste, Moral ect. Irrtum und Laster erhalten ihre größte Stärke durch Materialisierung, Autorisierung bei Institutionen, z. B. als Gesetz. Und dies letztere ist der große Schaden, der große Riegel unserer Vervollkommnungsfähigkeit, den nur Regierung hervorbringen kann. Sie ist also nicht im Stande, etwas Gutes, aber sehr im Stande, etwas Schlimmes zu tun, indem sie Torheit und Laster, sozusagen, unsterblich macht und ihm eine Bestandheit gibt, die sie für sich nie haben können.

Hätten jemals die Regierungen sich bemüßigt, über physische und mathematische Meinungen des Publikums zu wachen, wie über politische und religiöse, wir würden ebensowohl Kriege für und wider die Differenzialrechnung haben, als wir sie für die Dreieinigkeit Gottes hatten.* (18)

* Vgl. Thomas Hobbes: »Denn ich zweifle nicht, wenn es ein Ding gewesen wäre, irgendeines Menschen Eigentumsrechten oder (richtiger gesagt) dem Interesse derjenigen, welche Eigentum haben, zuwider, daß die drei Winkel eines Dreiecks zwei Winkeln eines Quadrates gleich sind, so würde diese Lehre, wenn nicht bestritten, so doch durch Verbrennung aller Geometriebücher unterdrückt worden sein, so weit als die Beteiligten durchzusetzen vermocht hätten« (zit. nach Ferdinand Toennies: Thomas Hobbes [3]1925, S. 147) (Anm. d. Hrsg.).

Boehmius Redivivus

J. Böhme verdient darum par excellence den Namen eines Philosophen, weil seine Philosophie, wie das Wort sagt, von der Liebe der göttlichen Sophia ausgeht, auf sie zurückweiset und in ihr lebt.

Vorlesungen über die Lehre Jacob Böhmes mit besonderer Beziehung auf dessen Schrift „Mysterium Magnum" (1833), Baader, Sämtl. Werke, XIII, S. 187

Es macht mir wahre Lust, unsere weltweisen Narren recht oft mit diesem Schuster zu ärgern.

Brief an Varnhagen von Ense, 30. April 1822, Baader, Sämtl. Werke, XV, S. 381

Mein Geist muß forschen. Psalm 77, 7.

Ein groß Elend ist es, daß der Mensch so blind wird, daß er doch nicht mag erkennen, was Gott ist, so er doch in Gott lebt, und sind noch Menschen, die solches verbieten, man solle nicht forschen, was Gott sei, und wollen noch Lehrer Gottes sein. Ja wohl! Lehrer des Teufels sind solche, daß er mit seinem falsch-gleißnerischen Reiche nicht offenbar werde.

Jak. Böhme: Menschwerdung Christi I, 5, 27. II, 6. 2.

O *Blindheit und eigene Vernunft! Wer hat uns das Forschen verboten? Der Teufel verbeut es uns, daß wir nicht mögen sein Reich erforschen, wir möchten sonst vor ihm fliehen: wenn du mir doch auch verbötest, daß ich nicht dürfte atmen etc. etc. Wie hat dich der Dünkel geblendet, darf der Sohn nicht sehen, was der Vater im Hause macht, da er doch sein Werk treiben muß? Warum soll ich nicht nach meinem Vaterland fragen, daraus meine Seele in Adam ging, und aber in Christus wieder eingehen mag? Ich sage: es wird mir schon verboten sein, ohne Geist zu forschen was Gott ist, denn Gottes Geist forscht sich selber (durch, mit und in mir), sonst kann Niemand Gott forschen, ist Gott nicht in seinem Geiste. Es darf's niemand verbieten.*

Jak. Böhme: Erste Schutzschrift wider Tibken §. 472.

Der sachkundige Leser dieses zweiten Heftes der Fermenta Cognitionis wird finden, daß ich in demselben dem Titel dieser Schrift nicht nur sattsam entsprach, sondern auch meinem Hauptzwecke näher gerückt bin, nämlich: eine ernstere Aufmerksamkeit auf die noch wenig bekannten und noch häufiger verkannten Schriften unseres Jakob Böhme, dieses wahren Philosophus per ignem und Reformators der Religionswissenschaft, zu fixieren, und wenigst einige tüchtige Köpfe zu überzeugen, daß gerade bei der dermaligen idealen Richtung der Philosophie in Deutschland ein ferneres »Ignorieren« dieser Schriften nur – dem Ignoranten hingehen kann. Wenn ich übrigens hier unsern Philosophus Teutonicus den Reformator der Religionswissenschaft nenne, so antizipiere ich hiemit freilich eine, jedoch nicht mehr ferne, Zukunft, und behaupte nur, daß bei einer solchen rein wissenschaftlichen Reformation Jakob Böhmes Schriften und Prinzipien den Deutschen vorzüglich Dienste leisten werden. Der Religionswissenschaft ging es bisher mit diesen Schriften (insoferne sie fast ganz nur in den Händen solcher blieben, die sie entweder nicht recht brauchten, oder wohl gar mißbrauchten), wie es der Arzneikunde in neuern Zeiten ging, von welcher ein Kundiger behauptet, daß man ihre wahren Prinzipien nur mehr unter Schweinschneidern, Scharfrichtern, alten Weibern etc., d. h. nur unter Quacksalbern und Empirikern finden könne! – woraus nicht etwa folgt, daß man sein Leben diesen Menschen anvertrauen müßte, wohl aber, daß man ihre Tradita, Künste etc. einer neuen, ernsten und vorurteilsfreien Beachtung und Erforschung zu unterwerfen beflissen sein soll. Hättet Ihr Volkslehrer etc. nicht versäumt, dem Volke (in religiösen wie in bürgerlich-weltlichen Dingen) die wahre Aufklärung (nämlich die in eueren Händen stehende Hilfe *zu* solcher, d. i. zur freien Entwicklung aller seiner Kräfte etc.) zu verschaffen, so würdet Ihr nicht Ursache haben, vor religiösen und politischen Jongleurs Euch zu fürchten, welche nur dadurch dem Volke und Euch gefährlich werden, daß sie etwas zu geben versprechen, wessen dasselbe bedarf, und was ihm anderwärts (von Euch) nicht gegeben wird. (1)

Certainement cette religion qui est la mére de toute la bonne et veritable science qui existe dans le monde, et dont le plus grand intérêt est l'avancement de cette même science, se garde bien de nous l'interdire ou d'en gêner la marche.

Les soirées de St. Petersbourg I. 305.

Gegenwärtige Schrift, welche, als das sechste Heft meiner Fermenta Cognitionis, das erste Bändchen derselben schließt, erscheint zugleich auch unter dem Titel: *»Proben religiöser*

Philosopheme älterer Zeit« und liefert hiemit ein Gegenstück zu meinen kürzlich erschienenen: »Bemerkungen über einige antireligiöse Philosopheme unserer Zeit.« In der Tat braucht man nur die in dieser gegenwärtigen Schrift aufgestellten Prinzipien der älteren *deutschen Philosophie** kennen zu lernen, um sich zu überzeugen, wie sehr die spekulative Philosophie seitdem sich verflacht haben mußte, um solche Vorarbeiten eines Denkers nicht zu nützen, und selbige in vornehm tuender Unwissenheit von sich entweder gänzlich abzulehnen, oder, falls man auch hie und da aus ihnen schöpfte, die Quelle, als ob man sich ihrer zu schämen hätte, zu verschweigen. Zu bedauern ist es übrigens, daß selbst geniale Denker sich teils durch die rauhe und harte Schale, welche den Kern in J. Böhmes Schriften verbirgt, teils auch durch die Konfessionsvorurteile und Borniertheit derselben von deren Studium abhalten lassen, und es wäre darum zu wünschen, daß die rein wissenschaftlichen Expositionen in diesen Schriften, von allen nicht zur Sache gehörigen Deklamationen und zum Teil Invektiven geschieden, in einer längst gewünschten neuen Auflage derselben zusammengestellt erschienen.

Es versteht sich von selbst, daß eine Schrift, wie die gegenwärtige, welche auf Religiosität der Wissenschaft, und Wissenschaftlichkeit der Religiosität dringt und hinwirkt, dem großen Haufen sich nicht empfiehlt, der bekanntlich sich in die Herde der frommen Schafe (welches Wort ich hier keineswegs im schlimmen Sinne genommen wissen will) und in jene der nicht frommen Böcke teilt, denen jene alte Schlange als »Drehwurm« im Kopfe sitzt. Den Kopf der Schlange zwar hat der Meister zertreten, nicht aber ihre zahllosen Glieder, deren Tötung uns überlassen blieb. Wenn nämlich die erste dieser zwei Parteien kein Bedürfnis der Wissenschaft in religiöser Hinsicht kennt, wie denn so viele Menschen sich ganz vortrefflich bei ihrer Ignoranz befinden, und darum kein

* Jakob Böhme hieß bekanntlich zu seiner und nach seiner Zeit auch im Ausland der Philosophus Teutonicus.

Wissen wahrhaft an sich d. i. in sich kommen lassen, so kennt dagegen die zweite Partei dieses Bedürfnis sehr wohl, und ist darum eifrig bemüht, jedes von daher gegen sie einbrechende Licht durch Aufstellung verfinsternder Philosopheme und Raisonnements abzuwehren; denn eben weil der Geist der Irreligion keine Raison hat, muß er sich eine machen und er muß sich immerfort eine machen, weil ihm keine nachhält, und diese selbstgemachte Vernunft ist allein die schlechte, wie dieses vom selbstgemachten Gesetze gilt, mit dessen Machen man gleichfalls nie fertig wird, so wie man einmal damit angefangen hat. –

Dem gewöhnlichen Einwurf, den wissensscheue, übrigens achtungswürdige Fromme gegen alles Forschen (Nachdenken) in Religionsgegenständen vorzubringen pflegen, und welcher von der Übervernünftigkeit, somit Unerforschlichkeit der Religionsdoktrinen hergeholt wird, habe ich bereits in der Vorrede zu den »Bemerkungen über einige antireligiöse Philosopheme unserer Zeit« begegnet, und ich trage zu dem dort Gesagten hier Folgendes nach. Es ist nämlich: 1. eine falsche Vorstellung, die man sich von Gott, als bloßem Objekt unserer Vernunft, als bloß subjektivem Vernehmungsvermögen, zu machen pflegt, da doch Gott als absoluter Geist, wie Hegel in neuerer Zeit zuerst nachgewiesen, beides, Objekt und Subjekt zugleich oder ihr Begriff, ist, somit an dem von uns Vernommenen sowohl, als in unserem Vernehmen sich erweiset, so wie es Grundsatz unserer Religion ist, daß es derselbe Gott ist, welcher (als Vater) uns das Gesetz gibt, und welcher (als Sohn) dieses Gesetz in uns erfüllet, wie es denn nach der Schrift nur Gottes Geist ist, der auch in unserem Geiste in den Tiefen Gottes forschet. 2. Ist, wie ich bereits a. a. O. bemerkte, eine solche Unerforschlichkeit, und die auf sie sich gründende Bewunderung eben nur das Ergebnis des freien Forschens. Und endlich 3. ist, wie der hl. Paulus sagt, das, was *über* unsere Vernunft geht, nicht *wider* sie, wie denn das Begründende jedes Tuns zwar über dem Begründeten ist, nicht aber letzterem widersteht; und die Verteidiger der Religionsdoktrinen hatten darum von jeher nur die Behauptung zu widerlegen, daß selbe gegen unsere Vernunft seien. – Dieser Unglaube (an die Erweisbarkeit der Religion u.s.w.) liegt übrigens auch dem bekannten und noch immer wegen seines Sophisme paresseux bei Vornehmen und Nichtvornehmen unserer Zeit beliebten Glaubenssystem des s. Jacobi zum Grunde, welches, wie ich anderwärts bemerkte, bereits in dem bekannten Satze Rousseaus ausgesprochen war: que l'homme en commençant à penser cesse de sentir. – Ein Satz, welcher in dieser wissensscheuen Anwendung eigentlich die Warnung an den Liebhaber enthält, sich ja aller gründlichen Kenntnis seiner Geliebten zu enthalten, um – die Illusion seiner Liebe nicht einzubüßen!*, da doch im Gegenteile die Liebe (das liebende Gemüt als zwischen Gedanke und Tat in Mitte stehend) sich ebensosehr im Denken an den Geliebten, als im Tun für ihn kund gibt, so wie dasselbe für den Haß gilt, welcher gleichfalls im Leugnen und Zerstören (Abtun) des Gehaßten sich zu äußern strebt. – Viele Religionsverteidiger in unserer Zeit wissen aber nicht, wie sehr sie durch eine solche Poltronerie gegen die Spekulation (welche Kant und Jacobi zugleich ihnen beibrachten) ihren Gegnern gewonnen Spiel geben, und daß sie hiemit die Trägheit im Erwerbe der Erkenntnis religiöser Gegenstände, so wie die Seichtigkeit jener, gleichsam sanktionieren. – Die in diesem ersten Bande der Fermenta Cognitionis bekannt gemachten Prinzipien des deutschen Philosophen genügen nun zwar allerdings, um diese ältere Philosophie mit unserer jüngsten zu vergleichen. Ich halte es indes für dienlich, des Lesers Aufmerksamkeit vorläufig auf folgende Vergleichsmomente zu lenken.

1. Wenn sich die neuere Philosophie mehr oder minder zum Pantheismus und Spinozismus** neigt, so hält dagegen J. Böh-

* Ex vi cognitionis, sagt Thomas v. Aquino, homo inducitur ad magis diligendum, quia quanto Deus magis cognoscitur, tanto et magis diligitur.

** Der witzige Voltaire läßt Spinoza in einem Gespräche mit seinem Gott sagen: »Je crois, enstre nous dit, que Vous n'existez pas«.

me den Begriff eines supramundanen Gottes fest, d. i. jenen der ewigen Nichtkonfundierbarkeit des Schöpfers mit dem Geschöpfe, somit auch jenen der Nichtvereinerleiung der göttlichen mit der menschlichen Natur im Erlöser. So wie J. Böhme gegen einzelne christliche Pantheisten unter den Mystikern seiner Zeit mit derselben Klarheit nachwies, daß man das Wiederteilhaftwerden an der göttlichen Natur durch den Erlöser nicht mit einem zum Teile der letzteren Werden zu vermengen hat.

2. Wenn bis dahin gewöhnlich der Begriff Gottes sowohl als jener des Christs nur abstrakt, bloß objektiv gefaßt worden ist, so bewegt sich dagegen J. Böhmes Gedanke durchaus nur im lebendigen Begriffe beider (der Subjektivität und Objektivität zugleich). Er weiß von keinem *Finden* Gottes im Menschen, das einem anderen *Suchen* begegnet, als jenem, welches gleichfalls von Gott kommt; er kennt kein Licht außer der Identität des Auges und des Leuchtenden, (der Sehende und Gesehene coincidieren in einem Auge), kein Wort außer der Identität des Hörens und des Sprechens, kein Nahen dem Sohne außer dem Zuge des Vaters zu Ihm.

So meint z. B. der Mensch gewöhnlich selbst im Gebete sich, als Subjekt, seinem Gotte, als bloßem Objekt, gegenüber oder unterstellen zu können, und stellt hiemit Gott außer sich, sich außer Gott hinaus, ganz der Schriftlehre entgegen, gemäß welcher nur jenes Tun in Gott vollendet werden kann, das Er in uns anfängt. Dieselbe Identität drückt auch die Bitte aus: »Dein Wille geschehe«, d. h. wie das Wollen dein ist, so auch das Vollbringen, und der Sinn des wahren Gebetes ist darum um dieses wahre Gebet. In demselben Sinne hat man auch jenes naive Gebet St. Martins zu verstehen, welcher Gott bittet, daß Er ihn (den Bittenden) hindern möchte, Ihn (Gott) in sich zu töten! Denn die Sünde hemmt die Konjunktion des sich im Menschen bittenden (suchenden) und erhörenden (findenden) Gottes; eine Konjunktion, welche die französischen Mystiker la celébration de saintes noces nennen.

3. Ganz entgegengesetzt, weil ganz christlich, ist J. Böhmes Doktrin allen neueren autonomischen, d. h. den Lehren der Selbstgesetzgebung und des Sichselbersetzens, und dieser Schuster behauptet dagegen, daß des Mensch erste Funktion sei, sich *nicht* zu setzen, sondern in Gott sich aufzuheben, und nur in und durch diese Bejahung Gottes das Bejaht-, Ausgesprochen- oder Gesetztwerden seines Selbst von und in Gott zu erwarten. Wie darum jene neueren Doktrinen mehr oder minder entweder dem heidnischen Geiste der Hoffart, des Stolzes und des Ungehorsams oder auch der Niederträchtigkeit frönen, so atmet dagegen J. Böhmes Philosophie keinen anderen Geist, als jenen der Demut, der Selbstverleugnung und des Gehorsams *nach oben,* welcher sich indes eben hiemit als der Geist der Erhabenheit, Herrlichkeit und der Autorität *nach unten* erweiset.

4. Die neuere Philosophie ignoriert völlig den *Fall* des Menschen, so wie den durch selben in die Natur gekommenen *Fluch;* sie nimmt die dermalige Verderbtheit beider für ursprünglich und konstitutiv, und es fällt ihr nicht bei, zum Beruf einer Schöpfungstheorie der Materie (des verweslichen Zeitwesens) auf jene erste Katastrophe Rücksicht zu nehmen, welche fast alle Traditionen mit dem Namen eines *Geisterfalls* oder Sturzes bezeichnen. Schon anderswo habe ich jenes arge Mißverständnis dieser Religionslehre gerügt, welches sich mehrere neuere Philosophen zu Schulden kommen ließen, indem sie in selber die Hypostasierung des in einer Creatur entzündeten gottwidrigen Strebens wieder zu einer Creatur (und so in infinitum etc.) zu finden meinten. Eine solche Philosophie, welche somit weder im Menschen, noch in der Natur ein »Defizit« anerkennt, kann auch kein »Komplement« dieses Defizits, keine Integration dieser Differenz, d. i. keine Religion, zugeben. J. Böhme dagegen weist in einer solchen Katastrophe (in der Entzündung eines gottwidrigen Strebens in einer intelligenten Creatur) jene Veranlassung nach, welche die Schöpfung der *Erde* (Materie) etc. und sofort des *Men-*

schen als *Gegenwirkung* herbeiführte, womit denn auch alle Kosmogonien der Völker des Altertums übereinstimmen, welche sämtlich, gleichförmig hierin der mosaischen, die Schöpfungsgeschichte mit einer Eklipsis (Finsternis – Chaos), sohin in Folge eines Konfundiertseins beider, entstehen lassen, und womit auch begreiflich wird, daß, so wie diese Schöpfung (nach Moses) mit einer Scheidung des Lichtes aus und von der Finsternis begann, derselbe Prozeß fortgehend jener der Creation sein muß, den z. B. die Erde etc. in einer niedrigeren, der Mensch in einer höheren Ordnung zu üben hat. Ebenso zeigt J. Böhme, daß der Fall des Menschen eben sein Heraussetzen aus einer höheren (paradiesischen) Geburtsweise seines Lebens in eine niedrigere, engere, der Integrität dieses Lebens nicht entsprechende (irdische) war, und man folglich unter seiner *Wiedergeburt* seine restitutio in integrum versteht, obschon gewiß ist, daß diese ihm mehr gibt, als er verloren hat.

5. Mehreremal hat man in J. Böhmes Dualismus des Geistes und der Natur nur die neuere Lehre der Identität des *Wissens* und *Seins* zu sehen gemeint, obschon J. Böhme, sich sowohl gegen Vereinerleiung als gegen Trennung des Geistes und der Natur verwahrend, für deren Identität als jene des *intelligenten* und des *nichtintelligenten* Tuns erklärt, eine Identität des übernatürlichen und des natürlichen Tuns, welche sich in jeder Funktion des menschlichen Lebens nachweisen läßt, nämlich im *Erkennen* als Identität (d. h. als Unterschiedenheit *und* Ungetrenntheit) des Wissens und des Sinns (denn sinnenfrei, nicht sinnenlos soll das Erkennen sein), im *Wollen* als Identität des Wollens und Begehrens, endlich im *Wirken* als Identität des (wie J. Böhme sagt) *anschaffenden* Wortes (verbum) und der *schaffenden* Naturmacht (fiat). – Rein spekulativ und kurz findet man J. Böhmes Dualismus der Natur und des Geistes in zweien seiner kleinen Schriften vorgetragen, nämlich in seiner »Erklärung von sechs Punkten« und im »Berichte vom himmlischen und irdischen Mysterium«, in

welchen beiden Schriften das unmittelbar creierende Prinzip die in sich nicht verständige magia, der Verstand der magus heißt. Und in demselben Sinne spricht J. Böhme auch von einer guten und von einer nichtguten *Glaubensmagie*, und gibt uns hiemit, wie ich anderwärts zeigen werde, den richtigsten Standpunkt, um das Verhältnis des Wissens zum Glauben in religiöser Hinsicht einzusehen*. – Wenn nun schon Schelling das Verdienst sich erworben hat, den Begriff der Natur gegen den neueren verstandlosen, weil naturlosen, wieder vindiziert zu haben, so wie Hegel das Verdienst gebührt, nachgewiesen zu haben, daß der Geist kein Unmittelbares ist, sondern daß er nur durch Vermittelung (Aufhebung eines andern, nämlich der Natur) ent- und besteht, und daß der Geist diese Natur darum weiß und ihrer gewaltig ist**, weil er von ihr geschieden oder naturfrei, nicht naturlos, ist; so erscheint doch wieder in Schellings Lehre die Natur als etwas *vor* dem Geiste, in Hegels Lehre der Geist als etwas *nach* der Natur Bestehendes, und die wechselseitige ewige Voraussetzung beider, sohin ihre wahre Identität, wird in beiden Lehren nicht fest gehalten, wie in J. Böhmes Lehre, welcher noch überdies beider Hervorgehen *aus* der, so wie ihr Wiederineinandergehen *in* die Einheit nachweist, und somit jene in anderen Doktrinen gleichsam fixiert gebliebene polarische Spannung beider löst. Wenn endlich Schelling mit J. Böhme die Natur richtig hier als Produzierendes (als Kraft, Physis), und nicht, wie Hegel, als Produkt begreift, so hat doch weder Schelling noch Hegel das Verhältnis der Natur zum Logos in Gott richtig gefaßt, was dagegen von J. Böhme geschah, welcher auch klar nachgewiesen hat, wie mit der ewigen Geburt des Wortes (verbum) zugleich die Natur als dessen Macht (fiat) urständet,

* Böhme's Werke VI, 331 ff. und 413 ff.

** Hier gilt das Baconische: »scientia et potentia in idem coincidunt«, aber freilich nicht in Bacon's Sinne, wogegen jenes: »scimus, quia facimus« zweideutig ist, weil man hiemit meinen könnte, daß letzteres ersterem vorgehen müßte, und der Ausdruck: sciendo facimus, faciendo scimus dagegen richtiger sein würde.

und dem Worte subjiziert wird, ohne welche Subjektion das Wort impotent, als ein *Mitwirker* ohne *werkzeuglichen Wirker,* so wie aber auch dieser (die Natur) nicht ohne jenen wäre, ferner, wie der durch Aufhebung oder Aneignung der Naturmacht ent- und bestehende Geist doch wieder nicht unmittelbar produziert (sich verwirklicht), sondern nur mittelst dieser durch ihn (gleichviel ob in gutem oder nichtgutem Sinne) wieder erregten Natur, als seiner Basis, welche letztere sohin als wirkend gleichfalls kein Unmittelbares in Hegels Sinne, sondern wieder ein durch den Geist in ihrer effektiven Produktivität Vermitteltes ist. Diese in J. Böhmes Sinne richtig verstandene Identität, nicht Einerleiheit, der Natur und des Geistes läßt uns übrigens auch das Unvernünftige jener Frage nach dem *Wie* eines sogenannten nexus des verständigen und des nichtverständigen Tuns einsehen, weil man sagen muß, daß freilich Gott selber nicht weiß, *wie* Er schafft, und daß eine solche Frage nach einem solchen Wie, als Reflexion, nur dann würde eintreten können, wenn jener sogenannte Nexus aufhören, d. i. wenn Gott selber aufhören könnte, Gott zu sein; wie diese Reflexion denn wirklich bei der Creatur hervortritt, falls bei ihr das nichtintelligente Tun aufhört dem intelligenten zu entsprechen. Es braucht übrigens nicht bemerkt zu werden, daß derselbe Nichtbegriff der Identität auch jener harmonia praestabilita die Entstehung gab, bei welcher man sich die Natur und den Geist als zwei fertige Bestandstücke zu denken meint, welche durch ein hinzutretendes Drittes zusammengestimmt seien.

6. Da des Unverstandes kein Ende ist, so hat es schon früher nicht an spitzfindigen Köpfen gefehlt, welche in J. Böhmes Dualismus von Geist und Natur den leibhaften *Manichäismus* wieder finden wollten, so wie man in neuern Schriften denselben J. Böhme dagegen als Gewährsmann für die Behauptung angeführt findet, daß von einem Bösen in rerum natura durchaus die Rede nicht sein könne, indem das, was man für ein solches halte, nur die jede Manifestation bedingende (kon-

stitutive) Negativität selber sei. Endlich zweifle ich nicht, daß mehrere in J. Böhmes Schriften die alte *platonische* Lehre einer mit dem Geiste (bei Plato: Gott) gleich ewigen Materie wieder finden werden, obschon dieser platonischen Lehre der dreifache Vorwurf gemacht werden muß, daß sie nämlich 1. das zeitliche vergängliche Geschöpf als das materielle im engeren Sinne nicht von dem ewigen, so wie 2. die natura naturata nicht von der natura naturans unterscheidet, und endlich 3. diese Materie (Hyle) als ein vom Geiste noch unaufgenommenes, rohes Element ihm zur Seite stellt, somit gerade das Gegenteil einer Identität des Geistes und der Natur aussagt.

7. Die neuere Philosophie spricht zwar von einer Identität der Natur und des Geistes im Menschen; aber sie gibt uns nicht, wie die J. Böhme'sche, Aufschluß über das Wesen oder Unwesen ihrer *Nichtidentität* (als Zwietracht, nicht als Trennung) und noch minder über die Wiederaufhebung der letzteren. Denn nur von der guten, unverdorbenen Persönlichkeit kann man jene Identität als Eintracht behaupten, nicht von der nichtguten, verdorbenen, und nur in jener sehen wir ein naturfreies, von der Natur durchaus bekräftigtes Erkennen, Wollen und Schaffen oder Wirken, so wie in der verdorbenen Persönlichkeit nur ein naturunfreies. Endlich gelangen wir wohl durch die Philosophie des deutschen Schusters, nicht aber durch die neuere, zu der für die Religionstheorie so wichtigen Einsicht, »daß ein solches Verderbnis sich jedesmal des geistigen und natürlichen Elements *zugleich* bemeistert.« – Denn nach J. Böhmes Lehre vermag nicht nur der Geist (wollend, glaubend) nichts ohne eine Basis, und bleibt oder wird kraft- und wirklos, wenn er basislos wird und bleibt; sondern diese Basis muß überdies eine seiner Aktionsweise entsprechende Natur sein. So z. B. vermag der gute Wille (glaubend, betend) sich nicht als solcher zu vollbringen (zur Wirksamkeit zu gelangen), ohne eine dieser Güte entsprechende Basis, und die *Wegnahme* einer nichtentsprechenden, sohin nichtguten muß folglich mit der *Gabe* einer entsprechenden, guten Basis (Na-

tur) koinzidieren, in welchem letzteren Sinne z. B. Paulus von verdorbenen, zerrütteten Sinnen spricht, die den Menschen untüchtig zum Glauben machen.

8. In den vorigen Heften dieser Schrift habe ich mehreremal J. Böhmes Theorie vom Urstande der tierischen Geschlechtsdifferenz im Menschen angedeutet, und ich achte es um so minder überflüssig, dem Leser hier vorläufig, und ehe er diese Theorie bei J. Böhme selber kennen lernt, einen sicheren Standpunkt zur Auffassung derselben anzuweisen, als ohne Aufhellung dieser dunkeln Region unserer Natur die Mysterien der Religion hierüber gänzlich unzugangbar bleiben. Der Mensch konnte nämlich, nach J. Böhme, nicht leiblich zum Mann- und Weibtier werden, ehe er nicht, in diese Tiernatur geistig eingehend, sich geistig mit ihr verbildete, welches Verbilden in jener Imagination Adams vor dem *Schlafe* (nach Moses) geschah, und diesen Schlaf als eine Ohnmacht oder Verbleichen seines ursprünglichen Himmelsbildes bewirkte, in welchem Schlafe sich auch jene geistige Verbildung leiblich zum äußeren Mann- und Weibtier vollendete, so wie denn dermalen der Mensch nicht leiblich, als Mann oder Weib, geboren werden kann ohne daß diese Mann- und Weibtierheit nicht auch geistig ihm eingebildet würde. Die Tötung oder Wiederaufhebung nun dieses im Menschen zur Erhebung (Selbstheit und Selbstverstand) gekommenen Geisttierbildes, durch Wiedererweckung des in jener Erhebung verblichenen himmlischen Bildes, im Manne wie im Weibe, macht das Wesen der Wiedergeburt, die hienieden gleichfalls erst geistig beginnt und in der Auferstehung sich leiblich vollbringen wird. Woran sich nun ferner der Begriff der Ehe, als Sakrament, wie ihn die Kirche aufstellt, knüpft, nämlich: der Ehe Zweck, als Sakrament, ist wechselseitige Wiederherstellung des inneren Himmels- oder Engelsbildes im Manne und im Weibe, und man könnte in dieser Hinsicht sagen, daß der Mann, wie er sein sollte, eigentlich derjenige wäre, der innerlich (geistig) kein Manntier mehr wäre, so wie das Weib, wie es sein sollte,

innerlich kein Weibtier, weil nur hiemit beide die Idea der Menschheit in sich wieder *ergänzt* hätten. Je mehr nun der Mann und das Weib diese Tierheit in sich deprimiert haben, je minder wird selbe im Zeugungsorgasmus in der Frucht sich fortpflanzen; mit anderen Worten, um so minder *befleckt* wird ihre Zeugung und Empfängnis genannt werden können. Wo die göttliche Ökonomie ein Minimum dieser Befleckung der Empfängnis eines Menschen heischte, sehen wir darum, z. B. im Alten Bunde, selbe erst im späten Alter und bei schon erloschenem Naturtriebe eintreten. »Commistio sexus, quae sine libidine esse non potest post peccatum primi parentis, (und nach seiner Tierbildung) transmittit peccatum originale in prolem.« Thomas ab Aquin. Compend. theologiae ad Renaldum.

9. Die neuere Philosophie hat, als man von ihr eine Theorie des Bösen verlangte, ihrer Maxime getreu, dieses Böse, weil sie selbes nicht zu erklären vermochte, geleugnet; eine solche Theorie macht dagegen den Hauptinhalt der Schriften des deutschen Philosophen aus, welchem wir folgende Aufschlüsse hierüber verdanken. Er wies nämlich nach, daß das Böse für sich nichts anderes, als das im Geschöpfe fixierte, in seiner Natur radikal *gewordene* tantalische *Streben* desselben ist, nicht für seinen Schöpfer, sondern ganz nur für sich, somit auch von sich zu leben und zu sein; daß ferner ein solches Streben zwar der Creatur so wenig angeschaffen ward, als etwa ein Keim hiezu, daß aber die Möglichkeit seiner Erzeugung (in, mit und durch die Creatur) ihr allerdings angeschaffen sein mußte, teils weil selbe von der ersten Unterscheidung des Geschöpfes von seinem Schöpfer nicht zu trennen ist, teils weil *dieses* Versuchen oder Versuchtwerden der Creatur im ersten Unschuldstande an sich so wenig böse ist, daß vielmehr die freiwillige Aufgabe dieser Macht oder dieses Vermögens, jenes Streben der Selbstsucht in sich zu entzünden, d. i. das freiwillige *Opfer* desselben an Gott, diese Creatur in Stand setzt, durch Selbstverneinung an und gegen Gott diesen in

und durch sich zu bejahen, hiemit aber sich selbst für immer *illabil* zu machen, welche Illabilität, wie der hl. Augustinus bemerkt, der Creatur freilich nicht angeschaffen werden konnte. Nur auf solche Weise wird begreiflich, wie 1. die Creatur mit ihrem ersten Entstehen zwar von Gott unterschieden sich findet*, wie sie aber ohne ihr Mitwirken nicht mit Ihm sich wieder aktiv vereint finden kann; wie ferner 2. diese Aktionsvereinigung nur durch das Medium einer ersten Versuchung im Unschuldstande vermittelt werden kann, und wie 3., falls die Creatur aus diesem ersten Versuchtwerden (nicht bestehend in ihm) aktiv entzweit mit Gott hervortritt, der konstitutive Imperativ dieser Einigung sie doch keineswegs verläßt, und selbe nicht zum Frieden, [die Gottlosen (Gottwidrigen) haben keinen Frieden, spricht mein Gott. Jesaia] zur Gründung, Ruhe, somit zur positiven Produktivität kommen läßt, daß folglich eine solche Creatur, anstatt durch ihr wahrhaftes und seliges Sein auf positive Weise zu beweisen, daß ein Gott ist, durch ihr unwahrhaftes, unseliges Sein, wenn schon nur auf negative Weise, den Beweis führt: daß *nur* ein Gott ist, d. i. daß alles Nichts ist, und nichts vermag, was ohne oder gegen Ihn sein will, und daß die Hölle so gut negativ der Verherrlichung Gottes dient, als der Himmel diesen Gottesdienst auf positive Weise leistet. (2)

* Sowohl die intelligente (freie, selbstische) als die nichtintelligente (unfreie, selbstlose) Creatur ist mit ihrem ersten Entstehen von Gott geschieden, und jene muß *sich* und *hiemit auch letztere* durch einen freien Akt (jene Geschiedenheit aufhebend) mit Gott reliieren – nämlich selbst die noch nicht gefallene oder unschuldige freie Creatur so wie die unverdorbene, unfreie (letzte durch erstere). – Im engeren Sinne versteht man aber unter Religion die Aufhebung einer bereits eingetretenen positiven Trennung (Opposition der freien und Korruption der unfreien Creatur).

Urbild der Menschheit
Zur Theologie und Anthropologie des Paradieses

Tritt uns denn aber der Mensch als solcher und in seiner wahrhaften, zum Teil selbst kosmischen Virtualität anders als in jenen Silberblicken auf, in welchen Geist und Natur in seinem Herzen geeint sich finden, oder in welchen dieses Herz das neue Jerusalem (civitas Dei) ist, auf welches der neue Himmel und die neue Erde harren?
Brief an Justinus Kerner, 21. Mai 1832, Baader, Sämtl. Werke, XV, S. 489

Der Mensch befindet sich nicht an der Stelle des Universums, aus der er dieses beschauen und leiten sollte und könnte, und das Ganze ist für ihn entstellt und verschoben, weil e r sich e n t s t e l l t befindet.
Brief an F. H. Jacobi, 24. Februar 1799, Baader, Sämtl. Werke, XV, S. 185

Die Schrift der Gestirne

Gerade da, wo unsere Natur-, d. h. Erd- und Sternkundigen noch allein Licht über ihrem Beruf finden konnten, – in den Fragmenten einer verloren gegangenen Alchymie und Astrologie, – suchen sie nicht. Sie wissen nicht das geringste mehr von der primitiven Bestimmung des Menschen, den nicht fixierten Segen (Paradies) in der äußeren Natur zu fixieren und zu kultivieren, sie wissen nicht, daß der wahre Naturdienst zugleich Gottesdienst sowie v. v. ist. Sie wissen nicht, daß alles, was sie sehen und berühren, kein Primitives, sondern nur die Larve eines Primitiven ist, welches sich in eine solche Larve verwandelte, so wie der Mensch selber zur Larve umgestaltet ward*. Ebenso blind und stupid gaffen sie den gestirnten Himmel hinauf und meinen wie jener Bauer diese *Schrift* lesen zu können, wenn sie nur recht gute Brillen sich aufsetzten. Ich sage *Schrift*, denn es heißt in der Genesis, daß das Gestirn gesetzt sei, um Zeiten und *Zeichen* zu geben, worüber noch der Stern bei der Geburt Christi Zeugnis gibt, und welchen lesen zu können die ältesten Völker mit ihrer Clairvoyance ungleich näher standen, worauf sich der Sabbäismus samt seiner Verderbtheit gründet. Will man aber wissen, was dieser Gestirnhimmel eigentlich bedeute, so lerne man von J. Böhme, daß selber ein Reflex der Sophia im ewigen Himmel ist, und diese zeitliche Sternenkrone (corona) ein (nicht reines) Nachbild jener ewigen Sternenkrone, welche gleichfalls als Schrift allen Himmelsbewohnern sichtbar ist. (1)

Cultus und Cultur

Das Wort: *Cultus* hat mit dem Worte: *Cultur* (Lebenspflege) dieselbe Bedeutung. Ein Gottesdienst als Lebensdienst ist in der allgemeinsten Bedeutung das Gesetz, vermöge dessen ein

* Es ist darum unverständig, zu erwarten, daß der Mensch, welcher selber vom Fluch (von der Flucht des Göttlichen) in sich nicht schon frei ist, die äußere Natur von diesem Fluch befreien könnte.

Lebendiges sich unaufhörlich dasjenige zuzueignen sucht, dessen es bedürftig ist zur Ergänzung seines Lebensprozesses, sich demjenigen Wesen nähert, zu welchem es dieses Bedürfnis immer zurückruft, und jenes Wesen flieht, das seinen Lebensprozeß hemmt und stört. Diesen Naturalismus findet man in der Bibel überall auch auf den innern, ewigen Lebensprozeß angewandt, und eben darum mögen die Supernaturalisten nichts von diesem Buche wissen. (2)

Wie der Mensch nur dann wahrhaft froh (selig) sich fühlt und weiß, wenn er nicht nur seiner (und seiner Mitmenschen), sondern auch seines Gottes über ihm und der niedrigern Natur unter ihm froh ist, so kann auch nur jenes das wahre Licht oder Wissen sein, welches ihm alle diese drei Regionen zugleich beleuchtet, nämlich ihn über seine vernünftige Natur, über die göttliche und über die nichtintelligente Natur verständigt. Sieht man nun den untrennbaren Zusammenhang dieser drei Regionen oder Prinzipien des Lebens ein, so begreift man auch, daß jeder Veränderung des Verhaltens zu einer dieser Regionen sofort auch eine in den beiden übrigen entsprechen muß. Wich darum der Gott vernehmende Geist aus seinem Normalverhalten zur göttlichen Natur, so mußte auch sein Verhalten zur nichtintelligenten Natur sich abändern, so wie umgekehrt jeder Schritt zur Restitution in jenes Normalverhalten sofort in einem entsprechenden andern Verhalten der nichtintelligenten Natur zum gottvernehmenden Geist oder Vernunftwesen sich bewähren muß. Mit Recht läßt darum die Schrift dem neuen Menschen einen neuen Himmel und eine neue Erde werden!

Denn allerdings gilt der Satz, *»daß nur der wahre Besitz befreit«* (beide, den Besitzenden wie den Besessenen*), wie im politischen, so auch im physischen und ethischen Sinne, und

* Diese gilt par excellence vom Vater und Sohn, deren wechselseitige Befreiung ihr wechselseitiger Aus- oder Aufgang (ihr Geisten) ist.

nur der wahrhaft Freie, d. i. der von der niedrigeren Natur Befreite, ist auch der um diese Natur Wissende und ihrer Gewaltige. – Aber der Mensch kann als Gott in dieser niedrigern Natur nur insofern und dann erscheinen, wenn Gott in ihm als in der Gott niedrigern Natur erschienen ist, und nur insofern ihn Gott besitzt (organisch ihm innewohnend) besitzt er (gleichfalls organisch) diese niedrigere Natur.

Da diese niedrigere Natur (die irdische) der Macht des Todes heimgefallen ist, so kann der Mensch zu ihrem vollständigen organischen Besitz nicht früher gelangen, als bis sie selbst diesem Tode wieder abgestorben, erneuert oder verklärt sich befindet; jedoch vermag der Mensch Beweise dieses künftigen organischen Besitzes der niedrigern Natur schon in diesem irdischen Leben per anticipationem zu erhalten und selbst zu geben. – Nur die Abgeschiedenen sind die Wissenden und daher ist jede Initiation eine Antizipation des (irdischen) Todes.

Und in der Tat, wenn man sich einmal von der Centralität und Superiorität des Menschen im Universum überzeugt hat *(Moses I, 1. 26.)*, wenn man weiß, daß er als das höchste und herrschende Gestirn zuletzt in dieser Natur und über ihr aufging, so wird es nicht befremden, wenn man uns von jenen ungeheueren und entsetzlichen Folgen spricht, welche die Verfinsterung oder das Wiedererlöschen dieses Weltgestirns in jener gesamten Natur haben mußte; so wie man auch einsehen wird, daß die Finsternis (der Erd- oder Weltschatten), über die (den) der Mensch in der ihn umgebenden Natur dermalen klagt, eigentlich nur sein eigenes Werk ist, weil nämlich diese Natur nur darum finster ist, weil sie in dem *Menschen-Schatten* steht.

Die mosaische Archäologie führt ohne Zweifel auf einen ursprünglichen Zustand höherer Ordnung und ist so gut apokalyptisch, als das letzte Buch des neuen Testamentes. Eine ganz buchstäbliche Erklärung desselben erschöpft seinen Sinn nicht, und man muß über die Gebühr herabstimmen, wenn man das erste Leben unseres Stammvaters in die jetzige Sinnlichkeit setzen will.

Die Urbestimmung des Menschen war nämlich, »das Paradies zu bauen und selbes erst über die Erde, sodann über das ganze Universum zu verbreiten« – d. h. die von der höheren, ewigen Natur ab- und herausgekehrten Zeitwesen (Creaturen) mit der Krone ihres Lebens wieder in die Ewigkeit einzukehren oder zu verzücken. Aber er selbst, sich aus dem Ewigen wendend in diese Zeit, wollte nicht mehr in Gott offenbar sein, sondern nur in dieser Creatur, anstatt sie durch sich in Gott wieder zu offenbaren. Und so ging er denn in diesen Creaturen unter, wie sie selbst in ihm untergingen, den *Fluch* Gottes (dessen Flucht) nicht nur in sich erweckend, sondern selben auch in diese an ihn angewiesenen Creaturen bringend. Die so verfluchte Natur vermochte nun nicht mehr himmlische Früchte (paradiesische) zu bringen, und ihre Impotenz war eine Folge jener des Menschen.

Durch alle Schönheiten der Natur hindurch vernimmt der Mensch, bald leiser, bald lauter, jene melancholische Wehklage derselben über den Witwenschleier, den sie aus Schuld des Menschen tragen muß.

Wie wir nun aber in der Sonnennacht mehrere Finstergebilde sich erzeugen sehen, welche eigentlich nur auf Kosten dieser Sonnenmanifestation ihre usurpierte (illegitime und phantastische) Existenz behaupten, so müssen sich auch in der äußeren, durch Schuld des Menschen verfluchten, Natur ähnliche Mißgestalten nachweisen lassen, die ihn als ihren Schöpfer (Veranlasser) anklagen! – Und natürlich nahmen und nehmen diese Mißgeburten ihrerseits gleichsam wieder Revanche an dem Menschen, indem sie auf ihn selbst wieder entstellend und vergiftend rückwirken, wie er heilend, verklärend und verschönernd als wahrer *Naturpoet* auf sie hätte wirken sollen, *so daß dermalen (seit des Menschen Fall) manche Dinge in und um ihn nur auf seine Kosten leben.*

Hier kann nur das Experiment entscheiden. Wenn nämlich manche Gestalten (wohin denn auch die ganze Physiognomie seiner Umgebungen oder sein Schicksal gehört) nur auf Kosten der verhaltenen Manifestation des wahren Menschen da sind, so müssen wir umgekehrt, und sowie diese Manifestation auch nur teilweise wieder hervortritt, jene Dinge in demselben Verhältnisse zurücktreten, andere dagegen hervortreten sehen. Der Radikalverwandlung im Menschen muß auch irgend eine in der äußern Umgebung entsprechen, und der Mensch muß durch das, was er kann oder vermag, beweisen, was er ist.

Nicht nur der Mensch ist folglich schon in seinem Erdenleben des teilweisen Erhobenwerdens in die ihm höhere (göttliche) Natur oder Region fähig und ihrer bedürftig, nicht nur sind es durch ihn andere, sich mit ihm in Rapport setzende, Menschen; sondern selbst die Naturen unter ihm sind einer ähnlichen ihrer Urnatur entsprechenden Verklärung durch ihn fähig. Und wenn diese Zeit schon nur *der Winter der Ewigkeit* ist, so vermag doch der Mensch, gleich einem verständigen Gärtner, auch mitten in diesem eisigen Winter, wenigst einzelne, wenn auch nur flüchtige und schnell sich wieder schließende Blüten der Ewigkeit hervorzurufen, jenen Paradieseszustand der Natur hiemit, wenn auch nur unvollkommen, außer sich antizipierend, den er bereits in sich bleibender antizipierte ...

Und so wird denn der Physik als Kunst ihr höchstes Ziel und Objekt zugleich mit ihrer Unterordnung unter Religion wieder gegeben, und der uralte Begriff dieses Objekts wieder gerechtfertigt, welcher die Nachforschungen und Arbeiten der älteren Naturkundigen beseelte, mit denen jene der neueren Zeiten einen die gründliche Gemeinheit (Platitude) derselben in klares Licht setzenden Kontrast machen, als in welchen jenes höhere Ziel der Kunst als Torheit verlacht, und diese ganz nur der sogenannten Industrie (d. h. dem Bauchdienst) unterworfen ward.

Erwägt man endlich, daß der Fluch in die Natur (Erde) mit und durch jenen im Menschen zugleich eintrat, so wird man es auch nicht befremdend, wohl aber erfreulich finden, wie der irdische Wiederbringungsprozeß mit jenem im Menschen völlig gleiche Momente durchläuft, und wie sich also beide Prozesse ineinander spiegeln; denn der Mensch und die Erde mit ihren Heimlichkeiten liegen im gleichen Fluche und Tode verschlossen und bedürfen einerlei Wiederbringung. (3)

Eine intelligente Creatur, die kein Höheres, keinen Gott über sich anerkennt, wird auch im Gebrauch ihres Erkenntnisvermögens nichts mehr frei bewundern, im Gebrauch ihres Willens nichts mehr verehren und in jenem ihres ausübenden Vermögens von keiner freien Unterwerfung mehr wissen wollen. Eine dreifache *Anomie*, welche als der notwendige Erfolg des Versuchs einer innern dreifachen *Autonomie* den vollständigen Begriff des innern Unwesens »einer zu Grunde gegangenen Intelligenz« gibt. Wenn im Bewundern die Intelligenz, im Anbeten der Wille und im Dienen die exekutive Macht des Geistes gründet, erweist das Unvermögen eines Geistes, wahrhaft Bewundernswertes zu bewundern, dasselbe zu verehren und ihm zu dienen (Widersetzlichkeit dagegen) den satanischen Charakter desselben. *Denn jeder Geist lebt nur im und vom Bewundern, Anbeten, und durch dem Bewunderten und Angebeteten sich unterwerfendes Verherrlichen, Ausbreiten und gleichsam Fortpflanzen oder Darstellen desselben.* Durch Abkehr von dem wahren und einzigen Objekt seines Bewunderns, Anbetens und Sichunterwerfens gibt er sich darum, so viel dieses in seiner Macht ist, den Tod. Das Leben des Geistes ist daher – Religion – Gottesdienst. (4)

Wenn man uns warnt, »daß wir uns ja hüten sollen, der Natur zu trauen, und zu wähnen, daß diese Natur, wenn sie sich gleich in vielen Dingen freundlich und überschwänglich dem Menschen erweist, ja sogar mit ihrer schaffenden Gewalt bis an des Menschen eigenstes Wesen heranrückt, und dieses in jener eingetaucht sich befindet (z. B. in Leidenschaft), doch keinen selbständigen, (sondern einen*) dem Menschen unverständlichen und ihn für nichts achtenden Zweck in petto hätte«, so gibt dieses leider den Beweis für das oben Gesagte: daß nämlich mit dem Glauben an Gott dem Menschen auch der Glaube an die Natur verloren geht, und daß gegen den von Gott abgefallenen König der Natur auch diese (sein Reich) sich empört hat. Indessen fühlt doch jeder, daß *weder* das Verhalten zur Natur, wobei der Mensch mit ihr gebrochen hat und ihr so wenig, als sie ihm traut, *noch* jenes einer *poetischen Scheinharmonie* als schöner Kunst Schein, den einige wohl gar für religiösen Cultus genommen wissen wollten, *weder* das der pfiffigen Industrie, wobei der Mensch als Chevalier d'Industrie auftritt, *noch* endlich das blinde Sichhingeben, sei dieses nun sentimentaler, sei es heroischer, sei es brutaler Art, an die Wahlverwandtschaften dieser Natur, daß keine von allen diesen Verhaltungsweisen des Menschen zur Natur die rechte sei, und daß es noch ein *anderes* Verhältnis, nämlich *jenes* gibt, in welchem die Natur im Menschen (als Gottesbild und Gottgesandten) ihren Wohltäter und Beseliger gewahrt und erfährt. Wer dieses *paradiesische* Verhältnis dem Menschen ausredet, der tilgt in ihm die Religion in der Wurzel.
Der Mensch brachte nämlich durch seinen Fall den Fluch (Flucht des Paradieses oder ersten Elementes) in die Erde und in die äußere Natur. Es ist also seine Pflicht gegen die Erde, sie von diesem Fluche wieder zu befreien. Versteht man nun unter dieser Befreiung vom Fluch und unter der Entwickelung des Segens in der äußeren Natur die Alchimei, so ist diese nicht Vorwitz, sondern des Menschen Pflicht.

* Erg. d. Hrsg.

Verderblich ist allerdings der in der neueren Naturwissenschaft herrschende Naturbigottismus (dem ein langweiliger Pedantismus zur Seite geht). In selber wird nämlich die Natur ausschließend nur in Beziehung auf sich und ihre Verhältnisse genommen, und der Bereich ihrer Zwecke so weit ausgedehnt, daß die Rücksicht auf den Menschen, als zwar nicht unmittelbar ihren, aber Gottes Zweck durch sie, ganz und gar nicht mehr wahrgenommen, sondern von dieser Natur unverhohlen behauptet wird, daß, indem sie von dem menschlichen Hauptzwecke keine Notiz nehme, sie für diesen Menschen nicht mehr Sorgfalt verwendet, als für jedes andere *ihrer* Hervorgebrachten, und ganz nur *in*, *von* und *für sie* Lebenden. Die an sich selbstlose Natur wird somit als selbstisch sich auf sich beziehend, hiemit als intelligent genommen, d. h. als nichtselbstlos, und folglich nicht als Natur, auf welche falsche Annahme der schlechte Naturalismus sich stützt. – Mit solcher gotteslosen oder gottleeren *Natur*lehre, so wie mit einer ähnlichen gottesleeren *Sittenlehre* schickt man sodann den Jüngling zur Universität, damit er dort *christliche Theologie* studiere. (5)

Die Religion, sagt Bacon, ist das Aroma, welches der Verderbnis der Wissenschaft wehrt. Aber, wie Maistre bemerkt, ist diese Wissenschaft, vorausgesetzt, daß das Salz nicht dumm geworden, das Corrosiv alles Falschen in den religiösen Doktrinen, und nur das Gold des Wahren in denselben bleibt von ihr unangegriffen. Wie unverständig wäre es darum gehandelt, falls man, als ob man der Wahrheit nur eine petite santé zutraute, den offenen Kampf der falschen Wissenschaft mit der wahren (dieses Gottes-Urteil) scheuen und verbieten wollte!

Nicht mit Unrecht hat man es an neueren Schriftstellern getadelt, daß sie von den *Mythen* der christlichen Religion ganz in demselben Sinne wie von den heidnischen sprachen. Dagegen bemerkt nun Maistre: »Toute religion par la nature même des choses *pousse* une mythologie, qui lui ressemble, sans qu'il soit jamais possible de la confondre avec la religion même (wenigst ist diese Confundierung leicht vermeidbar). De manière que nul mythe chrétien est nuisible (par sa nature oder notwendig) et que souvent il mérite toute l'attention de l'observateur.« – Hieraus wird der Dienst klar, den die bildende Kunst der Religion zu leisten hat. Denn, *wenn die Gebilde der Kunst,* wie St. Martin bemerkt, *uns die Stelle der Göttererscheinungen (Visionen) vertreten sollen,* wie denn auch das Tun des Genies ist, sein Gebilde von den Banden und der Finsternis einer niedrigeren, entstellten Natur zu befreien und zu erlösen, und durch dasselbe hiemit als durch ein geöffnetes Auge eine höhere Welt freundlich oder furchtbar durchblicken zu lassen, so begreift man leicht, daß diese Kunst im Dienste der Religion erst eigentlich in ihrem wahren Elemente sich befinden muß, und daß es, wie Claudius sagt, »Kirchenraub« wäre, sie diesem Dienste zu entziehen. (6)

Über eine bleibende und universelle Geisterscheinung hinieden

München, den 22. Dezember 1832.

Indem ich auf Ihro Exzellenz Verlangen Hochdenselben meine Ansicht über die in unseren Tagen immer häufiger wieder zur Sprache kommenden, mit den magnetischen oder somnambulistischen in einer Kategorie zu befassenden Geistererscheinungen mitteile, erlaube ich mir zuerst auf die Ironie hinzuweisen, welche darin liegt, daß unsere, wie sie vorgeben, sich gegen jeden Geist schußfest gemacht habenden Naturalisten oder Rationalisten sich doch solcher *irrationeller* Erscheinungen und Ereignisse nicht zu erwehren vermögen, ja vielmehr selbst der Gespensterfurcht, wenn sie es auch nicht eingestehen, unterliegen, nämlich der Furcht, daß wenigst nur ein

einziges dieser Ereignisse faktisch unleugbar sein dürfte, womit aber ihr ganzer Naturalismus und Rationalismus zu Grunde ginge. Diese petite santé unseres modernen Rationalismus wird aber begreiflich, wenn man bedenkt, daß es keineswegs jener alte, massive Materialismus mehr ist, an welchem diese Menschen oder Menschlein sich noch festhalten zu können meinen, sondern in der Tat mehr eine bloße Reminiszenz oder Gespenst desselben; wie denn nicht zu leugnen, daß, nachdem wir der Natur und diese uns unheimlicher geworden als unseren Vorfahren, wir in der Tat gewissermaßen mitten in dieser Natur in eine Gespensterregion uns sublimiert oder präzipitiert befinden, und man sagen kann, daß wir, gleich lichtscheuen Maulwürfen uns immer tiefer in die Materie einwühlend, um ja vor *allem Geist über uns* sicher zu sein, diese Materie zu durchwühlen, hiemit aber die *Geister unter uns* aufzuwühlen angefangen haben. – Von diesen meist unheimlichen *Geistererscheinungen* erlaube ich mir nun aber in diesem Schreiben Ihro Exzellenz Blick auf jene eine große, erfreuliche und wahrhaft heimliche (heimatliche) permanente *Geisterscheinung* zu lenken, über welche ich mich mit folgenden wenigen, jedoch auf nicht weniges hindeutenden, Worten in der Überzeugung ausspreche, hiemit auf einen Schlüssel der Erkenntnis hinzuweisen, von welchem unsere Theologen, Philosophen, Historiker, Naturphilosophen und Ästhetiker (ihn verloren oder verlegt habend) seit lange keinen Gebrauch mehr machen; wobei es mir übrigens nicht im geringsten unerwartet sein würde, falls viele – Fromme und Nichtfromme – Ununterrichtete oder Schlechtunterrichtete, folglich der größere Teil der mit dem öffentlichen Unterricht sich Befassenden – falls sie dieses Schreiben läsen, mir zurufen würden: »Paule, du rasest, deine Kunst macht dich rasen.«
Wenn der Dichter sagt:

Ewig jung ist nur die Phantasie;
Was sich nie und nirgend hat begeben,
Das allein nur altert nie!

so scheint hiemit der leidige *Dualismus* des Ideals und des wirklichen Leibhaften als notwendig und permanent behauptet zu werden, und wenn wir schon diesen Vers mit einem kleinen Zusatze korrigieren, nämlich:

Ewig jung ist nur die Phantasie;
Was sich *in dem Erdenleben*
Nie und nirgend hat begeben,
Das allein nur altert nie! –

ja wenn wir jener Behauptung auch folgende Worte als Erklärung dieses Dualismus beisetzen:

Wenn böser Traum ins Wachen sich verzogen,
Die Wahrheit dir zum Himmel ist entflogen,
Kann diese, will sie sich herab dir neigen,
Nicht anders als im Traum sich dir erst zeigen –,

so ist eine solche Erklärung zwar eingeleitet, aber darum noch nicht vollständig gegeben. Eine Erklärung, welche uns indes Optativ und Imperativ zugleich ist, und in deren Ermangelung wir es als besonnen keineswegs im Zeitleben auszuhalten, nicht in ihm klar zu sehen vermögen. – Man erzählt, daß die Entfernung oder Trennung der Geliebten vom Liebhaber diesen zuerst zum Dichter und Bildner gemacht habe, und daß auf solche Weise Poesie und Bildnerei von den Menschen erfunden worden seien. In der Tat gibt uns aber diese Fabel den Schlüssel zum Verständnisse der wahrhaften Bedeutung jener beiden, ja zum Verständnisse unseres gesamten Zeitlebens und Wirkens zur Hand. Wenn nämlich die durch unsere Schuld von uns gewichene *Idea (Sophia)* gleich einem abgeschiedenen, entleibten oder unbeleibt gebliebenen, somit unleibhaften Geist in der Nacht unseres Erdenlebens uns wieder als ein himmlisches Gestirn, wenn schon zuerst in unerreichbarer Ferne oder Höhe, als Ideal aufgeht, und gleichsam als *Revenant* (des verblichenen Gottesbildes) uns wieder *erscheint*, so ist diese wahrhafte nicht Geister- sondern Geisterscheinung (das Wort: Geist hier als die Sophia oder Idea bedeutend genommen und zwar in ihrem bezüglich auf uns

noch unleibhaften, ihre Leibhaftigkeit nur anstrebenden Zustande) eine freie *Gabe* an uns (indem wir dieses *Wiederheimsuchen des Ausgangs aus der Höhe* verwirkt und nicht verdient haben), zugleich aber eine *Aufgabe*, nämlich durch tätige Auswirkung oder Formation ihres Leibes als ihrer (der Idea) Peripherie oder Brautkleides *ihr Niedersteigen in uns und ihre Beiwohnung* zu verwirklichen; denn das Zentrum realisiert sich durch Inwohnung seiner Peripherie, oder vielmehr beide gehen nur zusammen in ihre Realität oder Konkretheit ein, und die vollendete Peripherie zieht gleichsam als magischer Kreis das Zentrum in sich. Diesen *Morgenstern* in Aug und Herzen fassend und haltend, soll aber ja all unser Bilden und Wirken in der Zeit keinen anderen als den eben ausgesprochenen Zweck haben oder der Imperativ wie der Optativ in der Zeit ist eben kein anderer, als: »der Realisierung eines Ideals in diesem Sinne zu dienen, aus ganzer Seele, von ganzem Herzen und mit allen Kräften«.
Aber jeder Stich, darf man sagen, den wir zur Fertigung dieses Brautkleides oder Brautschleiers machen, wird uns darum empfindlich und schmerzlich, weil wir ja mit ihm zugleich jenes Lügenkleid durchstechen müssen oder wieder zerstechen, dessen Zerstörung uns (als unseres eigenen Produkts) folglich mit der Herstellung jenes Lichtkleides oder Lichtleibes zugleich aufgegeben ist. Destructio unius generatio alterius, oder, wie *Paulus* sagt: das Entstehen und Wachsen des neuen Lichtmenschen fällt mit dem Sterben und Vergehen des alten finsteren Menschen zusammen.
Aus dem Gesagten folgt nun, daß *nur jener*, aber auch *jeder* ein *Christ* wirklich ist, in welchem diese innere, vorerst auf sich beschränkte Gestaltung oder Inbildung jener Sophia begonnen hat, oder, wie der Apostel sagt, in welchem Christus (in dem allein und zuerst jener Lichtgeist wieder leibhaft worden) innerlich eine Gestalt zu gewinnen anfing, »und wir müssen diese immanente oder Inbildung nicht nur selber als die höchste Poesie und Bildnerei ansprechen, sondern sie als

den Herd oder Brennpunkt betrachten, von welchem alles nach außen gehende Dichten und Bilden ausgehen, und auf welchen dieses wieder zurück weisen und führen soll«.
Ich sage noch mehr. Nicht nur soll dieses inner sich Bilden und Gebildetwerden des Menschen, dieses sein Bestreben der vorerst inneren Realisierung eines Ideals, oder dieses Dichten und Trachten nach dem Reiche Gottes in uns (wie die Schrift sagt), der Fokus für alle nach außen sich effektiv machende Poesie und Bildnerei des Menschen sein, sondern auch das regulative Prinzip für den gesamten Verkehr desselben mit der äußeren Natur, somit die der Physik als Wissenschaft und Kunst vorleuchtende Idee. Wovon freilich unsere dermaligen sich so nennenden Naturphilosophen kaum eine Ahnung mehr haben, weil, die Wissenschaft dessen, was der Mensch der Natur sein sollte, verloren habend, ihnen auch die Wissenschaft dessen, was diese Natur dem Menschen sein könnte und sollte, somit seines wahren Imperium in naturam, jenes ein anderes als Baconische, verloren gegangen ist. So sind denn diesen Naturphilosophen z. B. selbst jene ersten Elemente der Physik nicht mehr verständlich, gemäß welchen (nach der Genesis) der Urstand und Bestand dieser äußeren (materiellen) Natur einer Scheidung (Heraussetzung) der *unteren Wasser* von den *oberen* zugeschrieben wird, durch welche Heraussetzung jene nicht nur dem Segen entrückt, sondern dem Fluch nahe gebracht worden sind; wogegen der Mensch nur darum als Herr und Herrscher in dieser Natur sich bei seinem ersten Auftritt in ihr erzeigte, *weil in ihm allein jene dieser sonst verschlossene Quelle der oberen himmlischen Wasser offen war,* weswegen wir denn diese äußere (untere) Natur (mit ihren sieben sich einander forttreibenden Gestalten) noch immer (gleich einem Uhrwerk und Orrery) in den Menschen sich hineinwinden sehen und fühlen, um, wie sie hofft, in ihm jenen drei höheren Gestalten (im Decensus) zu begegnen, aus welchen sie die ihr mangelnden oberen (süßen) Wasser wieder empfangen, hiemit aber von ihrem inneren Brand und Zeit-

zehrfieber sich zu befreien vermöchte, welches letztere macht, daß sie es in der siebenten Gestalt nimmer zu einer bestandhaltenden Beleibung (Sabbat) zu bringen vermag, obschon sie es an einem beständig erneuerten Ansatz hiezu nie ermangeln läßt. Wenn aber schon die äußere Natur ihren Zweck, die Inwohnung der Idea (Jungfrau) zu gewinnen, indem sie sich selber zur Peripherie derselben zu machen strebt, nicht erreicht, (weil irdisches Fleisch und Blut das Reich Gottes nicht zu erben vermag) und wenn schon ein Tag dem anderen, ein Geschöpf in der Fortpflanzung dem anderen nur die unbefriedigte Sucht oder das unaufgelöste Problem überliefert und weitergibt, so erreicht doch die Idea den Zweck ihrer Realisierung durch diese Natur auf andere, nämlich auf mittelbare, Weise. Wenn nämlich das Wirken und Bilden in der Zeit, gleich einem flüchtigen Laut, im Entstehen wieder vergeht, und das eigentlich hiemit Gewirkte unserem Auge sofort entrückt wird, so vergeht selbes doch nicht, sondern kömmt (dem Zeitstrom entzogen) sofort in gute Verwahrung, indem dieses Gewirke (als Gebilde oder Figur) gleichsam mit einer sympathetischen Tinte allen Elementen und Regionen des Weltalls eingezeichnet wird, um, an der Glut des Weltgerichtfeuers zum Vorschein kommend, jeden von uns als das gesamte Tableau unseres zeitlichen Wirkens entweder als *Glorie und Heiligenschein* zu umgeben, oder als *Feuerkreis.*

Und erst durch diese gewonnene Einsicht kann das oben aufgestellte Problem (über das Verhalten des Idealen zum Realen hienieden) befriedigend gelöset werden: nämlich durch die Überzeugung, *daß zwar das zeitlich-irdische Gestalten und Wirken nicht selber die Idea schon realisiert, zu deren Realisierung (Leibhaftwerdung) aber die Bedingung, oder, wie der Apostel sagt, das zeitliche und vergängliche Gerüste zu einem unvergänglichen Bauwerk ist* und sein soll.*

* Dieses gilt auf seine Weise von der gesamten äußeren Natur und ihrem Wirken, und man muß die zwar allgemeine aber falsche Vorstellung aufgeben, als ob z. B. die in der Zeit geschehende Fortpflanzung aller Geschlechter als

Aus dem Gesagten begreift man übrigens sowohl warum jeden echten Dichter und Bildner ein doppelter Affekt nie verläßt – jener der Sehnsucht nach der Verwirklichung oder Leibhaftwerdung der Idea, so wie jener des Schmerzes ja des Zornes gegen den widerspenstigen Stoff* – als man hieraus auch die dreifache Weise begreift, nach welcher die Menschen Poesie und Bildnerei würdigen und treiben. Die einen nämlich als bloßen Zeitvertreib oder, wenn sie schon vorgeben zu ihrer Bildung und Erbauung, doch nur zu ihrer Ergötzlichkeit, gleichviel ob sie in dieser Absicht in die Kirche oder in's Theater gehen. Die anderen (wenigen) im oben angedeuteten ernsten, wahrhaft religiösen Sinn, nämlich um – nicht ohne Geburtswehen – das Brautkleid der himmlischen Sophia ihrerseits auszuwirken; wieder andere endlich und gleichfalls wenige – um den schwarzen Schleier der *Hekate* auszuwirken. Denn nicht die bloß frivole Poesie und Bildnerei steht der religiösen direkt entgegen, sondern eine wahrhaft infernale oder dämonische.
Und hiemit glaube ich den Zweck dieses Sendschreibens erreicht, nämlich nachgewiesen zu haben, *daß und wie allen Menschen obliegt, jeder für sich sowie vereint, die Leibhaftwerdung (Inkarnation) eines und desselben, ihnen allen erscheinenden, Geistes zu erwirken. (7)*

Urbild, Ebenbild, Abbild

Was im vorhergehenden §. von der natürlichen Affinität des Bösen und Ungesunden (so wie des Guten und Gesunden) gesagt worden, gilt nicht minder von jener des *Guten, Schönen*

Stamm-Einheiten nur *den* Zweck hätte, diese zu *erhalten*, nämlich inner der Zeit, da vielmehr diese Enumeration nur so lange währt, bis das durch alle Creatur zu Wirkende, außer die Zeit Fallende, vollendet ist.

* Diejenigen sohin, welche in Kunst, Wissenschaft, Moral und überhaupt im Zeitleben uns es damit leicht machen wollen, daß sie uns diesen Schmerz als entbehrlich angeben, machen es nicht besser, als mehrere neuere Politiker, welche meinen, in der Verwesung oder Gangrän das Radikalmittel gegen den Revolutionismus zu finden.

und *Angenehmen,* und ohne Zweifel haben wir nur darum noch keine genügende Theorie des Schönen, weil man in neueren Zeiten sich nicht damit begnügte, das Schöne, wie auch recht war, von dem Guten sowie von dem Angenehmen bestimmt zu unterscheiden, sondern statt dieser organischen Unterscheidung eine wirkliche Trennung (Abstraktion) dieses Ternars eintreten ließ. Man verkennt darum noch immer meistenteils die Größe und die Würde des Problems des Künstlers, welches darin besteht, teils in uns eine Reminiszenz der ursprünglichen, natürlichen Affinität (Assoziation) jener drei zu erwecken und mit derselben das Gefühl der Wehmut (regret) über ein verlorenes Paradies, teils darin, uns ein Vorbild einer künftigen und zwar indissolublen Reunion dieses Ternars des Guten, Schönen und Angenehmen zu geben, und somit die Hoffnung eines wieder gewinnbaren Paradieses in uns zu beleben.

Wenn ich hier den Begriff des Paradieses in die Union oder Reunion des Guten, Schönen und Angenehmen setze, so gehe ich freilich von der modernen Asketik unserer transzendentalen, hyperpuristischen Moralphilosophen ab, welche nur das kleine Versehen begehen, »Sinnenfreiheit für Sinnenlosigkeit zu nehmen«, und deren sinnenlose Asketik darum unverständiger, phantastischer und langweiliger ist, als die mißverstandenste und übertriebenste Mönchsasketik in früheren Zeiten war. Daß übrigens die schöne Kunst wirklich einen religiösen Zweck haben sollte, oder nur könnte, wird gleichfalls allen denjenigen lächerlich, wo nicht ärgerlich lauten, welche in dieser Kunst (die ihnen wesentlich nur heidnisch ist) eben nur eine Diversion gegen jeden religiösen Gemütsaffekt suchen.

Was im vorhergehenden §. von der natürlichen Affinität des Guten, Schönen und Angenehmen gesagt worden, gilt auch von jener, welche zwischen *Religion, Wissenschaft* und *Kunst* statt findet, von welchen bekannt ist, daß sie früher Hand in Hand gingen, und daß nur mit ihrer Trennung ihre Verderbtheit eintrat. Will man nun das Schlechte, was sie in dieser Trennung (Abstraktion) produzierten und produzieren, das *Moderne* an ihnen nennen, so ist nichts dagegen einzuwenden, falls man nur nicht etwa das Schlechte dieses Modernen der Neuheit (Späte) der Produktion schuld gibt, womit behauptet würde, daß Kirche, Wissenschaft und Kunst von einem beliebigen Datum an notwendig zu produzieren aufgehört hätten (um ihre Produktion es *geschehen* und folglich nur noch eine *Geschichte* derselben vorhanden sei), mit anderen Worten, daß die *Klassizität* (die Bewahrung des *Dogma*) und die *Genialität* (die immer neue, immer sich verjüngende Darstellung dieses Dogma) sich notwendig widerstritten, folglich nur eine auf Kosten der anderen begünstigt werden könnte, und die Klassizität, anstatt die Genialität zu wecken und zu zügeln, in dieser nur ihren Todfeind, wie letztere in ersterer anerkennen müßte. Dagegen ist nun aber nichts gewisser, als daß z. B. jeder Organismus nur gedeihlich in seiner Identität fortwächst, insofern er das *Dogma* seines Urbildes (es fort explizierend und auslegend) bewahrt; ein Dogma, welches darum über allen seinen einzelnen Evolutionsmomenten steht, und mit keinem derselben vermengt werden darf, indem ein solch abstrakt gefaßter Moment sofort zum Grabmonument des Dogma selbst (hic jacet) erstarren würde. Nur freilich, wenn das treibende Element sich selbstisch erhebt und vom erhaltenden abkehrt (wenn Lehre und Tradition sich von einander kehren), wirkt dasselbe zerstörend auf letzteres, welches sodann gleichfalls nicht mehr erhaltend sondern aufhaltend wirkt, dem Verwesungstrieb jenen der Versteinerung entgegensetzend.

Wenn darum (in der Kirche) eine falsche Doktrin sich der wahren entgegen erhebt, so genügt es nicht, jener einfach die Tradition (das Dogma) entgegen zu setzen, sondern man muß, wie solches alle Kirchenväter als Kirchenlehrer getan haben, durch eine *neue* Entwicklung des Dogma jener falschen Doktrin begegnen. (8)

Zweitens soll man sich die Überzeugung verschaffen, daß, da es das dem Adam aufgegebene Problem (seiner Sendung) war, die Androgyne oder die Union beider Geschlechtspotenzen in sich, hiemit aber auch sich als Gottesbild zu fixieren, welches weder ein Mannesbild, noch ein Weibesbild ist, daß, sage ich, Adam notwendig diese bewährende Versuchung durchgehen mußte. Hätte er nämlich das posse mas et foemina fieri (oder das posse animal fieri) hiebei radikal in sich getilgt, so hätte er auch den Weltgeist hiemit in sich, und sofort auch außer sich überwunden, oder sich unterworfen, und hiemit erst würde er (seiner Bestimmung gemäß) effektiver Herr und König oder Gewaltiger der äußeren Welt geworden sein, weil nur dem Sieger die Krone gegeben wird.
Hat man nun aus dem soeben Gesagten die Einsicht gewonnen, daß ohne den Begriff der Androgyne der Zentralbegriff der Religion, nämlich jener des Bildes Gottes unverstanden bleibt (woraus das dermalen noch schier allgemeine Unverständnis des Christentums freilich begreiflich wird), so sieht man auch ein, daß Maler und Bildner allerdings daran recht taten, wenn sie die Madonna als die Zentralgestalt oder den Fokus aller religiösen Gestaltungen gefaßt haben, und man muß nur bedauern, einerseits, daß die Theologen ihnen nicht hierüber vollends das Verständnis eröffneten, sowie, daß sie andrerseits selber diesem ihrem Gefühle so selten treu blieben, und dasselbe rein, somit produktiv, in sich erhielten, denn Reinheit ist Einheit und nur diese ist produzierend. Es sollte sich nämlich diese himmlisch jungfräuliche, englisch-androgyne Natur sowohl in der Madonna, als im Christus und Engel dermaßen bestimmt aussprechen, daß beim Anblick desselben alle Mannheit- und alle Weibheitlust oder Begierde, d. h. der Geschlechts- als Fortpflanzungstrieb völlig im Beschauer schweigen, und zwar wie von selbst und ohne allen Zwang erlöschen sollten, indem ihn dieser Anblick, wenn auch nur momentan, in die englische Natur verzückt, erhebt oder ekstasiert; – entgegen der heidnischen Bildnerei, von welcher

ich behaupte, daß der Fokus ihrer Gestaltungen gerade die der Androgyne entgegengesetzte, beide Geschlechtspotenzen in ihrer polarischen Opposition und Entzündung zusammenfassende hermaphroditische Gestalt war, wie sich dieses in allen heidnischen Kunstgebilden nachweisen läßt, in welchen überall, wenn auch bald offener, bald versteckter, derselbe Hermaphroditismus *durch*blickt und *durch*glüht, wie denn schon das älteste Bild der Venus eine Venus barbata war. Hierüber hat man sich auch um so weniger zu wundern, da ja in dem Geschlechtsverhältnisse – dieses an sich und ohne den Exorzismus der (religiösen) Liebe betrachtet, welche das alleinige Prinzip aller freien Assoziation ist, und die unfreie Gebundenheit (Leidenschaft) zum freien Bund erhebt – keineswegs, wie heidnische Philosophen und Naturphilosophen träumten, ein Streben zur Rückkehr in die Androgyne als in die Integrität der menschlichen Natur in Mann und Weib sich merkbar macht, wohl aber physisch wie psychisch dasselbe orgastische, lieblose, egoistische oder selbstsüchtige Streben des Mannes wie des Weibes, jedes in sich und für sich jene hermaphroditische Doppelglut zu entzünden, und eines dem andern das zu entreißen, was jedes zu dieser Entzündung in sich bedarf*; wie denn in der liebleeren Copula die höchste Selbstsucht des Mannes wie des Weibes ihre Befriedigung sucht und das Weib dem Manne, der Mann dem Weibe hiezu Werkzeug ist, weshalb die Befriedigung des Geschlechtstriebes nicht nur mit Verachtung der Persönlichkeit, sondern selbst mit deren Haß gar wohl besteht.
Man trete nun aber mit diesem Maßstabe vor die Madonnen-, Engel- und Christusbilder auch unserer größten Meister hin, und man wird sich nur zu oft überzeugen, daß der Bildner seinen eigentlichen Gegenstand (die androgyne und hiemit versöhnte weil integrierte Natur des Menschen) weder leben-

* So wie der Mißverstand die Androgyne mit ihrer Karikatur (dem Hermaphroditismus) vermengte, so vermengte er dieselbe auch mit der Geschlechtslosigkeit der Impotenz.

dig gefühlt und geglaubt, noch auch nur klar erkannt hat, weswegen es uns nicht befremden kann, wenn so oft beide, der Künstler und der Beschauer, um dieser affektierten und also matten Halbheit los zu werden, lieber zu den Fleischtöpfen Egyptens, d. h. zum ganzen Heidentum wieder zurückzukehren oder zurückzufallen wenigstens wünschen und sich bestreben, hiemit aber, da dieses nicht möglich ist, und es nur einem tollgewordenen Prinzen Zerbino beifallen kann, die Szenen der Geschichte wieder zurück zu schieben, nur wieder in eine neue Affektation und Manierererei geraten, welche moderne heidnische Manierererei man auch in allen Dichtungen und Kunstwerken gewahrt, deren Urheber, in ihrem Bettelstolze sich vollkommen vom Christentum losgesagt habend, meinen, daß dieses nichts und nicht mehr sei, weil sie für dasselbe nichts geworden sind. Übrigens trifft, was die Behandlung der Geschlechtsliebe belangt, derselbe Vorwurf noch mehr unsere Dichter. Man weiß nämlich, daß diese Geschlechtsliebe der Bennpunkt der Poesie ist, und daß z. B. ohne Myrte und Schwert keine Epopöe möglich ist. Man weiß und sieht aber auch, zu was allem unter den Händen der Poeten dieser Brennpunkt geworden ist. Wenn indes die profane Poesie die Geschlechtsliebe nur zu oft auf alle mögliche Weise zu mißhandeln sich erlaubt und erfrecht, dieselbe frivolisierend, sentimentalisierend, rationell-industrialisierend, oder wohl auch diabolisierend, so sollte doch die religiöse Poesie die höhere Bedeutung dieser Geschlechtsliebe nie aus den Augen verlieren, welche nämlich keine andere und keine geringere ist, als der solidäre Bund, in welchen beide Liebende vor Gott, der die Liebe in allen ihren Formen ist, treten, um sich einander zur Restauration des innerlich in beiden erloschenen und zerbrochenen jungfräulichen Bildes oder Gottesbildes und Leibes wechselseitig behilflich zu sein, woraus man denn auch allein das Sakramentale eines solchen Bundes begreifen kann, weil nur ein solcher Zweck desselben über die Zeit hinaus- oder in das ewige wahrhafte Sein hineinreicht und das bloß Irdische oder bloß Zeitliche als solches keines Sakramentes fähig ist und keines bedarf. Der Mann soll dem Weibe behilflich sein, sich von ihrer Weibheit als Unganzheit zu befreien, so wie das Weib dem Manne, damit in beiden das ganze *Urbild der Menschheit* wieder innerlich aufgehe, und damit beide aus Halbmenschen und insoferne aus Halbwilden* wieder ganze Menschen werden, d. i. Christen, denn die Ausdrücke: ein Christ geworden sein, wiedergeboren sein und die Integrität seiner menschlichen Natur wieder erlangt haben, sind Synonyme. Wer mir einen Christen zeigt, der zeigt mir einen wenigstens in seiner Reintegration begriffenen Menschen, und wer mir einen in seiner Reintegration begriffenen Menschen zeigt, der zeigt mir einen Christen. Es ist besonders in unserer Zeit von der größten Wichtigkeit, diesen Begriff des Christentums als integrierten Menschtums in volles Licht zu setzen, und nur jene Theologie wird sich siegreich über alle ihre Gegner erheben, welche die Sünde als Desintegration, die Erlösung und Wiedergeburt als Reintegration des Menschen darstellt. Wenn aber die Schrift sagt, daß der alte Adam sterben müsse, damit der neue lebendig werde, so soll man doch wissen, daß der alte Adam eben der Mann und das Weib sind, welche wir an uns tragen, der neue Adam aber, so wie der zuerst ins Gottesbild geschaffene, weder Mann noch Weib ist.

In der Voraussetzung der Möglichkeit, daß ein poetisches Talent es unternehmen wollte, nach unserer hier gegebenen Nachweisung der höheren Bedeutung der Geschlechtsliebe, diese dramatisch, etwa als Gegensatz von Goethes Faust, darzustellen, will ich zum Schlusse dieser Abhandlung hier die Hauptmomente, auf welche es bei einer solchen Darstellung ankommt, kurz wiederholen.

Ich sage nämlich, daß, nachdem der Mensch ins irdische (zeitlich-tierische) Leben gelüstend und sich gleichsam vergessend (welcher Moment in der Genesis mit dem Vorführen und

* Die Wildheit wird nämlich hier im höheren Sinne als Entfremdung vom göttlichen Leben und von der Hausgenossenschaft Gottes genommen

Namengeben der Tiere zusammenfällt), aus seinem jungfräulichen oder Gottesbild in das Mannes- und Weibesbild sich verstaltet, bei seinem Erwachen umgestaltet (difformiert) befand, sich ihm doch jenes gewichene Bildnis als die himmlische Menschheit wieder in seinem Lebenslicht dar- und vorstellte, als ein in der Nacht des Erdenlebens ihm vorleuchtendes, ihn aus seiner Entfremdung (seinem Elend) wieder zur Heimat weisendes, jedoch in dieser Höhe und Ferne unfaßliches und unerreichbares Gestirn, Engel oder Führer. Als ein solcher Gehilfe (Weisheit ist weisend) steht nun diese Jungfrau, vorerst nur als Geist erscheinend, sowohl in jeder Mannesseele, als in jeder Weibesseele und zwar in jeder sich spiegelnd als dieselbe, und als gleichsam der höchste Bildungstrieb oder das höchste Bildungsideal (nisus formativus). Wenn nun aber und sooft ich dieses Licht, »welches jedem Menschen leuchtet, der in diese Welt tritt«, sich in einer Mannes- und Weibesseele solidär verbindet oder zu verbinden strebt, als eine höhere Konstellation (wovon die Menschen darum weiter keine Ursache wissen, weil sie selber erste Ursache ist, wie denn die Liebe sie findet, nicht aber die Menschen die Liebe finden), so ist zwischen diesen zweien der Grund zur wahrhaften Liebe gelegt. Wie nämlich in jedem einzelnen Menschen das jungfräuliche Bild die Seele aus ihrer Verbildung in sich wiederzugebären (umzubilden) strebt, so zeigt sich hier dieses Streben auf besondere solidäre Weise in zweien Menschen, nämlich so, daß der Mann nicht ohne das Weib, das Weib nicht ohne den Mann die Restauration ihres Gottesbildes wieder zu gewinnen sich berufen und verpflichtet (von verflochtensein) finden; woraus denn allein das Sakrament der Liebe oder Ehe sich erklärt, und daß diese, wie man sagt, im Himmel geschlossen wird. In Folge einer der Liebe sich beigesellenden, siderischen Phantasmagorie (deren Erklärung nicht hieher gehört) erscheint nun aber im ersten Aufgang der Liebe, auch selbst in ihren trüben Erscheinungen, derselbe innere Gehilfe oder dieselbe Jungfrau dem Mann unter der Form der Geliebten, dem Weib unter der Form des Liebhabers*, woraus man sowohl die Idolatrie der Geschlechtsliebe begreift, als den *Silberblick* derselben oder ihre Ekstase, welche aus Schuld der Liebenden freilich nur flüchtig ist, statt daß dieselbe von ihnen fixiert werden könnte und sollte, weil die Liebe nur eine Gabe und Aufgabe zugleich ist. Die meisten Menschen bezeugen sich aber hiebei, wie ich in den 40 Sätzen aus einer religiösen Erotik** bemerkte, nicht verständiger als jene Affen, welche sich zwar an dem von Menschen (höheren Wesen) angefachten Feuer ergötzen, nicht aber selbes zu unterhalten wissen. Nach dem erhaltenen Aufschluß ist aber diese Aufgabe als der höhere, die Zeit übergreifende, Zweck der Liebe keine andere, als die solidäre Wiederherstellung (Inkarnation) des für den Menschen zum unleibhaften Geist (zum Abgeschiedenen) gewordenen Gottes-Bildes in beiden Liebenden***, wodurch jene flüchtige Erscheinung des Gottesbildes gleich einer vorübergehenden Geist-Erscheinung fixiert, wesenhaft und bleibend gemacht worden und womit sie beide nicht in einem Dritten als Kind sich nur fortpflanzen, übrigens aber (als unwiedergeboren) dieselben bleiben, was sie waren, sondern womit sie beide sich selber innerlich zur Kindschaft Gottes wiedergebären. Denn das Gottesbild, welchem allein Gott unmittelbar innewohnt, und ohne dessen Inwohnung im Menschen dieser ohne Gott in der Welt ist, ist durch des Menschen Fall in ihm wirklich unwesenhaft, d. h. zum abgeschiedenen Geiste geworden, und kann als solcher auch dem Menschen nur mehr oder erst *erscheinen.* Weswegen bis zur Inkarnation des Wortes, durch welche diese Idea wieder wesenhaft oder real dem Menschen geworden ist, alle Mani-

* Als Adam zerbrochen ward, büßte er den weiblichen Teil der Leiblichkeit des Jungfrauenbildes ein, so wie Eva den männlichen in ihm zurückließ. Beim Eintritt der Wiedergeburt erscheint darum dieselbe Jungfrau dem Manne fraulich, dem Weibe männlich, obschon sie an sich keines von beiden ist.

** In dieser Ausgabe: S. 152 (Anm. d. Hrsg.).

*** Man sehe hierüber meine in Münster erschienene Schrift »Über eine bleibende und universelle Geisterscheinung« (In dieser Ausg.: S. 103 ff.).

festationen Gottes gleich Geisteserscheinungen waren und Christus allein und zuerst nach seiner Auferstehung seinen Jüngern sagen konnte, daß Er selber und nicht bloß sein abgeschiedener Geist ihnen gegenwärtig sei. Diese praesentia realis ist als mit dem Begriffe der Integrität zusammenfallend wohl zu fassen, weil man von der leiblos gewordenen Seele ebensowenig sagen kann, daß sie in der Integrität ihres Daseins sich befinde, falls sie auch geistig fortbesteht, als man dieses von ihr sagen kann, falls sie geistlos geworden leiblich fortbestünde, weil der entleibte Geist nur die Figur des wahrhaften Geistes, der entgeistete Leib nur Leichnam oder unlebhafte Figur des lebendigen Leibes ist. Wie nämlich die Entbildung Adams erst innerlich geschah, und leiblich (äußerlich) sich vollendete (was in der mosaischen Urkunde durch das Entsinken [Entschlafen] dem Gottesbilde und durch das Erwachen im Mannes- und Weibesbilde angedeutet wird), so muß nun die Restauration des Gottesbildes gleichfalls erst innerlich, bei noch fortbestehendem äußerem Mannes- und Weibesbild, geschehen, von welchen letzteren Paulus sagt, daß Gott sie hinrichten werde, und daß sie nicht wieder kommen werden. Die höhere Bedeutung der Geschlechtsliebe als nicht mit dem Fortpflanzungs-Triebe identisch ist folglich, wie gesagt, keine geringere, als daß sie dem Manne, wie dem Weibe behilflich sein soll, sich innerlich (in Gemüt und Geist) zum ganzen Menschenbild zu ergänzen, d. i. zum ursprünglichen Gottesbild; wie denn das Christentum als diese Reintegration des Menschen (sei es mit, sei es ohne Ehe) bezweckend eben nur Menschentum ist, so wie Unmensch und Unchrist Eines sind. Endlich sieht man aus dem Gesagten auch ein, wie in der Liebe die Unlust (das Kreuz) von der Lust nicht zu trennen ist, weil das innere, neue Gebilde nicht ohne Zerstörung des alten Gebildes möglich ist, und eben die abstrakte, innerlich festgehaltene, – der Liebe nicht geopferte, – Mannheit und Weibheit (welche ja, wie wir vernommen haben, als solche selbstsüchtig sind, und der Liebe widerstreiten) dieses

Kreuz sind, welches die Liebenden im Zeitleben eines von dem andern zu tragen und zu ertragen haben; was auch dagegen sentimentale oder einfältige Dichterlinge und Romanschreiber zur Apotheosierung der Männlichkeit und Weiblichkeit uns vorleiern, womit sie doch nur das Tier (bête) im Menschen apotheosieren wollen, und also eine bêtise begehen. Dieser Wiedergeburtsprozeß oder diese Religion der Liebe in einem Beispiele an zwei Liebenden dramatisch nach allen seinen Momenten dargestellt, und besonders auch im Kampfe mit seinem Widersacher, dem 'Αντηρος (denn der Teufel ist, wie man sagt, nur darum ein Feind der Liebe oder Ehe, weil er ein Feind der Wiedergeburt oder des Gottesbildes ist) würde uns freilich etwas Wahrhafteres und Poetischeres über die Liebe geben, als was bis daher alle Poeten, auch die besten nicht ausgenommen, hierüber dargeboten haben. (9)

Eros und Androgyne
Zur Philosophie der Liebe und der Ehe

Die höhere Bedeutung der Geschlechtsliebe ist folglich keine geringere, als daß sie dem Manne wie dem Weibe behilflich sein soll, sich zum ganzen Menschenbild zu ergänzen, d.i. zum ursprünglichen Gottesbild.
Baader, Sämtl. Werke, III, S. 309

Die Liebe selber ist ein Kind der in Liebe sich Verbindenden

Wie man von Kindern der Liebe spricht – und es sollten doch alle Kinder solche nur sein –, so sollte man vor allem wissen, daß die Liebe selber in ihrem Urstande nur ein Kind ist, aber ein Kind, das die liebenden Eltern in sich empfangen und in sich, nicht wie das durch Fortpflanzung gewordene Kind von und aus sich, gebären, selbes auch in sich sorgfältig pflegen, schirmen und zu ihrer (der Eltern) Freude, Seligkeit und Herrlichkeit in sich groß und stark ziehen sollen. Welcher Abkunft ist aber dieses heimliche Wunderkind, welches Liebe heißt und welches in bezug auf die Liebenden offenbar doch ebenso ein drittes als das leibliche Kind ist, obschon es, wie gesagt, nicht wie dieses neben, sondern *in* den Eltern lebt, und eben darum beide solidär und innig vereint? – Auf diese von unseren Philosophen und Theologen noch unbeantwortete Frage dient zur Antwort, daß Gott, welcher selber die gebärende und schaffende Liebe ist, sich nicht damit begnügt, die Kreaturen zu schaffen, sondern daß Er in ihnen sich selber zum Kinde wieder eingebären, mit und in ihnen wieder zum vollendeten Gott gleichsam emporwachsen, somit wie zum zweitenmal zum Gott, nämlich zum Gott der Kreatur und für diese werden oder sich wiedergebären will, denn so erst wird der Schöpfer zum Vater des Geschöpfes. – Spricht man also von der Freude und Seligkeit, welche den Eltern ihr leibliches Kind gewährt, in welchem sie, wie man sagt, sich fortsetzen und in ihm fortleben, so sagt man – abgesehen davon, daß diese Kinderzeugung durch sie ebenso bewußtlos und blind werkzeuglich geschieht wie durch die Tiere – hiemit schon aus, daß auch im besten Falle das Leben der Eltern in jenem des Kindes unter- oder zugrundegeht, daß letzteres sie verläßt und in die Vergangenheit sie zurücksetzt. Von welch allem jedoch das Gegenteil von jenem Kinde gesagt werden muß, welches die Liebe selber ist, welches seine

Eltern nicht nur nie verläßt, falls sie es selber nicht verlassen, in welchem ihr Leben nicht unter-, sondern erst aufgeht, nämlich das ewige göttliche Leben, weil Gott selber nur darum ewig lebt, weil Er ewig liebt.
Nur so lang sie liebten, lebten sie!
Denn nur die Liebe hat wie das Leben, das sie selber ist, kein Warum, nichts, was früher als sie wäre, weswegen sie allein absoluter Zweck (Ende oder Vollendung aller Dinge wie ihr Anfang) ist, dem alles andere sich als Mittel fügen muß, und von ihr gilt:

L'amour, dit-on, n'a pas de loi,
Pourquoi?
Parce que l'amour lui-même
est la loi suprême!

Ist ferner die leibliche Ehe oft genug unfruchtbar und noch öfter den Eltern unerfreuliche Früchte bringend, so ist die Ehe wahrhafter oder aufrichtiger Gemüter stets fruchtbar, weil sie stets ihrer wunderholden Frucht, der Liebe als des Ehesegens, sich erfreut. Wie denn auch Christus sagt, daß die Menschen nach Ablegung ihrer irdischen Natur und der damit verbundenen Trennung, somit Entartung der Geschlechtspotenzen, also nach Aufhören der leiblichen Fortpflanzung, gleich den Engeln in der Ehe der Gemüter, somit in der Einerzeugung der Liebe in ihnen fortleben werden, welches himmlische Zeugen und Gebären sie jedoch bereits auf Erden in sich inne wurden, falls Unverstand, Roheit und der verwüstende Rausch der materiellen Sinnlichkeit sie hieran nicht hinderten, obschon sie stündlich die Wahrheit jener Behauptung Fausts inne werden könnten:

In der Begierde lechz' ich nach Genuß,
und im Genuß verschmacht' ich vor Begierde.

Wie denn jede bloß zeitliche Bewegung, somit jeder bloß materiell-sinnliche Genußtrieb, in sich nur ein Falltrieb ist, das heißt, die Bewegung zum Unter- oder Zugrundegehen, zum Tode ist. – Weswegen nichts einfältiger sein kann, als wenn die Menschen darum, weil, wenn jene himmlischen Momente in ihr Inneres treffen (welche Shakespeare »eternal moments« nennt) oder selbe von ihnen nicht fixiert, sondern selber dem Zeittode geopfert werden, welche folglich wie verwahrloste oder wie gemordete unschuldige Kindlein ihnen wieder entschwinden, – wenn diese Menschen, sage ich, aus diesem Verschwinden des Ewigen in ihnen einen Schluß auf die Nichtobjektivität eines solchen für sich bestehenden Ewigen ziehen wollen und dieses leugnen, indem sie doch nur selber aus dieser Ewigkeit gewichen und durch eigene Schuld ihr entfallen sind, weil sie mit dem Ewigen die Zeit füttern wollten, anstatt das Zeitliche dem Ewigen zu opfern, das heißt, in das Ewige zu erheben, in diesem zu vollenden (zu integrieren) und zu verklären. (1)

Sätze aus der erotischen Philosophie

Religion und Liebe, wie sie unter sich enge verwandt sind, sind unleugbar die höchsten Gaben des Lebens, welche bei einem vernünftigen Gebrauche das Glück desselben, bei einem unvernünftigen Mißbrauche dessen Unglück sowohl dem Individuum, als der Sozietät bringen. Man sollte darum meinen, daß dem Menschen nichts angelegener sein könnte, als über diese beiden Gegenstände ins klare zu kommen. Allein die beliebte Trägheit des Geistes und Gemüts, so wie das alte, von *Rousseau* und *Jacobi* wieder aufgewärmte Vorurteil – daß nämlich der Mensch zu empfinden aufhöre, so wie er zum Denken oder zur Einsicht zu gelangen beginne – haben vieles dazu beigetragen, die Menschen über Religion und Liebe in größerer Unwissenheit zu erhalten, als über irgend einen andern Gegenstand des Lebens. Religion und Liebe, sagt man, sind bloß Herzenssachen, bei denen es nichts zu grübeln, d. i. zu denken gibt, welche man folglich nur durch Abhalten des Gedankens sich gewinnt und sich erhält, mit andern Wor ten, die man nur als blinde Empirie zu treiben hat. Kein Wunder darum, wenn bei so vielen Menschen sowohl ihre Religion, als ihre Liebe nur in einem chiar oscuro ihrer Vernunft sich erhält.

1. Wenn man das Wesen der Liebe mit Recht in das Vereint- und Ausgeglichensein, in die Vollendung und wechselseitige Ergänzung der Einzelnen durch ihren Eingang und Subjektion unter ein gemeinschaftlich Höheres – den Eros – setzt, denn jede Union kömmt nur in einer Subjektion zustande; so muß man bedenken: a) daß nur Ungleiches einer Ausgleichung fähig ist und ihrer bedarf, wie denn nicht gleichlautende (unisone), sondern nur unterschiedene Töne einen Akkord geben, so wie b) daß dieser Akkord, Harmonie und Einklang weder *vor* der wirklichen Ausgleichung, noch *nach* ihr, sondern in ihr als Aktuosität statt findet, und daß man folglich die Liebe nicht außer dem Lieben, die Einheit (unitas) nicht außer dem Einen (unire), wie das Leben (vita) nicht außer dem Leben (vivere) begreifen kann; und endlich müssen c) für jede Liebe, die des Geschöpfs zum Schöpfer wie die zum Geschöpf, *zwei* Stadien oder Momente unterschieden werden, in deren *erstem* sich die Liebenden nur erst noch im unisono, im noch ungeprüften und unbewährten Stand ihrer Liebe sich befinden, in welchem zwar noch keine Differenz sich merklich macht, welcher Zustand aber die Differenzierbarkeit, Zerbrechlichkeit oder Sterblichkeit der Union in sich birgt, welche erst radikal getilgt werden müssen, damit diese (die Liebe) in das *zweite* Stadium des wahrhaften Akkords und ihrer Substanzierung zu gelangen vermag.

Es ist allerdings für die erotische Philosophie viel gewonnen, wenn man zur Einsicht gelangt ist, daß die Liebe (Gottes, wie des Menschen) kein bloß nur Gegegebenes oder sich zu geben Lassendes, kein in Passivität und Müßigsein nur Genießbares ist, sondern, daß sie als wahrhafte Liebe (amor generosus) ein Aktuoses ist, und nur durch eine Vermittlung eines unmittelbar Gegebenen, nicht ohne das Tun der Liebenden, *wird,* d. h., daß eine solche nur erst gegebene Liebe bei allem Reiz und aller Annehmlichkeit ihrer Unschuld doch die Gebrechlichkeit, ja den Tod in sich trägt, dessen radikale Tilgung den Liebenden folglich nicht gegeben, sondern als ein zu lösendes Problem ihnen *aufgegeben* ist*. Die Liebe als Union nimmt übrigens einen anderen Charakter an, je nachdem die sich zu Einenden *untereinander,* oder sich *gegenüber* stehen, und aus diesem Standpunkte ist bereits in einem früher dieser Zeitschrift eingerückten Aufsatze (über den Zusammenhang des Cultus mit der Cultur) der Stammbaum der Liebe, nämlich der Zusammenhang der Gottes-, der Menschen- und der Naturliebe nachgewiesen worden.

2. Von dieser Tilgung der Differenzierbarkeit als der Sterblichkeit der unmittelbaren und bloß natürlichen Liebe muß nun behauptet werden, daß dieselbe auf zweierlei Weise möglich ist. Es kommt nämlich 1. im Übergang aus dem ersten Stadium ins zweite *nicht* zum wirklichen Ausbruch oder zur festen Gestaltung der Differenz oder Entzweiung, sondern nur zur Sollizitation der letzteren, welche Sollizitation von den Liebenden als solche überwunden wird, durch welche Überwindung sie bewährt aus der Versuchung und insofern unversuchbar hervorgehen: eine Versuchung, die sich hiermit als das Werden ihrer wahrhaften Liebe bedingend, somit als notwendig zeigt. Oder 2. die Liebenden bestehen in dieser Versuchung nicht, die Sollizitation zur Entzweiung wird nicht von ihnen überwunden, und diese tritt aus der Versuchung effektiv und sich wirklich gemacht habend hervor. In welchem Falle (der auch als *Abfall* der Liebenden bezeichnet wird) nun nicht mehr bloß die *Differenzierbarkeit,* sondern die wirkliche *Differenz* zu tilgen oder aufzuheben ist, und welche Tilgung die *Versöhnung* heißt.

* Man wird hiermit jener langweiligen Darstellung der Liebe als eines *müßigen Genießens* sowohl in der Asketik, als in der Romantik, los, und sieht ein, warum das Glück, das der noch Unschuldige genießt, nur erst ein zufälliges, unverdientes ist, welches also die Unsicherheit (die Entfallbarkeit aus ihm) bei sich hat. Dii, sagten die Alten, omnia laboribus (doloribus) vendunt.

Wenn übrigens hier die unmittelbar gegebene Liebe die natürliche genannt wird, so wird dieses Wort Natur hier in demselben Sinne gebraucht, in welchem der Apostel *Paulus* dasselbe nimmt, wenn er sagt, daß der erste unmittelbar geschaffene Mensch der natürliche ist, aus dem durch Aufhebung dieser Unmittelbarkeit der Geistmensch hervorgehen soll. Nur die in diesem Sinne vermittelte Liebe ist darum als die wahrhaft und geistig gewordene, die nicht mehr bloß natürliche, sondern übernatürliche, die naturfreie, aber nicht naturlose, so wie das Heilige im Sakramente naturfrei, nicht naturlos ist, und diese zweite Liebe kann man darum auch die *zweit-* oder *wiedergeborene* nennen, in welcher das Verhältnis der Liebenden sich anders zeigt, als dasselbe sich im ersten Stadium ihrer Liebe zeigte. Zum Beispiel in der Gottesliebe gibt sich der *Schöpfer* erst in diesem zweiten Stadium als eigentlicher Vater seines Geschöpfes, als seines Kindes, kund und offenbar.

3. Wenn der Übergang aus dem ersten Stadium der Liebe in das zweite in jenem ersten oben bezeichneten Fall frei und ungehemmt war, so ist er dieses nicht mehr im zweiten Fall, nämlich in und nach dem geschehenen Abfall der Liebenden. Hier ist ein Neues, positiv Hemmendes und Reagierendes entstanden, ohne dessen Wegräumung, Aufhebung oder Auflösung jener Übergang nun nicht mehr möglich ist. Das Wort Sünde kommt von Sondern, Trennen (asunder), und man sieht darum die Richtigkeit jener Behauptung ein, daß die uns von Gott trennende Sünde allerdings bezüglich auf uns etwas Reales ist, sowie daß überhaupt, bei jedem Fall der Liebenden voneinander, der Abfallende ein solches positiv Hemmendes zwischen sich und den Geliebten gestellt hat, und sich darum in einer Spannung* mit ihm befindet; weswegen denn auch

* In der altdeutschen Sprache wird Spann- oder Widerrede als gleichbedeutend genommen. – Und was das Wort Versöhnung betrifft, bedeutet dasselbe in Bezug auf die Stammliebe, d. i. auf die Gottesliebe, die Herstellung des bereits oben bemerkten söhnlichen oder kindlichen Verhältnisses des Geschöpfes zum Schöpfer im zweiten Stadium der Liebe.

das versöhnende Prinzip oder Agens als das diese Spannung lösende, von selber erlösende, dargestellt wird.

4. Da das Verhalten (Bezug oder Rapport) des Geschöpfes zum Geschöpf durch sein Verhalten zum Schöpfer bestimmt wird, oder da der Mensch mit dem Menschen und mit der Natur lediglich nur so steht, wie er mit Gott steht, und, durch seinen Abfall von Gott mit diesem gebrochen habend, nicht anders, als durch die Vermittlung der Versöhnung zur wahrhaften Gottesliebe wieder gelangen kann, so vermag er auch zur wahrhaften Menschen- und Naturliebe nicht anders, als durch dasselbe Medium der Versöhnung zu gelangen, weil der freie Übergang aus dem ersten Stadium der Liebe in das zweite ihm gesperrt ist.

5. Der Begriff der Versöhnung ist nämlich jener der gegenseitigen Versöhnung Gottes mit der Menschheit und der hieraus hervorgehenden Versöhnung der Menschen unter sich, indem diese von jener durchdrungen, nicht in ihrer, sondern in dieser versöhnenden Kraft gegenseitig von ihrer Feindschaft und Entzweiung ablassen, so wie von jener Naturscheue, von welcher *Goethe* öfters sprach, als von einer Scheue gegen die Natur, als gegen eine dem Menschen fremde, unheimliche, ja tückische und nie völlig ihm befreundete Macht. Wo also immer wahrhafte Liebe stattfindet, oder wo diese wirklich aus dem ersten Stadium ihrer Unmittelbarkeit in das zweite höhere übergegangen ist, da liegt derselben eine religiöse (reliierende), lösende oder erlösende Aktion (Agens) zu Grunde*.

6. Was die Versöhnung in der Liebe vermag und leistet, davon überzeugt uns schon die tägliche Erfahrung oder der Vergleich dieser Liebe vor und nach oder vielmehr in der Versöhnung, und wenn es zwar ein gemeines Vorurteil ist, daß jene Liebe die beste sei, in welcher gleich von Anfang kein Mißverständnis, Zwist oder Zerwürfnis stattfindet, folglich auch

* Insoferne die bildende Kunst, so wie die wahrhafte Cultur der Natur nur aus der Liebe der letzteren, und diese Liebe nur aus der Versöhnung hervorgeht, ist es wohl keinem Zweifel unterworfen, daß das religiöse oder mit Gott versöhnte Gemüt auch das erste Erfordernis zur wahren Kunst ist.

kein Reuen und Verzeihen, welche in ihrer Begegnung die Versöhnung bewirken, so ist doch nicht zu leugnen, daß auch die beste Liebe nicht gleichgestimmte, sondern gleichstimmbare Gemüter zusammenführt, welche sich nur durch Vermittlung der Aufhebung mancher sich erst entwickelnden Differenz auszugleichen haben. Und wer hätte nicht die Erfahrung gemacht, daß in der Freundes-, wie in der Frauen- und Elternliebe oft nur die tiefste Zerrissenheit die innigste und festeste Reunion herbeigeführt, und daß nur das auf Veranlassung eines solchen Bruches oder Abfalls geflossene und geopferte Herzblut den Kitt zu jener tieferen und dauernden Reunion hergab. Sie liebte viel, sagte der Herr von seiner zartesten Freundin, denn es ist ihr viel vergeben worden.

7. Wenn wir indes auf solche Weise die Liebe in ihrer zur Vollendung sich forttreibenden Dialektik die Stadien der Verlockung zur Untreue (Sünde – denn jede Untreue ist in bezug auf die Liebenden Sünde), des Schmerzes der Reue und der Demütigung der Verzeihung durchgehen sehen, so müssen wir bemerken, daß hier nur von einem frei übernommenen Schmerz und von einer frei übernommenen Demütigung die Rede ist, weil, so lange beide noch unfrei und nur äußerlich abgehalten sind, sie nur das Gegenteil der Liebe bewirken können. So wie die Gewissensbisse (oder der moralische Imperativ*) als solche den Sünder nicht bessern, und wie die Teufel darum keine Religion oder Gottesliebe haben, weil sie zitternd an Gott glauben, d. h. sich dieses Glaubens oder dieser Überzeugung nicht erwehren können.

8. Wenn man mit Recht sagt, daß die Liebe mit dem Mitleid nahe verwandt ist, oder wenn *Plato* sie eine Tochter des

* Es ist wirklich sonderbar, wie unsere neueren Philosophen auf den Einfall kommen konnten, die Religion durch die Moral (den sogenannten moralischen Imperativ) entbehrlich machen, und das Heil der Menschen oder den Heiland nicht im Dativ, sondern lediglich in jenem Imperativ (des Gewissens) finden zu wollen. Als ob nicht dieser Imperativ, als die Forderung des Gläubigers, bloß mit der Insolvenz des Schuldners zugleich einträte, diese erweisend, aber nicht hebend, so wie im Organismus der Zwang oder die Not eben nur mit der Impotenz zugleich eintritt.

Überflusses und der Armut nennt, so kann man dieses auch dahin deuten, daß die Liebe die Tochter des Verzeihens und Reuens, d. i. der Versöhnung ist, weil nur das reiche Gemüt verzeiht, und nur das arme der Verzeihung bedarf. Zu verzeihen und zu bereuen vermögen wir aber nicht in den Schranken unserer natürlichen Selbstheit und Abgeschlossenheit, sondern nur in der diese Schranken durchdringenden und übergreifenden Macht der Liebe, d. i. Gottes, welcher die Liebe ist.

Wo darum immer aufrichtige Reue und Verzeihung sich unter den Menschen als diese versöhnend begegnen, da sind es diese Menschen nicht, welche selber (ex propriis) diese Versöhnung bewirken, sondern es ist eine höhere, vermittelnde Aktion unter sie eingetreten, welcher sie sich gemeinschaftlich unterwarfen, und welche dem einen den Reichtum des Verzeihens, dem andern die Kraft der Demut gab, und jeder wahrhafte Versöhnungsakt muß darum als ein religiöser, jene vermittelnde höhere Aktion manifestierender, begriffen werden*.

9. Der soeben aufgestellte Satz, daß die vermittelnde Aktion oder der Vermittler immer höher steht, als die zu Vermittelnden, gilt allgemein. So z. B. muß man die Offenbarung der vermittelnden und versöhnenden Liebe für eine tiefere Offenbarung Gottes anerkennen, als jene seiner Gerechtigkeit (des Gesetzes), mit welcher die Kreatur zu vermitteln ist. Und

* Es würde ein verdienstliches Unternehmen sein, aus dem hier aufgestellten Standpunkte jene fehlgeschlagenen »Surrogate« dieser Vermittlung geschichtlich zu betrachten, zu welchen man – von dem einzig wahrhaft vermittelnden Prinzip, der Religion, Umgang nehmend – seine Zuflucht nahm; und wie hiebei die Regenten immer weiter von der Kunst sich entfernen, *con amore* zu regieren, so wie die Regierten, *con amore* zu dienen. Da übrigens das Bedürfnis einer Sache eintritt, sowie diese abhanden gekommen ist, so wie z. B. die Selbstsucht mit dem Verlust der wahren Selbstheit eintritt, so begreift man das rege Bestreben, sich zu konstituieren, welches in den Staaten mit dem Zugrundegegangensein ihres wahrhaft konstitutiven Prinzips zugleich eintrat. – Wenn nun schon unsere konstituierenden Staatskünstler (constitution mongers) sich die Zumutung verbitten, als ob sie einer anderen Spekulation nachhingen, als jener nach dem Kurszettel, so kann man sie doch nicht von dem Verdachte freisprechen, daß sie dem *Fichtianismus* huldigen, weil ihr Konstituieren des Staats ein fichtisches Sichselbersetzen ist.

ebenso zeigt sich, daß, da in jeder Sozietät der Regent und die Regierten nur vermöge einer Vermittlung in organisch freier Union zu bestehen vermögen (deren Verletzung von oben nach unten gehend Despotismus, von unten nach oben Empörung heißt), es nur eine höhere, über beiden stehende, somit geistige oder moralische Macht, d. i. jene der Religion sein kann, welche diese Vermittlung bewirkt. Für seicht und verwerflich muß man darum alle jene staatswissenschaftlichen Theorien erklären, welche den Urstand, Bestand und die Restauration des Staats naturalistisch und ohne die Religion und ihre vermittelnde, reliierende und versöhnend ausgleichende Macht erklären zu können meinen; oder welche nicht begreifen, daß auch die Sozietät durch Aufnahme des Prinzips der Religion der Liebe aus dem ersten Stadium (ihrer Natürlichkeit) in das zweite höhere überzugehen berufen ist.

10. Was wir bisher von der Versöhnung als die Reunion und Liebe bewirkend gesagt haben, erhält seine volle Bestätigung damit, daß man 1. einsieht, daß diese Versöhnung den gefallenen Menschen nicht etwa bloß in den Unschuldstand zurücksetzt oder in das erste Stadium seines Verhaltens zu Gott, sondern daß sie ihn sofort in das zweite Stadium der Liebe versetzt und 2. damit, daß man jenes allgemeine Gesetz des Lebens kennen lernt, gemäß welchem jede organische Reunion inniger und fester ist, als die frühere aufgehobene Union war, und zwar darum, weil das einende Prinzip auf Veranlassung der geschehenen Trennung oder auch nur der Sollizitation zu dieser, sich in sich tiefer zu einer neuen Emanation fasset, und mittelst dieser tiefern, aus sich geschöpften Emanation das zu Einende in demselben Verhältnisse tiefer und inniger mit sich verbindet. Das Kind, welches wir vom physischen oder moralischen Verderben gerettet, ist uns ungleich werter und teurer durch diese Rettung geworden, und das Gesundheitsgefühl nach einer überstandenen schweren Krankheit übertrifft weit jenes vor dieser Krankheit. So

sagt die Schrift, daß größere Freude im Himmel über einen sich bekehrenden Sünder ist, als über neunzig der Bekehrung nicht bedürftige Gerechte. Und so sehen wir im Organismus jedem neuen Bruch desselben durch einen Callus oder Narbe für die Zukunft abgewehrt.

11. Um aber das hier ausgesprochene Gesetz der auf Veranlassung von Reaktionen immer tiefer geschöpften Emanationen des Lebens sogleich in seiner höchsten Bedeutung und Manifestation zu erfassen und nachzuweisen, müssen wir bemerken, daß ja Gott selber in seinen drei sich folgenden Emanationen, welche die drei Weltepochen bezeichnen, demselben Gesetze folgte. Wie es nämlich nicht zu leugnen ist, daß dem Auftritt oder der Sendung des Menschen in die Welt ein Zubruchgegangensein derselben vorging (gleichsam le lendemain d'une bataille, wie ein französischer Schriftsteller sagt), mit dem Berufe der Restauration und der Ausgleichung eines zerrütteten und in sich hineingestürzten intelligenten und nichtintelligenten Universums zuerst in ihm erschien, und wie es ferner darum nicht zu leugnen ist, daß Gott auf Veranlassung jenes ersten Bruches sich tiefer zur Emanation des Menschen faßte, so ist es ebenso gewiß, daß, auf Veranlassung des zweiten Abfalls oder jenes des Menschen, Gott sich zu einer dritten, tiefsten Emanation seines innersten Wesens (der Liebe oder des Jesus) faßte, durch welche letzte Emanation erst der Zweck der nun unauflösbaren Einung des Geschöpfs mit dem Schöpfer oder Gottes mit der Welt zugleich mit der höchsten Elevation des Geschöpfs angebahnt war und zu Stande kommen konnte. Und zwar so, daß auch hier, wie bereits oben bemerkt worden ist, nur das geflossene und geopferte Herzblut den Kitt zu einer für die Ewigkeit dauernden Einung oder Bund gab.

12. Mit diesem Blutopfer ist aber auch das Herzblut (ame-principe) jedes einzelnen Menschen wieder flüssig und somit frei offenbar geworden, und der Mensch ward hiermit von jener Erstarrung seiner Selbstheit befreit und erlöst, welche

ihm den Übergang aus jenem ersten Stadium der Liebe in das zweite bis dahin unmöglich machte. Diese sonst alles ausschließende und darum fest verschlossene Persönlichkeit des Menschen ward durch diese göttliche Blutwärme wieder aufgeschlossen, und nur, nachdem Gott sich dem Menschen geopfert, vermochte auch dieser sich frei nicht nur Gott, sondern durch und in ihm auch dem Menschen wieder frei und ganz ohne Hinterhalt der Selbstheit zu opfern, und mit dem Vermögen, Gott zu lieben, ward dem Menschen das Vermögen gegeben, den Menschen sowohl, als die Natur wahrhaft zu lieben.

13. Wenn jene dritte (im 11. Satz bezeichnete) Weltepoche wirklich eingetreten ist, so muß sich dieses Eingetretensein nachweisen und erweisen lassen* in dem Vergleiche des Vermögens der Menschen zu lieben, wie sie selbes vor oder außer und im Christentum zeigen. Und wirklich braucht man z. B. nur jene Sitten, Gebräuche, Sozialinstitute und Gesetze, welche die Geschlechtsliebe (die Ehe) betreffen, zwischen den nichtchristlichen und christlichen Völkern zu vergleichen, um sich

* Diese Weise, regressiv von der Gegenwart aus die Vergangenheit (die Geschichte) gleichsam zu rekonstruieren, wird in neuerer Zeit zu sehr vernachlässigt, weswegen auch das Mißverständnis der wechselseitigen Entbehrlichkeit der Geschichte und der Spekulation so allgemein ist. Die Spekulation dringt durch die Scheingegenwart zur wahren durch, und da in dieser wahren Gegenwart die Zeitbewegung sowohl rückwärts als vorwärts ruht, so ruht und gründet auch die Geschichte in ihr. Der Seher (Prophet) sieht nur darum zugleich in die Zukunft wie in die Vergangenheit, weil ihm ein Blick in die Gegenwart aufgeschlossen wird, und weil alles Vergangene (Geschehene) in dieser Gegenwart noch ist, wie alle Zukunft in ihr schon ist. So nennt sich Gott bei Mose den Seienden (Gegenwärtigen) und in der Apokalypse »den, welcher war, ist und sein wird«, nämlich der, welcher gekommen ist und welcher kommen wird, ist derselbe, welcher da ist. Wenn du mir sagst, daß vor achtzehnhundert Jahren Christus in die Welt gekommen ist, so dient mir dieses Sagen dazu, daß ich Ihn in dieser Welt (in wie außer mir) suche und finde. Ich hätte Ihn nicht gesucht und gefunden ohne dein Sagen, aber dieses Sagen hätte mir nichts genutzt, falls ich Ihn nicht gesucht und gefunden hätte. Paulus argumentiert auf gleiche Weise, wenn er gegen die Leugner der Auferstehung des Christus sagt: Wäre Christus nicht auferstanden, so wäret ihr noch nicht sündenfrei. Nun aber findet ihr euch und seid sündenfrei, also beweiset euch diese euere Sündenfreiheit die Gegenwart des lebendigen Befreiers und euere Gemeinschaft mit Ihm.

von der Wahrheit unserer Behauptung zu überzeugen. Ja selbst in dem, was man Galanterie im nicht frivolen Sinne nennt, zeigt sich in den vorchristlichen, in den christlichen und in unseren zum Teil nachchristlichen Zeiten derselbe unverkennbare Unterschied. Wie nun das Weib erst durch das Christentum zur bürgerlichen Freiheit und Ehre gelangt ist, so hat das weibliche Geschlecht als Bewahrerin der Liebe sowohl dieserwegen große Ursache, dem Christentum zugetan zu sein und dasselbe zu bewahren, als auch darum, weil nur die mit Gott versöhnten und durch diese Versöhnung mit ihm geeinten Gemüter sich auch unter sich wahrhaft zu einen, d. h. zu lieben vermögen.

14. Ich nenne das Weib darum die Bewahrerin der Liebe, weil bekanntlich beim Manne nicht die Liebe, sondern die Lust die Initiative hat, welcher Lust die Liebe nur folgt, wogegen (im Normalzustande) beim Weibe die Lust der Liebe folgt, wie denn letzteres überhaupt der Abstraktion beider minder fähig ist, als der Mann. Was folglich in dieser Hinsicht der Mann bewußt dem Weibe gibt (die Lust), ist das Schlechtere, was aber letzteres ersterem gibt (die Liebe), das Bessere; und gegen diese Würdigung des Weibes in der Geschlechtsliebe kann weder dieser ihr Mißbrauch (abusus optimi pessimus)* einen gültigen Einwurf bilden, noch die Bemerkung, daß es doch eben das Weib ist, welches im Manne die Lust erregt, und der Mann es ist, an dem die Liebe der Jungfrau sich entzündet, weil nämlich diese nur die bewußtlose (schuldlose) Erweckerin der Lust im Manne ist, dem sie dafür die Liebe bewußt zurückgibt.

15. Die in ihrer bloßen Natürlichkeit sich haltende Geschlechtsliebe vermag die beiden Elemente derselben nicht bis zu ihrer wahrhaften und völligen Einigung als Erhabenheit und Demut zu bringen, sie vermag die Persönlichkeit nicht von der Sachlichkeit zu befreien, und wo immer diese Eini-

* Die tiefste Herabwürdigung des Weibes in der Eva ist durch dessen Verherrlichung und Adelung in Maria (ave) überreichlich überwogen worden.

gung zustande gekommen ist, hat die Liebe bereits den religiösen Charakter angenommen. Bedenkt man nun, daß dieselben Elemente als die Geschlechtskräfte der Trennung und Opposition, als gleichsam in der wilden Ehe, nur als Übermut (Hoffart, Despotenlust) und Niederträchtigkeit (Sklavenlust) hervortreten, und daß gerade diese zwei Potenzen die der Sozietät feindlichen Mächte sind, so begreift man, wie die Geschlechtsliebe durch die Religion als die Sozietät bewahrend und sie entsündigend von der Familie aus, als dem Asyl der Religion wie der Liebe, wirkt.

16. So wie die Geschlechtsliebe in ihr zweites höheres Stadium eintritt, und hiermit den religiösen Charakter annimmt, so erhält auch jene Gemeinschaft der Güter (communio bonorum et malorum) unter den Liebenden und sich Vermählenden eine höhere Bedeutung*. Das höchste Gut des Lebens (summum bonum) ist nämlich für den Menschen kein anderes, als daß er schon im irdischen oder Zeitleben eine ursprüngliche göttliche Anlage, seine Idee als Gottesbild wieder zu verwirklichen oder zu realisieren beginnt, hiermit aber seine Reunion mit Gott, welche ihm indes, wie wir vernahmen, nur durch die Versöhnung mit letzterem möglich ist. In den Bund der Liebe tretend, verzichtet aber der Liebhaber wie die Geliebte auf diese alleinige Selbstvollendung, und beide gehen in eine solidäre Gemeinschaft ein, sowohl im Streben und Ringen nach dieser Vollendung, als im Schmerz der Suspension derselben, und im Genuß der bereits zum Teil erlangten, so daß auch der Versöhnungsprozeß für sie nur mehr ein gemeinschaftlicher ist, und man sagen kann, daß die treue Liebe dem Geliebten in dieser Hinsicht bis selbst an die Pforten der Hölle folgt.

17. Wenn darum die sich physisch Vermählenden, in die Gat-

* Jede nicht mitgeteilte Freude wird dem Liebenden zur Pein, so wie jede mitgeteilte Pein in Trost und schier in Lust sich löst, was aber auch von der Liebe des Menschen zu Gott gilt, und den Ursprung des Gebets erklärt, weil die Freude des Menschen sich von selber im Dankgebet vervollständigt, so wie sein Schmerz im Bittgebet sich löst.

tungseinheit oder in die gemeinsame Natur des Geschlechts eingehend, ihren Bund nicht bloß für sich (separatistisch) schließen, sondern selben in die Gattung (im guten und nichtguten Sinne) fortsetzen, so erhält diese Fortsetzung eine ungleich höhere Bedeutung, wenn sie als Fortpflanzung der Restauration des Gottesbildes im Menschen und somit als Segen für die ganze Menschheit sich erweiset, so wie sie umgekehrt als Fluch für die Generation in dieser fortwirkt.

18. Endlich weist aus diesem höheren Standpunkt auch jene natürliche Phantasmagorie der Geschlechtsliebe, durch welche die Liebenden im ersten Stadium ihrer Liebe sich wechselseitig schöner, liebenswürdiger, vollendeter und besser erscheinen, als sie sind – auf eine höhere Bedeutung hin. Diese Verzückung oder dieses Entzücken als ein Idealisieren der Liebe sollen nämlich die Liebenden nur als ermunternden Ruf und Beruf betrachten und nehmen, um durch gemeinschaftliches Tun das innerlich und wahrhaft zu werden, wozu ihnen die in ihnen liegende Anlage jene Phantasmagorie als gleichsam im Lichtspiegel divinatorisch zeigt, anstatt daß sie, wie dieses gewöhnlich zu geschehen pflegt, diese flüchtige, nur zu bald in eine graue Wolke sich verlierende Morgenröte der Liebe bloß zum wechselseitigen, müßigen, eitlen und nichtigen Selbstspiegel mißbrauchen.

J. Böhme hat nachgewiesen, daß und wie, nachdem der Mensch ins Irdische gelüstend und aus seinem jungfräulichen (Gottes-) Bild in das Mannes- und Weibesbild verstaltet und verbildet ward, ihm doch diese Jungfrau (Sophia oder himmlische Menschheit) sich wieder ins Lebenslicht als ein in der Nacht leuchtend Gestirn (Engel oder Guide) einsetzte oder vorstellte, als ihn in und aus seinem Elend (Fremde) zur verlornen Heimat wieder weisend (Weisheit ist Weiserin). Als solcher Gehilfe (aide), Weiser, Leuchter und Führer steht nun diese Jungfrau sowohl in jeder Mannesseele als in jeder Weibesseele. Wenn aber selbe sich in einer Mannes- und Weibesseele insonderheit und *solidär* verbindet, so ist hiemit ein

Verlöbnis und Bund wahrhafter Liebe und Ehe geschlossen, wie schon in Folge einer siderischen Phantasmagorie diese Solidarität und Identität der Jungfrau als desselben innern Gehilfen und Engels beider dem Liebhaber selber unter der Form der Geliebten, dieser unter der Form des Liebhabers erscheint. Wie denn dieses meistens aus Schuld (Unreinheit, Untreue und Unverstand) der Liebenden von ihnen nicht fixierte Durchblicken der himmlischen Jungfrau die Ekstase der Liebe und ihren *Silberblick* begreiflich macht. Der höhere, die Zeit übergreifende Zweck der Liebe ist also eben diese solidäre Wiederherstellung (Inkarnation) des für den Menschen zum unleibhaften Geist gewordenen Gottes- oder Jungfrauenbildes in beiden Liebenden, womit sie beide zu Kindern Gottes sich wiedergebären. Und so wie die Entbildung Adams oder seine Verbildung in das Mannes- und Weibesbild erst innerlich geschah, und sich sodann leiblich äußerlich vollendete, (was in der Genesis mit Adams Schlaf und dem Eindämmern als dem Entsinken dem Gottesbild, sowie mit dem Erwachen oder Aufstehen ins Mannes- und Weibesbild angedeutet wird), so muß nun die Restauration des Gottesbildes durch die Wiedertilgung der Verbildung erst innerlich, noch bei irdisch äußerem Leben und Leiben, geschehen, d. h. die Liebe soll dem Manne behilflich sein aus seiner Halbheit zum ganzen Menschenbilde sich innerlich zu ergänzen wie dem Weibe. So daß also die Unlust oder das *Kreuz* von der Liebe Lust nicht zu trennen ist, weil der Mensch mit Unlust aus dem wieder ausgehen muß, in das er mit Lust einging. Wie denn eben die noch abstrakte innere Mannheit und Weibheit, welche als selbstsüchtig der Liebe widerstreiten, das Kreuz sind, welches die Liebenden im Zeitleben einander sich zu tragen und zu ertragen behilflich sein müssen. Dieser Wiedergeburtsprozeß (Religion) der Liebe in zwei Liebenden dramatisch dargestellt, und im Kampf mit seinem Widersacher (denn der Teufel ist der Ehe oder Liebe feind, weil er der Wiedergeburt feind ist) würde freilich etwas zugleich

Wahrhafteres und Poetischeres geben, als alles, was alle Poeten uns bisher über die Liebe zu geben wußten, weil sie ohne Ausnahme im Mysterium der Liebe völlig blind blieben oder höchst unklar sahen.
Diese Sätze aus der erotischen Philosophie mögen übrigens auch einen Beitrag zum Erweis der Möglichkeit einer solchen Wissenschaft aus ihrer Wirklichkeit liefern, um jenem immer wiederkehrenden, weil teils vom Unverstande, teils von der Bosheit immer neu wieder vorgebrachten Geschwätz von der Entbehrlichkeit der Wissenschaft in und für die Liebe ein Ende zu machen, da ja doch die Schlechtigkeit des nur irdischen so wie die Vortrefflichkeit des himmlischen Eros darin besteht, daß jener blind, dieser hellsehend ist. (2)

Vierzig Sätze aus einer religiösen Erotik

Hochverehrtes Fräulein!
Während Sie mitten in der alten *Roma* Ihr Gemüt, Geist, Auge und Hand der Kunst widmen, wird es Ihnen vielleicht nicht unlieb sein, über die rauhen Alpen herüber eine Stimme der freundschaftlichen Erinnerung an jenen heiligen Liebesbund der drei Grazien unseres besseren und ewigen Lebens, der Religion, der Spekulation und der Poetik, somit auch der bildenden Kunst, zu vernehmen, so wenig auch Theologen, Philosophen und Poetiker in unseren Zeiten an diesen Bund noch oder schon glauben.
Von dem Ihnen mit Hochachtung ergebenen Verfasser dieser kleinen, große Gegenstände anregenden Schrift.
Schwabing bei München, den 27. August 1831.

Die meisten Menschen meinen, daß es lediglich in ihrem Belieben stehe, ihre Bewunderung dem wahrhaft Bewundernswerten, ihre Liebe dem Liebenswürdigen, ihren Glauben dem

Glaubwürdigen, somit auch ihren Dienst ihrem rechtmäßigen Dienstherrn zu entziehen. Diese Menschen werden aber meist zu spät inne, daß sie hiemit aus der Freiheit der Not heimfallen, das Nichtbewundernswerte bewundern, das Nichtliebenswürdige lieben, dem Nichtglaubwürdigen glauben, und demjenigen dienen zu müssen, der keines Dienstes wert ist.

1.

Der Mensch, sagt *St. Martin,* wollte ein Mensch ohne Gott sein, aber Gott wollte nicht ein Gott ohne den Menschen sein. Um die Natur und um den Menschen zu schaffen, brauchte Gott nur seine Macht und Herrlichkeit frei zu entwickeln und sich gleichsam gehen zu lassen, um aber den gefallenen Menschen zu erlösen, mußte er sich gleichsam Gewalt antun. Er mußte nämlich seiner Herrlichkeit sich entäußern, damit wir ihn und seine Hilfe fassen und ertragen konnten in unserer Schwäche und Verdorbenheit. Nur die Liebe begreift und nur sie vermag dieses Opfer.

Wenn die Creatur nicht begreift, und also bewundert, was über ihr steht, so begreift sie noch minder, wie dieses über ihr Stehende zugleich sich in sie und unter sie herabläßt. Unsere Philosophie hat aber diese Herablassung noch nicht klar erfaßt, obschon selbe schon im Wort: *Substanz* als *Unter*-halt bestimmt ausgesprochen ist, als Grund oder Begründung. Jedes Producens gleicht sich nämlich mit seinem Produkt nur dadurch aus, oder eint sich mit ihm, ohne sich zu konfundieren, daß es sich als Mutter ebenso tief unter selbes setzt, als es als Vater sich über selbem hält. Wie die Creatur sich in Gott aufhebt, hebt sich dieser in der Creatur auf u. u. Ist aber einmal dieser normale wechselseitige Aufhebungsprozeß gestört, und findet sich die Creatur, welche sich gegen den Vater aufheben wollte, sofort von der Mutter aufgehoben oder niedergedrückt, so begreift man leicht, daß eine Restauration dieser Abnormität nicht vom Vater, sondern nur von der Mutter ausgehen kann, nämlich von einer tieferen Emanation der Mütterlichkeit, als die erste war. Woraus sich die Funktion der Weiblichkeit im guten, wie nicht guten Sinne begreifen läßt.

2.
Der Kaufmann schreibt jeden Empfang von seinem Handelsfreund sich zur Last oder ins *Debet*, so wie er alles, was er diesem gibt, ihm zur Last oder sich ins *Credit* schreibt. Auf gleiche Weise führt die Liebe ihr Handelsbuch. Indem nämlich die Geliebte sich mir gibt, bin ich mich ihr schuldig worden, und indem ich mich der Geliebten gebe (ihr glaubend), ist sie sich mir schuldig geworden. Aber auch Gott kann sich mir nicht geben, wenn ich mich nicht ihm gebe, lasse, mich auf ihn verlasse oder ihm glaube. Er kann sich aber auch mir nicht entziehen, wenn ich, ihm glaubend, mich ihm gebe, und er sich mir hiemit gleichsam schuldig geworden ist.

3.
Indem ich die Geliebte besitze, beherrsche ich sie und bin ihr Herr. Indem sie mich besitzt, beherrscht sie mich und ist meine Herrin. Kann ich dem, den ich liebe, eine Freude machen, so werde ich hiemit eines Bedürfnisses, eines Leidens los, und kann ich ihm ein Leiden abnehmen, so empfange ich hiemit eine Freude. Im einen und anderen Falle bin ich also dem Geliebten so viel Dank schuldig als er mir, und man kann in dieser Hinsicht sagen, daß die Liebe alles mit doppelter Kreide anschreibt.

4.
Man könnte darum auch sagen, daß ein Liebender seiner Geliebten schon dafür dankbar ist, daß sie sich von ihm lieben läßt. Aber genauer besehen zeigt sich's, daß ich nur jene Person lieben und nur jene Person sich von mir lieben lassen kann, die mich hinwieder liebt. In diesem Sinne klagt Gott in der Schrift so oft, daß so wenige Menschen, und diese so wenig

sich von ihm lieben lassen wollen, und daß er darum, obschon er die Liebe selber ist, so wenige Menschen, und diese so wenig aus ihrer Schuld effektiv lieben kann, so gern er auch wollte.

5.
Hieraus folgt, daß eigentlich nichts liebenswürdig ist, als die Liebe selber; weil in der Region des Geistes und Gemüts Würdigkeit, Empfänglichkeit und Verdienst eins sind.

6.
Nichts kann irriger, ja einfältiger sein, als die sich frei herablassende Demut der Liebe mit der unfreien Niederträchtigkeit, so wie ihre Erhabenheit mit dem Stolze zu vermengen. In der Tat bilden aber Demut und Erhabenheit in ihrer Einheit als *Androgyne* die Liebe, und so wie diese als solche und als Macht (pouvoir) erlischt, tritt die *Geschlechtsdifferenz* als *Gewalt* (violence) und *Schwäche*, als Übermut oder Tyrannenlust und als Sklavenlust hervor, als in einer *wilden* Ehe aneinander gekettet.

7.
Nur die Liebe macht wahrhaft freisinnig (liberal), denn nur der Liebende trennt das Recht (das Herrschen) nicht von der Pflicht (dem Dienen), das Besitzen nicht vom Besessensein oder Sichbesitzenlassen.

8.
Der Gottliebende, wie der Gotthassende geben ohne Aufhören Zeugnis von Gott. Wie nämlich der Gute im Glück Gott preiset und ihm dankt, im Unglück ihn bittet, so flucht der Böse im Schmerz und Unglück Gott, und trotzt ihm im Glück.

9.
Obschon die ganze christliche Religion auf der Erkenntnis und der Überzeugung beruht, »daß Gott die Liebe ist«, so spre-

chen doch viele Theologen und Moralisten von unserer Pflicht gegen Gott und Menschen so, als ob Pflicht und Liebe im Grunde nicht dasselbe wären. Wenn nämlich in der Schrift gesagt wird: daß alle Gebote in dem einen: der Liebe Gottes und des Menschen befaßt sind, so wird ja die Liebe selber als Pflicht geboten. Nun könnte aber freilich diese Liebe nicht geboten oder Pflicht sein, falls sie nur Appetit oder Leidenschaft wäre, und dieses Gebot der Liebe sagt darum nur, daß jeder Mensch es in seiner Macht hat, sich dem ihm frei anbietenden und sollizitierenden Affekt dieser Liebe zu öffnen oder sich ihm zu verschließen. Die Identität der Pflicht und Liebe zeigt sich übrigens schon dadurch, daß beide eine Verbindung aussagen. Denn das Wort Pflicht, Verbindlichkeit kommt von Verflochtensein oder Verbundensein, und der Unterschied zwischen beiden ist nur der, daß die Pflicht (das Gesetz) als nur durchwohnende Macht zur Verbindung treibt (presse), wogegen die Liebe als erfüllende und inwohnende anzieht (attire), weswegen die Liebe vom Drucke des Gesetzes befreit, so wie Eingang der Luft in einen luftleeren Körper diesen von dem Drucke der Luft befreit. Die Verbindung, welche in der Pflicht nur noch einseitig und also unfrei war, wird in der Liebe wechselseitig und darum frei. In diesem Sinne heißt es in der Schrift, daß die Liebe des Gesetzes Erfüllung ist, und in demselben Sinne heißt das Wort oder das menschlich personifizierte Verlangen Gottes zur Wiedervereinigung des Menschen mit sich das speisende oder erfüllende.

Jener alte Satz: Pater in filio, filius in matre, drückt die zweifache Relation jedes Produkts zu seinem Producens aus, indem dieses als Vater subtiler als das Gezeugte und diesem unfaßlich ist, als Mutter dagegen faßlich, selbes erfüllend und speisend, oder Speise gebend und sich in dieser, als Vater sich über selbes als Himmel, als Mutter unter selbes als Erde stellt.

10.
Die Schwere der Pflicht oder des Gesetzes spricht also die Leere oder den Mangel der Inwohnung aus, denn schwer ist, was sein tragendes Zentrum nicht in sich hat, und dessen Macht nur als durchwohnend erfährt. Liebeleerheit und Herzensschwere sind darum synonym, so wie die Finsternis als Augenschwere Lichtleere ist.

Die alten Deutschen nannten das In-der-Fremde-sein auch das Im-Elend-sein. Im Elend aber ist: wer seine Mutter verließ, und in einer fremden oder Stiefmutter sich befindet, als in einer Region oder Medium, mit welchem er nicht *gleichwichtig* ist. Weil das Gezeugte in demselben Verhältnisse von seiner natürlichen Mutter erhöht oder erniedrigt wird, in welchem es sich gegen seinen Vater erniedrigt oder erhöht. Woraus denn auch jener Satz begreiflich wird: qu'il n'y a pas un etre qui ne soit chargé d'engendrer son Pere (Saint-Martin: Esprit des Choses I. 267), nämlich durch Hilfe der Mutter; denn die Gebärerin gibt sich in demselben Verhältnisse dem Kinde, oder will dieses, als das Kind sich dem Vater gibt und diesen will. Oder um das Wort *Aufheben* in *Hegels* Sinne hier zu gebrauchen, könnte man sagen, daß in demselben Verhältnisse, in welchem der Sohn sich im Vater aufhebt, im normalen Zustande die Mutter sich im Sohn aufhebt, wogegen im abnormen sie sich ihm als Stiefmutter entzieht.

11.
Nichts ist einfältiger, als an eine effektive oder gelungene Selbstliebe (Philautie) zu glauben, weil man sich doch so wenig selber lieben als sich selber umarmen kann. Der sich selbst lieben und sich selber bewundern Wollende sucht eigentlich nur durch Zeugnisse von anderen sich seine Zweifel an eigener Liebenswürdigkeit und Bewundernswürdigkeit zu widerlegen, was ihm aber nie gelingt, und wobei er innerlich doch immer leer ausgeht. Die Selbstliebe, wie die Selbstbewunde-

rung beweiset also immer nur diese selbstverschuldete Leere, und ist als tantalisches Bestreben die Strafe für die zurückgewiesene Bewunderung und Liebe des wahrhaft Bewunderns- und Liebenswerten.

12.
Jeder Mensch, der vornehmste, wie der geringste, hat das Bedürfnis, zu bewundern, zu achten und geachtet zu sein, zu lieben und geliebt zu sein. Demjenigen, der uns nicht achtet, oder für nichts achtet, können wir, wenn wir ihn auch als höher erkennen, nur fürchten und scheuen, jenen, der uns nicht geneigt ist, können wir nicht lieben. Denn nur die freie Neigung ist Liebe, nur wer sich selber hat, kann sich selber geben; und nur diesen *empfängt* man, den selblosen oder selblos gewordenen *nimmt* man, und dankt ihm dafür nicht.

13.
Der Geber ist nicht die Gabe, und diese nicht jener, und doch gibt der Geber in der Gabe sich selber, insofern er liebt, und der Empfänger empfängt den Geber in der Gabe, insofern er ihn liebt. Gebe ich in meiner Gabe dir nicht mich selber (mein Herz), so liebe ich dich nicht, und nimmst du in ihr nicht mich selber, so liebst du mich nicht.

14.
Wahrhaft unglücklich oder unselig ist nur jener zu nennen, welcher keine Neigung zu dem fassen kann, den er hochachten, eigentlich fürchten muß, und welcher durch Neigung an jenen gebunden ist, den er verachten muß.

15.
Man sagt mit Recht, daß man nur mit Wohltun ein Herz anziehen und sich verbinden kann. Aber das effektive Wohlwollen ist selber schon Wohltat, und zwar im Prinzip oder die zentrale Wohltat, folglich die größte, welche ein selbstisches

oder freies Wesen einem anderen erzeigen kann, und ohne welches alle anderen Wohltaten keine sind, und darum auch nicht als solche erkannt werden oder Erkenntlichkeit bewirken.

So kommt die Wohltat, welche die Natur oder der Poet (Künstler) dem die schöne Form auffassenden Sinn erweiset, doch nur aus Wohlwollen und wird auch als solches anerkannt. Wie denn die Schönheit als Lieblichkeit von Liebe, die Häßlichkeit von Haß stammt, und die Charis oder Grazie mit der Charitas (Gnade oder Zuneigung) dieselbe ist. Was übrigens die Schönheit der materiellen Formen betrifft, so ist hier die Verwandtschaft von Schön mit Schonen um so richtiger, als es doch nur die schonende Barmherzigkeit Gottes ist, welche unserem Auge die Unförmlichkeit, ja die Scheußlichkeit, welche die Materie in sich birgt, mit einer schönen Hülle als mit einem schönen Schein entzieht. Der Schein (die Maja) ist aber an sich weder Wahrheit noch Lüge, und wird letzteres nur durch die Intention desjenigen, welcher ihn aufstellt, so wie er nur durch Schuld desjenigen zur Täuschung wird, der ihn für was anderes nimmt, als er ist.

16.
Wenn darum der Wohltätige sich das Herz desjenigen verbindet, welcher die Wohltat empfängt, so soll diese Verbindung eine freie, d. i. wechselseitige sein. Der Empfänger soll eben so bereitwillig und freudig sein, sich binden zu lassen, als der Geber, zu binden. Wer ohne Stolz geben kann, kann auch ohne Erniedrigung (Druck) nehmen, und wer mit Erniedrigung nimmt, der könnte nur mit Stolz geben.

17.
Das Bedürfnis, sich geachtet und geliebt zu sehen, ist so wahr und stark, daß es nicht nur oft die Schwäche desjenigen entschuldigt, welcher hierin zu leichtgläubig ist und sich täuschen

läßt, sondern bisweilen selbst den nicht böswilligen Betrüger oder Betrügerin.

18.
Wenn man mit Recht die Koketterie als übertriebene oder Betrug beabsichtigende Gefallsucht für verwerflich hält, so soll man doch nicht vergessen, daß Freundschaft und Liebe nicht bestehen können, so wie der Freund oder Liebende aufhört, sich gefällig zu bezeigen, und also nicht mehr zu gefallen sucht. Gerade nur die Sorgfalt, ja die Skrupulosität hierin beweist die Liebe, welche eben darum mit wenigem immer viel gibt, weil sie auch das Viele, das sie gibt, immer für wenig und zu wenig achtet, das Wenige aber, was sie empfängt, für zu viel.

19.
In unseren rationellen Zeiten, in denen man sogar eine rationelle Rindviehzucht und rationelle Misterzeugungsweisen hat, wird natürlich auch die Liebe, wie die Religion, in demselben Sinne rationalisiert, d. h. von jener Skrupulosität als Aberglauben purifiziert, in der Tat aber hiemit das Kindlein mit dem Bade verschüttet.

20.
Lieben ist so sehr Dienen dem Geliebten, daß umgekehrt der Dienst leicht Liebe hervorbringt. Lieben ist Gernetun, Leiden und Entbehren für den Geliebten, und wer nichts mehr für ihn zu tun, zu entbehren und zu leiden hätte oder wüßte, der hörte auf zu lieben.

21.
Nicht der Dienst macht unfrei und erniedrigt, sondern nur jener Dienst, welcher Achtung und Liebe tilgt; der Liebesdienst ist darum der befreiende und ehrende oder erhebende, und nichts kann törichter sein, als die Menschen durch Dienst-

losigkeit, und folglich Lieblosigkeit, frei machen zu wollen, womit man sie nur zum hörlosen Gesindel machen würde.

22.
Klagst du darüber, daß du dienen mußt, so bedenke, daß niemand in der Welt ist, der nicht dient, und zwar oft genug nicht bloß seinem Höheren, sondern seinem Niedrigeren. Zum Liebesdienst oder zum Dienst mit Liebe ist aber niemand zu groß, noch zu klein, denn auch Gott dient, wie die Schrift sagt, dem Ihm willig und aufrichtig Dienenden. Auch im gemeinsten Dienste ist übrigens der gute Wille oder die Liebe das Beste, und derjenige ist ein Narr, welcher durch Lieblosigkeit oder Böswilligkeit dem Dienenden es unmöglich macht, ihm mit gutem Willen, d. h. gut zu dienen.

23.
Wollt ihr also, weltliche und geistliche Machthaber, daß man euch willig und gut dient, so macht doch, daß man euch lieben kann, und um euch lieben zu können, macht doch, daß man euch bewundern kann. Denn nur Bewunderung bewirkt freie Unterwerfung, und wer sich als Autorität geben will, der zeige sich bewundernswert, d. h. zugleich erhaben und herablassend oder liebend.
(Gnade kommt von Gnieden oder Niedern. Die Sonne geht zu Gnaden, sagten die Alten, d. h. sie geht nieder.)

24.
Wahrhaft artig oder höflich ist nur die Liebe, wogegen die Lieblosigkeit immer grob ist, sie mag noch so höflich und artig tun wollen.

25.
Wie jedes Menschenherz Achtung und Liebe bedarf, so bedarf es der Verzeihung. Aber nur die Liebe verzeiht, und sie verzeiht darum gern, weil die sich an sie wendende Demut und

Reue ihr helfen, den Reichtum und die Fülle ihrer Zärtlichkeit entwickeln. Die wahre Reue ist aber nicht die, daß man jenen verletzt oder beleidigt hat, der uns dafür strafen kann, sondern jenen, der uns verzeiht, oder zu verzeihen bereit ist.

26.
Ohne Mitleiden ist kein Mitfreuen. Nicht nur lernt man in der Not den Freund und Geliebten kennen, sondern Freundschaft und Liebe wurzeln erst in Widerwärtigkeit und Not. Im Glück und Wohlergehen bringen es die Menschen nur zur Kameradschaft (mit Frauen wie mit Männern), und wenn die Pflanze der Liebe auch ohne Tränen aufgeht, so wurzelt sie doch nicht ohne diesen Tau.

Wer nie sein Brot mit Tränen aß,
Wer nie die schmerz-durchwachten* Nächte
Auf seinem Bette weinend saß,
Der kennt Euch nicht, Ihr himmlischen Mächte.

27.
Die Liebe verzeiht dem Reuigen, d. h. dem ihr aufrichtig Beichtenden. Jedes Gewächse stirbt, wenn man seine Wurzel entblößt oder an's Licht bringt, und der Beichtende tut dieses mit der in ihm Wurzel gefaßt habenden Sünde oder Lieblosigkeit, welche auch als Indifferenz bereits anfangender Haß ist. Der reuig Beichtende verrät also, könnte man sagen, sein Schlechtes an den Guten, wie er als Sünder sein Gutes an den Schlechten verraten hatte; denn es ist keine Sünde, die nicht die Wurzel des Guten angreift und insofern entblößt.

28.
Nicht die sichtbare, greifliche Speise ist es, die uns eigentlich speist und nährt, oder wie der französische Ausdruck bedeutend sagt: substanciert, sondern eine unsichtbare, heimliche Kraft, welche in ihr verhüllt oder incognito ist, und durch

* Bei Goethe: kummervollen (Anm. d. Hrsg.).

welche, so wie wir die Speise in uns nehmen und auswirken, jene Mächte in effektive Gemeinschaft mit uns treten, als in eine Communio vitae, welche Mächte zu diesem Zwecke diese Speise erzeugten. Wenn die Sonne am Himmel mit ihrem Licht und Wärme die Pflanzen speiset, segnet und kommuniziert – denn was die Sonne nicht gesegnet oder konsekriert hat, das gibt kein Gedeihen – so sagt sie gleichsam zu ihnen: »Nehmet und esset, das bin ich.« – Sie zerreißet sich aber in diesen unzähligen Hostien nicht, und bleibt am Himmel dieselbe.

Eine andere Person als solche kann ich als Person freilich nicht unmittelbar besitzen oder genießen, sie setze sich mir denn zum unpersönlichen Gut und Sache herab. Daher materia von mater; und in diesem Sinne ist jedes Sich-geben dem Liebenden ein Sich-opfern dem Geliebten. Ohne die Einsicht in dieses beständige sich ineinander Übersetzen und wieder Zurücknehmen des Selbstisch-Persönlichen in die selbstlose Natur, freilich in anderem Sinne, als die Naturphilosophen hievon reden, ohne diese Einsicht in diesen sich verselbstigenden und entselbstigenden Prozeß versteht man nichts von beiden. – Hieraus begreift man denn auch die ursprünglich androgyne Natur des Geistes, oder daß jeder Geist als solcher seine Natur (Têrre) in sich hat, und nicht außer sich: wie denn die wahre Liebe nur damit wirklich wird, daß beide Liebende wechselweise ihr verselbstigendes und entselbstigendes Vermögen in Wirksamkeit setzen, dessen Vorhandensein also in beiden vorausgesetzt wird. Der Unverstand über diese ursprünglich androgyne Natur des Menschen ist übrigens so groß, daß man sogar den Hervorgang Evens aus Adam als eines zweiten Menschen mit der hiebei stattgefunden habenden Halbierung der Geschlechtspotenz in beiden vermengt hat, hiemit aber die Androgyne zur Fortpflanzung absolut impotent sich vorstellte. In der normalen Geschlechtsverbindung (durch Liebe) hilft der Mann dem Weib bewundern, dieses dem Mann lieben, oder der Mann hilft dem Weibe in sich zur Mannheit, dieses dem Mann in sich zur Weibheit. Wogegen in der abnormen (lieblosen) Geschlechtsverbindung das Weib dem Manne zur Schlange, der Mann dem Weibe zum luziferischen Hoffartsgeist hilft.

29.
Eigentlich nährt oder substanciert ein Herz nichts als wieder ein Herz, und bei aller anderen Speise oder Genuß geht das Herz leer aus. Wie nun der Mensch nur vom Menschen lebt und ißt, so kann ein Mensch dem andern auch Gift und Tod sein. Wie töricht sind darum die Menschen zu nennen, wenn sie so sorgfältig und skrupulös in der Wahl ihrer Magenspeisen sind, und so unachtsam und gleichgültig in jener ihrer Herzensspeise.

30.
Gäbe es kein Zentralherz (Coeur-Centre), und könnten die Menschen nicht gemeinschaftlich sich von und in diesem Herzen substancieren und restaurieren, so würden sie auch nicht wechselseitig sich voneinander substancieren können, und ein Mensch müßte den anderen, wie es denn auch geschieht, von sich ausspeien.

31.
Setze dein Herz nicht in Dinge oder Personen, die herzlos sind, noch weniger in bösherzige. Alle giftigen, blutdürstigen Insekten und Würmer sind blutlos oder haben kaltes Blut, und so sind alle herzkalten Menschen Herzblutsauger und Herzvergifter oder Herzmörder.
Seitdem der negative Geist doktrinär geworden ist und die Menschen in ihrer Intelligenz besitzt, entstanden eine Menge herzerkältender, ausdorrender und vergiftender, Gemüt verglasender oder verwesender, philosophischer, religiöser und moralischer Systeme, die meist schlimmer sind, als ihre Verfertiger, weil diese mehr obsessi als posessi sind.

32.
Es kann nicht bloß Leichtsinn oder Zufall, sondern selbst ein Verbrechen sein, was die Menschen zusammenführt, woraus aber nicht folgt, daß auch ihr Zusammenbleiben ein Zufall oder Verbrechen ist, weil es in der Macht des Menschen liegt, aus einer schlechten Veranlassung ein Besseres zu machen. So bringen z. B. Not oder niedriges Bedürfnis die Menschen zusammen, aber die gewordene Verbindung bleibt, während die Not vorübergeht. So ist uns jede natürliche Liebe als ein Unmittelbares *gegeben,* zugleich aber *aufgegeben,* durch vermittelndes Selbsttun ein Besseres aus ihr zu erwirken. Viele Menschen zeigen sich aber hierin nicht minder unverständig, als die Orang-Utangs, welche die Indianer von ihrem gemachten Feuer wegjagen und sich an selbem wärmen, welche aber nicht Verstand genug haben, um dieses Feuer durch Nachlegen sich zu unterhalten. Wie oft sehen wir darum die natürliche Geschlechtsliebe, Kindesliebe, Elternliebe, Geschwisterliebe, Stamm- oder Vaterlandsliebe etc. aus gleicher Ursache schnell genug wieder erlöschen und ausgehen.

33.
Du klagst über die Vergänglichkeit und also Eitelkeit all' dieser Lieben, während du das Vergängliche zum Unvergänglichen hättest machen können und sollen, indem du es zeitfrei machtest, anstatt umgekehrt gleichsam die Zeit damit zu füttern.

34.
Jede neue und ohne unser Zutun oder Verdienst uns entstandene Liebe (die religiöse nicht ausgenommen) ist wie ein neugeborenes Kind, zart, aber gebrechlich und der sorgfältigen Pflege bedürftig. Das neugeborene Kind ist nämlich erst nur die unmittelbare Frucht und Bild der Substanz der Eltern, es soll aber zum tätigen selbstischen Bilde ihres Geistes und Herzens werden.

35.
Dauerhaft und unsterblich ist, was die Vergänglichkeit und die Sterblichkeit in sich gründlich getilgt hat. So ist in der Liebe nur treu und beständig, welcher die Treulosigkeit und Abfallbarkeit in sich wenigst als Anlage und Möglichkeit (als Posse mori, wie *Augustin* sagt) getilgt hat, wenn es auch nicht zum wirklichen Treubruch oder Abfall kam.

Diejenigen, welche die Notwendigkeit dieses wirklichen Abfalls behaupten, sagen uns, daß ein Mädchen nicht anders unter die Haube gebracht werden könne, als durch ihr Zu-Fall-Gekommensein, oder daß man nur durch Zurücknahme einer Lüge zur Erkenntnis der Wahrheit kommt.

36.
Wie Gott den Menschen schuldlos oder unschuldig und so wie die Natur unverdorben schuf, nicht aber schuldunfähig und unverderblich, und wie Gott wollte, daß der Mensch durch eignes Tun, Mitwirken und Verdienst (mittelst der bewährenden Versuchung) diese Schuldfähigkeit und Verderblichkeit in sich tilgen sollte, so gilt dasselbe für jede andere Liebe, denn jede Liebe muß von ihrem ersten, unmittelbaren, natürlichen oder Unschuldstand durch eine Versuchung zu ihrem bewährten Stand und Bestand eingehen.

37.
Wie ferner der Abfall oder der Treubruch des Menschen von und gegen Gott nicht notwendig war, und wie der Mensch auch ohne solchen die Versuchung hätte durchgehen und bestehen können; wie aber die Versuchung notwendig war, weil er ohne seinen Durchgang durch sie die Bewährung oder Wahrhaftig- und Bleibendmachung seiner Verbindung mit Gott nicht hätte erlangen können, – so gilt dasselbe auf seine Weise für jede Liebe, nämlich für die Menschenliebe wie für die Naturliebe, als Prinzip der Cultur wie der bildenden Kunst.

So wie die Liebe Gottes zum Menschen sich herabläßt, ihn zu sich erhebend, breitet sie sich als Menschenliebe in der Horizontale aus, und steigt als Naturliebe in die niedrigere herab, diese zu sich erhebend. Sollte aber mit dieser wahren Liebe oder Neigung zur Natur das wahre Hörigkeitsverhältnis derselben zum Menschen hergestellt sein, so mußte die intelligente Creatur auch hier die doppelte Versuchung bestehen, entweder despotisch auf gottvergessene Weise die Natur zu mißbrauchen oder sklavisch (und gleichfalls gottvergessen) sich ihr zu unterwerfen. Dort nämlich vergißt sie, daß Gott der absolute *Herr der Natur* ist; hier, daß dieser Gott *ihr* alleiniger unmittelbarer Herr ist. In der ersten *Versuchung* fiel Luzifer, in der zweiten der Mensch.

38.
Ist aber der Abfall oder Treubruch in der Liebe wirklich eingetreten, so ist doch hiemit nicht alles verloren, wenn nämlich die Wiederversöhnlichkeit entweder nicht im Abfalle selber schon getilgt worden ist, oder nach selbem. Diese Versöhnung macht aber nicht allein wieder gut, was schlecht gemacht worden ist, sie verbindet nicht allein wieder, was sich getrennt oder von einander abgekehrt hat, sondern, falls der Mensch den Schmerz der Versöhnung (welcher hier zugleich Todes- und Geburtsschmerz ist) frei in sich aufnimmt, macht sie das Verdorbene besser und verbindet das Getrennte fester, wie denn versöhnte Freunde und Liebende tiefer, inniger und unauflösbarer sich miteinander verbunden finden, als vor ihrem Abfall.

Die Worte *Sohn* (Filius), *Sonne* (Sol), so wie *Söhnung*, Sühne haben dieselbe Wurzel. Christus, sagt Meister Eckart, starb am Kreuze, »damit Er Friede und Sun machte zwischen Gott und uns«. Nach der im Text gemachten Bemerkung hat man übrigens zwischen einem unversöhnbaren und einem (in der Zeit) wieder versöhnbaren Abfall oder Treubruch und *Wort-*

bruch zu unterscheiden. Das unversöhnbare Verbrechen ist nämlich als in zentraler Richtung geschehend zu fassen, somit als totale oder direkte Opposition, wogegen die nicht totale, in schiefer Richtung geschehende sofort in die kreisende, wieder rückführende Zeitbewegung umschlägt, woraus sich die Identität des Begriffs der Zeit und der Restauration ergibt. Indem nämlich beim guten Gebrauch der Zeit die noch nicht direkte Richtung zum Zentrum sich zur direkten ergänzt: während die schiefe Widersetzlichkeit sich gänzlich erschöpft, so erschöpft sich umgekehrt beim nichtguten Gebrauch der Zeit die schiefe Richtung zum Guten gänzlich, und die Widersetzlichkeit gegen das Zentrum wird total oder direkt.

39.
Der Sturz des stolzen Luzifer ging Gott nicht zu Herzen, wohl aber der Fall des schwachen, durch Sinnlichkeit verführten Menschen. Indem aber dieser Fall Gott zu Herzen ging, ging sofort die rettende, helfende Liebe von diesem seinem Herzen aus, und fing mit der Menschwerdung (denn diese fing im Moment des Falls an) das Werk der Versöhnung, d. i. der unauflösbaren Wiedervereinigung Gottes mit dem Menschen, und durch ihn mit der Welt an. Welches Werk die fortgehende Weltgeschichte im Großen wie die Geschichte des Lebens jedes einzelnen Menschen im Kleinen ist. Die Liebe ist und war, wie *Johannes* sagt, bei Gott, als er die Welt und den Menschen schuf, als aber der Mensch fiel, ging sie von Gott aus und kam als erlösendes Wort in die Welt.

Man konnte sagen, daß im Momente des Falls des Menschen Gottes Herz sich an ihm *versah*, jedoch hier in dem dem gewöhnlichen entgegengesetzten Sinne, weil nämlich das Unförmliche hiemit wieder reformiert ward. Der Strahl der göttlichen Liebe oder Jesus (nach der Deutung der Hebräer) ging nämlich im Momente des Falls sofort in die Sophia als die eigentliche Matrix aller Urbilder, und ward im Urbild des Menschen zum Geistmenschen, so wie hiemit die natürliche Menschwerdung in der Zeit begann. Hierauf beruht der dreifache Name des Erlösers als *Jesus, Christus* und *Mariä Sohn.*

40.
Ähnliche Mysterien gehen in jeder Menschenbrust vor, welche das Werk der Versöhnung in sich gewähren läßt, weil der Zentralprozeß sich in jedem partiellen wiederholt oder spiegelt. Welcher Liebende hätte nämlich nicht in sich wahrgenommen, daß er, indem er verzeiht und sich versöhnt, tiefer in sein Herz eingeht, sich tiefer in diesem Herzen und hiemit in dem Gedanken eines wiederhergestellten Verhaltens zu dem von ihm Abgefallenen an die Stelle des zerrissenen und entstellten Verhaltens desselben sich faßt, und, mit diesem neugeschöpften und gefaßten, gleichsam schöpferisch wordenen Verlangen und Imagination in den Reuigen eingehend, diesen selber erneuert und sich tiefer mit ihm verbindet. Welcher Liebende, sage ich, hätte nicht bemerkt, daß nur das hierbei als Opfer fließende Herzblut den Kitt zu jenem innigen und dauernden Freundschafts- und Liebesbund *(als Konsanguinität im tieferen Sinne)* gibt, von welchem gilt, was des *Moses* Weib sagte: Du bist mir zum Blutbräutigam geworden.
Man könnte darum jedem Menschen, welcher den Versöhnungsprozeß in sich aufrichtig und herzlich durchgemacht hat, zurufen: Du bist nicht ferne vom Reiche Gottes! (3)

Impetus philosophicus für das Weihnachtsfest

Was es für eine Geburt und Person sei, daß das unermeßliche Wort, der Schöpfer aller Dinge, ein Menschenkind und von einer irdischen Jungfrau ohne Erkenntnis eines Mannes zur Welt geboren wird (somit vaterlos in der Zeit wie mutterlos in der Ewigkeit), kann uns unsere sich selber überlassene Vernunft nicht sagen, denn sie ist nur ein bleicher Glast oder Schein vom göttlichen Verstande, wie der Mond, der sich mit der Sonne und Erde spiegelt, und weder Kraft, Hitze noch Glanz gibt.

Es ist das höchste Geheimnis Gottes, und muß nur durch einen *Stern* den *Weisen* in Morgenland und durch einen *Engel* den *einfältigen* Viehhirten auf dem Felde in der Nacht angekündigt werden (denn nur den wahrhaft Weisen und der wahren Einfalt offenbart sich das Göttliche), daß es der Heiland aller Welt sei; sonst erfährt's niemand, wer er ist, bis er zum männlichen Alter kommt, und das Geheimnis der 30 Jahre erreicht. Alsdann muß die Welt das Licht erkennen durch die Macht seines Wortes und gewaltige Taten. Wenn die Blinden sehen, die Lahmen gehen, die Sprachlosen reden, die Kranken genesen, die Teufel vom Menschen fliehen und in die Säue fahren, die Toten auferstehen und was desgleichen unzählig mehr.

Was zanken doch unsere großen Chaldäer, Sternseher, Wahrsager und Zeichendeuter um diesen göttlichen Friedensfürsten, den sie doch nicht haben. Er ist zu Bethlehem und nicht zu Babel; im Leibe der irdischen Maria und zugleich im Centro der Dreizahl, da sein ewiger Sitz ist, dann auch im zerknirschten demütigen Geist und zerbrochenen Herzen, nicht aber in ihrem Gehirn, Büchern und hohen Schulen.

Denn dreifach ist die Geburt dieses Wortes, die eine die ewige im Vater, die andere die im Leib Mariä, die dritte in jeder zu Gott sich rein und lauter kehrenden Seele, denn was sich in dir bekennt, das gebiert sich in dir, und soll der Schöpfer sich in dir lauter und frei bekennen und gebären, so soll dieses kein Geschöpf in dir tun. Nach einem alten Brauch feiert auch die Kirche diese dreifache Geburt durch die drei Messen am Weihnachtstage. (4)

Evolution und Revolution
Christlicher Liberalismus und Sozialismus

. . . wie denn jede gehemmte Evolution in eine Revolution endlich umschlägt und das aufgehaltene Licht als Blitz wiederkehrt . . .

Baader, Sämtl. Werke, X, S. 108

Denn wahrlich nicht der Bestand der Natur, sondern jener der Menschen in ihrer Sozietät mit ihren antisozialen Trieben etc. macht mich wundern; – denn: ist vielleicht ein Einziger unter ihnen, wenn ihm Alles nach seinem Dichten und Trachten durch- und ausginge, der nicht die ganze Sozietät zersprengte? Freilich sagt man, daß die Regierungen sich des Allgemeinen annähmen, sohin der Bestand des Ganzen ihr Werk sei, – aber sind sie denn nicht selbst zu einem Teil dieses Ganzen (zur Partei) herunter gekommen: und wissen sie denn selbst, wie dieses Ganze geht, besteht?

Brief an Baron von Yxkull, 8. April 1822, Baader, Sämtl. Werke, XV, S. 378

Über die Freiheit der Intelligenz

Man braucht in unsern Zeiten nur das Wort: »Freiheit der Intelligenz« oder vielmehr »Freiheit ihrer Bewegung in der Sozietät« auszusprechen, um sofort zwei sich entgegengesetzte Parteien zu erregen, von denen die eine, welche sich die liberale nennt, ebenso ungestüm und unbedingt auf die Herstellung dieser Freiheit, als die andere Partei – die nichtliberale – auf Unterdrückung oder Niederhaltung derselben dringt. Obschon uneinig unter sich sind nun beide diese dominierenden oder wenigst um die Weltherrschaft sich streitenden Parteien doch in einer Hauptsache einig, nämlich in der Nichtkenntnis oder Nichtanerkennung der wahren Freiheit, und es tritt folglich hier der Fall ein, welcher eigentlich bei jedem unvernünftigen Streite notwendig eintreten muß, daß es nämlich zur gründlichen Schlichtung dieses Streites kein anderes Mittel gibt, als den beiden streitenden Parteien gemeinsamen Irrtum, den falschen Begriff, den sich beide von der Freiheit der Intelligenz machten, anzugreifen, und den Liberalen die Nichtigkeit ihrer Hoffnung, den Unliberalen jene ihrer Furcht zeigend, beide vorerst gegen sich aufzubringen. Von den vielen und gründlichen Verheerungen Umgang nehmend, welche dieser falsche Freiheitsbegriff – der Popanz unserer Zeit – in der religiösen und bürgerlichen Sozietät anrichtete, will ich hier vorzüglich auf diejenigen aufmerksam machen, welche derselbe auf wissenschaftlichem Grund und Boden damit veranlaßte, daß er die völlige wechselseitige Entfremdung und selbst Opposition der Religion und Wissenschaft herbeiführte, weil man, durch diesen falschen Freiheitsbegriff getäuscht, einerseits die Freiheit der Intelligenz durch die Religion, andererseits letztere durch erstere gefährdet hielt. Eine Entfremdung und Opposition, welche sich der Wissenschaft (Philosophie) nicht minder schädlich erwies, als der Religionsdoktrin, weil es 1. gewiß ist, daß, falls die Religion nicht in die innerste Region des Gedankens eindringt, die Verbrechen des Denkens weder gerügt noch gesühnt werden können, so wie, daß 2. diese Philosophie, durch ihre Abgeschlossenheit von den Tiefen der Religion, sich auf einem bornierten und niedrigen Standpunkt haltend, notwendig, wie die Erfahrung lehrte, sich verflachen mußte, wogegen sie in jene Tiefen eingehend auch selbst tiefer zu wurzeln und höher sich zu erheben sich befähigt gefunden haben würde.

Meiner Überzeugung gemäß schreibt sich nun dieser irrige Freiheitsbegriff einesteils von der Verkennung der sämtliche Intelligenzen organisch zu assoziieren strebenden Natur der Vernunft her, andernteils von einer Vermengung des die intellektuelle Freiheit in ihrer Bewegung notwendig innerlich wie äußerlich begründenden und sichernden Prinzips mit einem dieselbe hemmenden, und ich achte darum folgende kurze Beleuchtung dieser beiden weit verbreiteten Grundirrtümer unserer Zeit Ihrer Aufmerksamkeit um so minder unwert, als mir diese Beleuchtung der sozialen Natur der Vernunft ein schickliches Thema für die Eröffnung unserer Universität, somit für die Begründung eines neuen Vereins von Gelehrten in unserm Vaterlande scheint.

Was nun vorerst die soziale oder assoziierende Macht und Natur der Vernunft oder Intelligenz betrifft, welche eben so sehr die Sozietät von der Despotie einzelner Doktrinen oder Meinungen, als von deren Anarchie zu bewahren strebt, so widerspricht es, wie Hegel bemerkt, der vernünftigen Natur des Menschen, nur ein einzelner (im Denken, Wollen und Schaffen) zu sein, und somit auch seine Überzeugung in sich zu verschließen, weil diese Natur den gemeinschaftlichen Bestand des einzelnen mit allen andern seiner Gattung verlangt »in der Verwirklichung eines gemeinsamen, zentralen Selbstbewußtseins, welches alle einzelne selbstbewußte Wesen in sich gründend von einander frei macht, und welches sich notwendig in einer zentralen oder zentralisierenden Doktrin ausspricht.« Daß es nun in der Natur jeder Bewegung der Intelligenz liegt, sich zu gemeinsamen und zu sozialisieren, drückt schon der Satz aus: Scire nihil est, nisi sciant et alii! womit nämlich gesagt ist, daß dem Menschen auch an seiner völligsten Privat- oder individuellen Überzeugung in jedem Zweige des Erkennens doch keineswegs und so lange nicht genügt, als diese seine Überzeugung sich nicht auch als jene der Sozietät bewährt*, so wie dem Künstler es nicht genügt, seine Idee in sich erzeugt zu haben, sondern derselbe notwendig ihre äußere öffentliche Darstellung anstrebt. Absolut wahr ist nämlich, was nicht bloß mir oder mehreren, sondern was allen wahr ist, und wenn schon zur Zeit nicht alle diese allgemeine (katholische) Wahrheit anerkennen, so besteht doch der Imperativ dieser allgemeinen Anerkennung ungeschwächt fort; ein Imperativ, welcher dem einzelnen Menschen nicht nur die gänzliche Aufgabe seiner Subjektivität zur Pflicht macht, damit er im Innersten sich mit der Wahrheit geeint wisse, sondern welcher von ihm zugleich die Herstellung und Aufrechthaltung des äußern (sozialen) Zeugnisses derselben Wahrheit verlangt, wie denn der Apostel nicht jenen Menschen selig preist, der die Wahrheit nur in seinem Herzen bekennt, sondern jenen, der sie zugleich mit dem Munde, d. i. öffentlich, ausspricht. – Wenn übrigens die soziale Funktion der Vernunft bis dahin minder klar als es sollte anerkannt ward, so hat man diese Nichtkenntnis wohl vorzüglich jener des Gesetzes der Innewohnung derselben in der intelligenten Creatur

* Nicht also gegen den Proselytismus als solchen, sondern gegen die schlechte Art und Weise desselben hat man sich zu verwahren, weil es unvernünftig ist, dem Menschen gebieten zu wollen, daß er seine Überzeugung lediglich nur für sich behalten solle. – Da übrigens der Mensch als intelligente Creatur nichts lediglich von und für sich hervorbringt, sondern das Leben, die Liebe und das Wissen nur empfängt, um es wieder auszuteilen, und lediglich in diesem ungehemmten freien Empfangen und Geben die Kontinuität seines eigenen Seins (seiner Reproduktion) erhält, so muß notwendig jede Hemmung jener Zirkulation als Hemmung seines eigenen Seins sich bemerklich machen, und so sehen wir denn den Menschen, falls er allein (von sich und für sich) nur wissen will, demselben Idiotismus anheimfallen, welchem er anheim fällt, falls er allein lieben und die empfangene Liebe in sich beschließen, d. i. auch hier wie dort die drei Personen der Sozietät in seiner einzelnen (als Monodram) agieren will.

zuzuschreiben. Letztere (der Mensch) *ist* nämlich nicht die Vernunft, sondern er *hat* sie nur, oder er *hat sie nicht*, je nachdem er der absoluten, göttlichen, allein seienden Vernunft teilhaftig wird oder nicht. Wenn nun schon behauptet werden muß, daß die Vernunft als Anlage zu dieser Teilhaftwerdung in allen intelligenten Creaturen disseminiert sich befindet, so tritt dieselbe doch als wirkliche und wirkende Macht (objektiv, somit als Autorität für jeden und für alle) weder im einzelnen Menschen als solchem, noch in einem bloßen Aggregate solcher einzelnen Menschen, sondern nur da hervor, wo wir diese mehreren Menschen sich in eine sozialorganische Einheit formieren sehen*, sei es nun in die Einheit einer Familie, eines Stammes, eines Volkes (Zunge), sei es in die mehrerer (aller) Völker als einer Gemeine (Kirche). – Wie nun aber eine organische Union nicht ohne Subordination (des Leibes oder der Peripherie seinem Haupt oder Zentrum) statt finden, d. h. wie eine solche Union nicht akephal sein kann, und wie die Schrift selbst den Logos als Oberhaupt vorstellt, unter welchem alles, was im Himmel und auf Erden ist, organisch (vernünftig) befaßt werden soll (ad Ephes. 1, 10.); so ergibt sich, daß der Begriff der Vernunft so wenig jenem einer Autorität widerspricht, daß vielmehr beide als Gestirne sich uns zeigen, welche über dem Horizont unseres Geistes nur zusammen auf- und nur zusammen untergehen können; indem, nach dem eben nachgewiesenen Gesetze der Innewohnung der Vernunft, jeder einzelne Mensch sich dieser entzieht, so wie er sich einer jener organischen sozialen Einheiten entzieht, womit die aus der Begründung durch letztere sich herauszusetzen strebende Vernunft des einzelnen Menschen zur antisozialen und autoritätslosen Unvernunft sich verkehrt und herabsetzt; endlich ergibt sich aus dem Gesagten, daß jeder gegen Autorität überhaupt eingelegte Protest nur gegen die falsche und

* D. h. in einen sozialen Leib (corps), womit der Begriff des Esprit du corps klar wird, indem es sich zeigt, daß der soziale Spiritualismus, welcher einen Geist ohne Leib (eine innere Kirche z. B. ohne eine äußere) statuiert, ebenso falsch ist, als der eigentlich psychische.

usurpierte Autorität und gegen deren Mißbrauch vernünftiger Weise gemeint sein kann. – Denn freilich würde es ein arger Mißbrauch dieser Autorität sein, falls man sie im heidnischen und nicht im christlichen Sinne nehmen wollte, nämlich im Sinne einer absoluten Unterwerfung des Leibes unter sein Haupt, wo dieses keinen Herrn und kein Gesetz über sich anerkennt und nicht im christlichen Sinne, wo beide, Haupt und Leib, dadurch wieder von einander frei und einander gleich* werden, daß sie beide einem und demselben Höhern und Höchsten untergeordnet werden, welchem das Haupt sowohl als der Leib, jenes herrschend, dieses dienend, dient und gehorcht, so daß es eigentlich nirgends der einzelne Mensch mehr ist, welcher bloß seinesgleichen, einem andern einzelnen Menschen, folgt, dient und glaubt. Ich habe übrigens bereits bei einer anderen Gelegenheit nachgewiesen, wie das Christentum auf solche Weise die Sozietät befreite**, wie seit seinem Eintritt in die letztere das Herrschen zum Dienen, das Beherrschtwerden zum Bedientwerden sich umgestaltet hat

* So steht überall in der Schöpfung das eine Geschlecht, wie überhaupt das eine Glied des polarischen Gegensatzes zwar unter dem andern, aber diese Subordination wird im Akt ihrer Konjunktion, d. i. ihrer beiderseitigen Unterordnung unter ein und dasselbe ihnen beiden Höhere wieder zur Koordination ausgeglichen, und wer folglich die Subordination (Ungleichheit) der sich so vereinenden Gegensätze aufhöbe, würde eben so ihre Ausgleichung durch und in ihrer Konjunktion unmöglich machen, als er dieses letztere durch Aufhebung ihrer beiderseitigen Subordination unter ein und dasselbe Höhere bewerkstelligen würde. So ist z. B. der intelligenten (selbstischen) Natur und Creatur die nichtintelligente oder selbstlose (dem Himmel die Erde, der Seele der Leib, eigentlich dem Geist die Seele, dem Mann das Weib) zwar subordiniert, aber beide sind wieder einem und demselben Gott (Schöpfer beider) subordiniert, und nur in dieser Subordination in Eintracht oder ausgeglichen. So wie die intelligente Creatur eben darin, daß sie sich von ihrer inneren wie äußeren selbstlosen Natur ebensowenig loszumachen, als letztere der unmittelbaren Subordination unter Gott zu entziehen vermag, jene Reaktion gegen ihre Selbsterhebung gegen Gott findet, die sich in der Sozietät nicht minder bemerklich macht.

** So sagte schon Tertullian von seinem Kaiser: Dicam plane imperatorem dominum. Caeterum liber sum illi. Dominus enim meus est Deus omnipotens et aeternus, idem qui et ipsius. – Die heidnische Freiheit verhält sich übrigens zur christlichen, wie die heidnische Humanität zur letzteren, wonach sohin der Begriff der Humanität, wie ihn die Schule auffaßt, zu rektifizieren ist.

und wie selbst jede Krone in dieser Hinsicht zur Dornenkrone geworden ist. – Hat man nun aber die organisch-assoziierende Funktion der Vernunft, so wie ich sie hier zwar nur mit kurzen Zügen darstellte, begriffen, so sieht man auch ein, daß, so wie die wechselseitige Freiheit und Selbständigkeit jedes einzelnen Gliedes eines Organismus von und gegen jedes andere (unbeschadet ihrer relativen Subordination und Koordination, weil durch diese eben vermittelt) mit ihrer Einigung (ihrem Verband oder Zusammenhang) identisch ist*, dieselbe Identität des Einverständnisses und der wechselseitigen Selbständigkeit auch für die Gemeinschaft der Intelligenzen in ihrer Subordination und Koordination gilt; wie denn die öffentliche Überzeugung der Sozietät die individuelle oder private aufrichtet, begründet und befreit, anstatt sie, wie man gewöhnlich vorgibt, zu binden und niederzuhalten, und durch diese Vermittelung des einzelnen durch das Allgemeine nur eine Bewährung des ersten zustande kommen soll. – Dem Gesetze des Christentums: date et dabitur vobis, d. h. dem Gesetze jeder vernünftigen Gemeinschaft steht daher der ebenso wahre Satz entgegen: »Nimmst du (entziehst du) dich der Gemeinschaft (im Erkennen, Wollen und Wirken), so nimmt auch diese dich dir, und dieses immer erneute tantalische Sichsetzen gegen die Gemeinschaft, weil immer wieder Aufgehoben-werden von ihr macht eben die Kontinuität der Selbverzehrung (Etisie) eines solchen selbsüchtigen Separatisten, so wie umgekehrt das sich immer erneuernde Selbstaufheben (Sich-lassen) in der und an die Gemeinschaft, und das immer wieder Sichgegeben- oder Gesetzt-Werden von ihr, die Kontinuität der Substanzierung als Einverleibung des einzelnen ins gemeinsame Eine macht**. – Von diesem hier nachge-

* Sowie die freie, weil von innen aus oder von oben gehende Verbindung (amor seu unio descendit) nachläßt, so tritt die nur äußere Zwangsverbindung hervor, welche in dieser Abstraktheit von jener innern (der Liebe) notwendig unfrei, drückend und spröde sich zeigt.

** Nur wer sein einzelnes Leben an die Gemeinschaft verliert, der wird es in ihr finden.

wiesenen Gegensatz einer freien und einer unfreien Verbindung der Gliedmaßen eines Organismus sowie der Individuen einer Sozietät finden wir eine nachdenkenerregende Erläuterung an jener physiologischen Entdeckung, gemäß welcher die einzelnen Glieder des Tierkörpers nur darum nicht von einander völlig frei (jedes für sich beweglich) sind, und gemäß welcher diese freie Selbstbeweglichkeit nur darum in dem menschlichen Körper beobachtet wird, weil dieser aufrecht steht, nicht aber jener. Denn es ist dasselbe Aufgerichtetsein oder dieselbe Aufrichtigkeit im höheren Sinne, welche auch die Kräfte (Glieder) der Intelligenz frei macht, so daß die Worte: Aufrecht, Recht, ὀρθός, Orthodoxie, Orthosophie etc. hier ihre wahre Bedeutung erhalten, das: sursum corda (ad Dominum) das Gesetz für alle freien Verbindungen ausspricht, und der Begriff des Rechtes selbst somit religiösen Ursprungs (als Richtung zu Gott) sich erweist.

Indem ich mich nun zur Beleuchtung eines zweiten Irrtums wende, nämlich jenes, welcher die unvernünftige Vorstellung einer Freiheit ohne Begründung an's Licht brachte, und das Begründende dieser Freiheit mit dem sie Hemmenden vermengt, will ich nur noch in bezug auf den soeben entwickelten Begriff der Autorität* folgende zwei Bemerkungen Ihrem weitern Nachdenken anheimzustellen mir erlauben. Es ist nämlich erstens nicht zu leugnen, daß jeder in die Gesellschaft ein-

* Was ein einzelner Mensch nicht von sich hat, (Autorität über alle andern) das haben alle zusammen auch nicht, und diese Autorität kann darum so wenig durch Delegation oder Summierung (Stimmenzählen) zustande kommen, als wenig die Summe aller nicht selbständigen (nicht in sich ruhenden, folglich schweren) Körper einen selbständigen (in sich ruhenden, folglich nichtschweren und tragenden) Körper gibt, wenn schon die Physiker noch das Gegenteil meinen, oder so wenig als die Summe aller Geschöpfe (wie die Pantheisten glauben) einen Schöpfer gibt. Das Zentrum ist nämlich nicht die *Summe* aller Peripherie-Punkte, sondern steht als *Inbegriff* der letzteren *über* ihnen; und der Apostel sagt darum: »Omnis potestas (auctoritas) a Deo (auctore)« und nicht: a Populo. Wie die selbstlose Natur nicht allein (ohne Gott) entstand und besteht, so auch die menschliche Gesellschaft nicht. Gegen diesen Grundsatz der religiösen Sozietäts-Philosophie (universus moralis mundus a Deo) protestiert nun die irreligiöse Sozietäts-Philosophie, in dem sie die Behauptung aufstellt: universus moralis mundus ab Homine.

tretende (in ihr erwachende) Mensch eine solche Autorität oder öffentliche Überzeugung schon vorfindet, sie also so wenig erst zu machen hat, als er sie ignorieren kann, obschon er auf sie nicht zu hören oder hörlos sich ihr zu entziehen vermag, welcher Entziehung und welchen Abfalls er sich als eines freien Aktes, sowie der Motive desselben, jedoch wohl bewußt ist und bleibt. Sodann muß zweitens bemerkt werden, daß, wenn die Vernunft des Menschen nur in ihrem gemeinsamen (zentralen) Einverständnis aufzugehen vermag, diese Zentrierung aber ihre innere und äußere Begründung (als Autorität) voraussetzt, letztere freilich nicht wieder der subjektiven Einsicht oder dem Privaturteil und Belieben jedes einzelnen unterworfen, sohin ein bloßes Ergebnis des letztern sein kann und darf. –

Daß die Freiheit der Intelligenz nicht ohne eine Begründung und zwar nicht ohne innere und äußere Begründung zugleich denkbar ist, habe ich bereits früher bemerklich gemacht. Aber jede Begründung bringt als Gesetzlichkeit den Begriff einer Bestimmung, Negativität oder Schranke bereits mit sich*, welche Wahrheit auch der Dichter mit den Worten ausspricht:

»In der Beschränkung zeigt sich erst der Meister,
Und das Gesetz nur kann die Freiheit geben!«

Der Begriff der Freiheit der Creatur als einer Gabe ist indes bis dahin schier allgemein unklar und unganz erfaßt worden, weil man jenen ihrer Begründung insofern unvollständig erfaßte, als man nur den einen, negativen Teil letzterer, nicht aber auch den positiven Teil (die Gabe der das Gesetz erfüllenden Kraft) beachtete. Eben diese Nichtbeachtung des positiven Teils der Begründung jeder Freiheit** ist es, welche

* Diese Schranke gibt sich aber auch als solche oder als Zwang nur in der äußeren, nicht in der inneren Begründung kund, und zwar nur gegen jene Creatur, welche bereits ihrer inneren Begründung sich entzog. Die das Gesetz erfüllende Liebe hebt darum den Zwang des Gesetzes auf, weil sie als innerlich über jenem steht. Fata volentem ducunt, nolentem trahunt.

** Man käme freilich am leichtesten und wohlfeilsten weg, falls es zur Begründung der intellektuellen und bürgerlichen Freiheit und Wohlfahrt mit dem negativen Teil derselben, d. i. mit einer Gesetzesbestimmung, schon getan seit Pelagius jenen falschen Begriff der Freiheit aufbrachte, mittelst dessen man die Moral von der Religion (Gabe oder Gnade) erst los machen, und dann, als lediglich durch den negativen Begriff des Gesetzes begründbar, als eine selbständige Doktrin gegen letztere behaupten zu können vermeinte, bis man endlich in unsern Zeiten so weit ging, eine völlig antireligiöse, und zwar nicht etwa eine bloß deistische, sondern selbst eine atheistische Moral aufstellen zu wollen, wie denn unsere Autonomen sowohl die Notwendigkeit einer Gabe zur Erfüllung des Gesetzes leugnen, als auch dieses Gesetz selbst nicht für ein uns von einem höhern, folglich von uns unterschiedenen Wesen Aufgegebenes, sondern für ein Selbstgemachtes und Selbstsichgegebenes deklarieren. – Dies ist aber eine alle Religiosität und Moralität radikal zerstörende Irrlehre*, welche wenigst nicht so leicht sich verbreitet haben würde, falls es den Theologen unserer Zeit gelungen wäre, den dermaligen Zustand der Verderbtheit und Impotenz unserer menschlichen Natur im Gegensatze eines vergangenen, primitiven, unverdorbenen oder Unschuldstandes, so wie in jenem eines künftigen Zustandes der Vollendung (status gloriae) in ein helleres Licht zu setzen. Es läßt sich nämlich unschwer nachweisen, daß der intelligenten Creatur in ihrem primitiven Zustande kein Gesetz aufgegeben sein konnte, ohne daß ihr zugleich die zu dessen Erfüllung erforderliche Lust und Kraft als freie Gabe zur freien Annahme dargeboten ward, und daß es folglich nur ihre eigene Schuld, und ihr eigenes Werk ist, wenn ihr nun, nachdem sie von jener Gabe (Gnade) zur Erfüllung des Gesetzes freiwillig

wäre. – Übrigens wird durch diese Darstellung klar, warum es uns bisher an einer genügenden Theorie der Freiheit der intelligenten Creatur gebrach, weil man nämlich 1) die Notwendigkeit einer äußeren Begründung zugleich mit einer inneren nicht klar einsah, 2) weil man häufig das innerlich oder äußerlich Hemmende der Freiheit mit dem sie Begründenden vermengte, und weil man 3) den positiven Teil der inneren wie der äußeren Begründung über dem Negativen, das Geben, Bekräftigen und Erfüllen über dem Nehmen und Beschränken außer Acht ließ.

* Schon Leibniz sagte, daß die letzte Häresie der Atheismus sein werde.

keinen Gebrauch gemacht hat, diese als der positive Teil der Begründung ihrer Freiheit sich ihr entzog, und somit nur der negative Teil derselben (der Imperativ des Gesetzes als Solltun und Sollhaben) ihr zurückblieb*. Da nun aber unsere Moralphilosophen diesen unsern dermaligen zweiten Zustand für den primitiven oder normalen nehmen, so können sie auch keinen andern Gott, als höchstens den gesetzgebenden für den Menschen statuieren (lex est res surda et inexorabilis), und der helfende, Kraft und Leben gebende Gott der Christen (die göttliche Charis) muß ihnen nicht nur als ein nichtnatürliches oder übernatürliches Wesen erscheinen, sondern sogar als ein widernatürliches, jener, ich möchte sagen, wahrhaft christlichen Definition des Heiden Plinius entgegen: »Deus est mortali juvans mortalem!« – Wenden wir das hier Gesagte auf den Begriff des Dogma als eine Zentraldoktrin an, so wird sogleich klar, daß, falls man dasselbe auch nur von seiner negativen Seite, als inamovibles Gesetz der Intelligenz, betrachtet, ein solches Dogma oder eine solche Zentraldoktrin darum doch keineswegs und so wenig als ein die freie Entwicklung der Intelligenz Hemmendes betrachtet werden kann, als wenig die Inamovibilität des Urbildes eines Organismus das freie Wachstum desselben hemmend betrachtet wird. Sodann wird aber auch hieraus begreiflich, wie die Freiheit des Erkennens so wenig, als jene des Wollens und Schaffens durch das Gesetz im engern Sinne allein und ohne eine positive Gabe (hier der Erleuchtung) vollständig begründet wird, so wie es gewiß ist, daß das Dogma nicht nur unsere Erkenntnis gesetzlich bestimmt, sondern ihr auch Licht gibt, und daß, wo dieses nicht der Fall ist, der Mensch diesen Mangel der Erleuchtung nur sich selber zuzuschreiben hat, indem er selber sich dem Zugange jenes Lichtes verschloß, welches im primitiven Zustand ihm offen stund. – Nur in Folge des bis-

* Suo modo wiederholt sich dieser Vorgang bei jedem einzelnen seiner Unschuld verlustig werdenden Menschen, sowohl was sein Wollen, als was sein Erkennen betrifft.

her nachgewiesenen Irrigen und Falschen in dem herrschenden Begriffe der Freiheit und Intelligenz konnte es endlich dahin kommen, daß selbst wissenschaftliche Theologen sich jenen famösen, bis dahin unerhörten Gegensatz des Rationalismus und Supernaturalismus, als ob es mit ihm seine volle Richtigkeit hätte, gefallen ließen, da es ihnen doch leicht gewesen sein sollte, die diesem Gegensatz zum Grunde liegende unlogische und unvernünftige Konfundierung des Übernatürlichen oder, wenn man will, der Creatur Übervernünftigen (Transzendenten) mit einem Widernatürlichen oder Widervernünftigen nachzuweisen. Was nämlich über meine Erkenntnis, mein Vermögen oder meine Natur ist, das ist darum so wenig wider oder gegen dieselben, als wenig die Lebensgesetze, welche doch unleugbar über den anorganischen stehen, gegen letztere sind, als wenig der in seiner Vollendung naturfreie (nicht etwa naturlose) creatürliche Geist, indem er als solcher zwar übernatürlich (supranatural), darum widernatürlich ist, oder endlich als wenig Gott, als Vollender und Integrator der Natur, über dieser seiend, wider und gegen sie ist. Gott, sagt Tauler, ist ein Vollender, nicht ein Zerstörer der Natur. Auf demselben Mißverständnis beruht denn auch, um es hier im Vorbeigehen zu bemerken, jener alte immer wiederkehrende Gegensatz des Glaubens und Wissens, welchen bereits Thomas von Aquino mit den Worten aufhob: »Nemo credit contra rationem, quia veritas veritati non contradicere potest«; so wie dasselbe früher Augustinus getan mit der Behauptung: »Nemo credit nisi volens.« Der Mensch weiß nämlich auch nicht wollend und sohin findet zwischen seinem unwillkürlichen Wissen und freiwilligen Glauben eigentlich nie ein Widerstreit statt (obschon er sich und anderen häufig einen solchen Widerstreit weiß machen will), wohl aber zwischen seinem Glauben und Glauben; woraus folgt, daß die Religion oder Kirche, den Glauben des Menschen in Anspruch nehmend, nicht die Aufgabe seines wahrhaften Wissens, sondern nur jene eines anderen (schlechten) Glaubens gegen einen guten Glauben von ihm fordert*. Es verhält sich folglich mit dem Glauben, wie es sich dem Gesagten gemäß mit der Autorität verhält, indem gleichfalls das Negieren der einen Autorität nur das Affirmieren einer anderen bezweckt. –

Wenn ich übrigens bisher der vernünftigen Freiheit der Bewegung der Intelligenz in der Sozietät das Wort sprach und nachwies, wie sich dieselbe mit der freien Entwicklung der Religiosität allerdings verträgt**, so bin ich doch weit entfernt, den Zustand der Anarchie und Losgebundenheit aller Meinungen und Doktrinen *(denn auch das Verbrechen hat nun seine öffentliche Doktrin und sein gedrucktes System)*, in welchen die Sozietät dermalen hineingeraten ist, nicht für ein schreiendes Übel derselben und für das Skandal unserer Zeit anzuerkennen, muß aber zugleich mit einem geistreichen neueren französischen Schriftsteller (dem Herausgeber des »Catholique«) bemerken, daß, da dieses Übel bereits geschehen ist und sich in seinem ganzen Umfange verbreitet hat, unsererseits nichts Wirksameres dagegen mehr unternommen werden kann, als daß wir uns eifrig bestreben, aus diesem einmal vollbrachten Bösen ein neues wahrhaft Gutes wieder hervorzuführen, d. i. für die wahre Doktrin eine tiefere Begründung und folglich siegreichere Erhebung, als bis dahin geschah, zu bereiten. Ein Bestreben, an dessen Gelingen wir, falls wir dem Wahlspruche unsers allverehrten Monarchen getreu, das Wahre und Rechte mit Beharrlichkeit und Eintracht zu verfolgen,

* Mit den Worten: »Rationabile sit obsequium vestrum« hat der Apostel bereits der legalen Opposition ihren Standpunkt und ihre Schranke angewiesen. Reformatio (Protestatio) fiat intra Ecclesiam.

** Nur im Vorbeigehen bemerke ich hier, daß die Freiheit der Intelligenz in jeder ihrer Bewegungen (somit sowohl in bezug auf den religiös-kirchlichen, als szientifischen Verkehr) sich mit keiner Territorialbeschränkung verträgt; eine Beschränkung, welche die intellektuelle Verarmung jener Nationen, gegen welche sie geltend gemacht wird, notwendig bewirken muß; da aber auch hier der Spruch gilt, daß nur der Geist, nicht die Masse es ist, welcher eine Nation kräftig macht, so muß ihre intellektuelle Verarmung notwendig auch ihre politische Schwäche herbeiführen.

um so minder zweifeln können, als wir hiemit, der Assistenz Gottes gesichert, uns zu Seinen Mitwirkern (ministri) erheben; weil es ja eben das Tun Gottes ist, das Böse zum Guten, den Irrtum zur Manifestation der Wahrheit zu wenden, und man in dieser Hinsicht sagen muß, daß, so wie der Böse als solcher eigentlich *nie ist*, nämlich nur immer nieder- und zurückgehalten bleibend im lediglich subjektiven tantalischen Streben, wirklich d. h. der absoluten Allwirklichkeit teilhaft zu sein, auch das Böse, als solches, d. h. als letzter Zweck eigentlich *nie geschieht*, weil es sich immer zum Mittel eines geförderten Guten verkehrt. Als die Sozietät zur Zeit des Verfalls der römischen Weltherrschaft einer gänzlichen Verwesung heimzufallen drohte, da hatte man allerdings Grund, an der Wiederbelebung und Wiederauferstehung derselben zu verzweifeln, weil niemand in dieser anscheinenden Gottesferne den helfenden und errettenden Gott so nahe sich zu denken vermochte, als Er es doch wirklich war, wie Er denn mitten in der tiefsten Nacht und über dem Chaos der Sozietät als eine neue Sonne aufging. Jetzt aber, nachdem diese Sonne bleibend am Himmel steht, wenn auch neuerdings durch finstere Erddünste unserem Auge verhüllt, würde es feiger und unvernünftiger Unglaube sein, falls wir, uns der Verzweiflung neuerdings überlassend, unseren Glaubensmut nicht an der vielmal bewährten und aus den Tiefen unserer Religionsdoktrin selbst geschöpften Überzeugung aufrecht erhalten würden, daß seit dem Eintritte jener welterrettenden Epoche jeder neue Moment einer solchen anscheinenden, wenn auch selbst verschuldeten, größeren Gottesferne doch nur eine tiefere Rezeptivität und folglich herrlichere Manifestation Gottes uns zu bereiten bestimmt ist. Wie denn nur die anscheinend tiefste Gottverlassenheit und Leere (Eloi, Eloi, lama sabachtani) die innigste Vereinigung Gottes mit der menschlichen Natur herbeiführen konnte!

Lassen Sie uns also zwar nicht über die Größe jenes Übel uns täuschen, von dem hier die Rede ist, und dasselbe etwa gar, wie so viele unserer Zeit tun oder zu tun affektieren, ignorieren. Lassen Sie uns auch andererseits die Einsicht fest halten, daß aller gegen dieses Heer der einmal losgelassenen Meinungen und Doktrinen versuchter Zwang wenigst zu spät kommen und seinen Zweck sicher verfehlen würde, wie ihn an mehreren Orten und bei mehreren Gelegenheiten, wo von einem solchen Zwang in neuerer Zeit Gebrauch gemacht wurde, bereits gänzlich verfehlt hat, indem er anstatt der Förderung und siegreichen Erhebung der wahren Doktrin, von welcher doch allein der Sieg über diese falschen und schlechten Doktrinen zu erwarten steht, nur dem heuchelnden Scheine und jener erbärmlichen Mittelmäßigkeit sich förderlich zeigte, welche, ihre eigene petite santé auch der guten Sache zumutend, unter dem Vorwande, die bewegten Geister zur Ruhe zu bringen, mit wahrer Sthenophobie jede markierte Kraftäußerung erstickt und niederhält, durch Hemmung jeder Evolution, somit gründlich, die revolutionäre Reaktion unterhält, und indem sie den bereits der Entscheidung nahe getretenen Kampf der guten Sache mit der schlechten einstellt, den Sieg der ersteren gänzlich unmöglich macht. Nur da, wo eine Doktrin noch ausschließend herrscht, welche seit langer Zeit sich im Besitze der Sozietät erhielt, ist es tunlich, dieselbe mit Macht gegen neue Angriffe aufrecht zu halten, nicht aber geht es mehr an, zur Zeit einer eingetretenen allgemeinen Anarchie der Meinungen und Doktrinen irgend eine derselben durch einen bloßen Machtspruch sofort wieder zur souveränen erheben zu wollen, und wenn schon dieser Zustand der Anarchie der Meinungen ein peinlicher und widervernünftiger ist, weil die Vernunft ihrer Natur gemäß überall zur Einheit, d. h. zur Universalität (Katholizität) der Doktrin strebt, so dürfen und können wir uns doch so wenig diesem einmal (durch unsere eigene Schuld) ausgebrochenen Kampfe wieder entziehen, als wir dessen Beilegung auf einem anderen Wege erwarten dürfen, als auf dem, daß die eine wahre und heilbringende Doktrin, durch große Talente und hohe Tugenden neu bekräftigt, sich über dieser trüben, geistigen Sündflut wieder siegreich erheben und die Sozietät restaurieren wird. Diese Wahrheit scheint in unsern Zeiten besonders den Verwaltern der Religion in Erinnerung gebracht werden zu müssen, und daß sie nur durch neue, große und edle Anstrengungen des Kopfes wie des Herzens sich in Stand gesetzt sehen werden, die der Religion des Lichtes wie der Liebe entfremdeten Geister und Gemüter ihr wieder zu gewinnen: eine Entfremdung, welche doch unleugbar nicht in diesem Maße statt gefunden haben könnte, falls die Wächter Zions ihrer Pflicht immer getreu geblieben wären! – Nur indem sie, diese Verwalter der Religion, dieselbe alleinige und nie alternde Wahrheit gegen neu aufgebrachte Doktrinen auch neu verteidigen und den Irrtum nicht bloß verbieten, sondern ihn gründlich widerlegen werden, wird es ihnen gelingen, den verderblichen Einfluß jener Doktrinen auf die öffentliche Meinung zu paralysieren, den usurpierten Szepter der Weltherrschaft ihnen wieder zu entreißen, und mit den lange genug mißbrauchten und allerdings großenteils der Kirche selbst nur entwendeten Waffen der Intelligenz jene als mit einer Siegesbeute wieder zu schmücken. – Aber auch wir Laien sollen es uns gesagt sein lassen, daß nur durch vereinte Bemühung des weltlichen Gelehrten mit dem Priester das große Problem unserer Zeit, – das Problem der Reunion, Restauration und Weihe der Wissenschaft durch Religion, so wie der Bekräftigung der Religionsdoktrin durch die Wissenschaft gelöst werden kann, und ich freue mich in dieser Hinsicht auf die weltgeschichtliche Bedeutung der Hieherverlegung der Ludwig-Maximilians-Universität sowohl das Inland, als das Ausland aufmerksam machen zu können, weil es unter den obwaltenden Auspizien ihr nicht mißlingen kann, sowohl dem *Nihilismus,* als dem *Obskurantismus* unserer Zeit, d. h. sowohl dem für die Religion destruktiven Mißbrauch der Intelligenz, als der gleich schlechten, teils aus Wissensscheue, teils aus Verachtung des Wissens hervorgehenden Inhibition ihres Gebrauches mit Erfolg entgegen zu wirken. Denn nur ein Monarch, dessen Herz ebensosehr für die Sache der Religion glüht, als sein Geist und Gemüt, vertraut mit den Tiefen der Wissenschaft und Kunst, beiden hold ist, nur ein Monarch, welcher sich bestimmt darüber aussprach, daß Er auf keine Weise den Mißbrauch der Intelligenz durch Einstellung ihres Gebrauchs eingestellt wissen will, und welcher, dem Unglauben wie dem Aberglauben gleich feind, ebensowenig will, daß Sein Volk auf Kosten seiner Religiosität wissend, als daß es auf Kosten seines Wissens religiös sein soll, – nur ein solcher Monarch, sage ich in voller, patriotisch stolzer und kühner Überzeugung, ist es allein, unter dessen Schutz und Walten jener weltversöhnende Bund zwischen Priester und Gelehrten wieder sich zu schließen beginnen kann und wird! So wie nämlich der aufrichtige Bund des wahren Priesters und des wahrhaften Gelehrten der Segen der Welt ist, so ist umgekehrt das Einverständnis des ausgearteten Priesters (des Pfaffen) mit dem ausgearteten Gelehrten (dem Sophisten) der Fluch und das Unglück der Welt, und zwar ein ungleich größeres Unglück, als jenes der Beunruhigung der Welt durch ihre offene Zwietracht. (1)

Über das dermalige Mißverhältnis der Vermögenslosen oder Proletairs zu den Vermögen besitzenden Klassen der Sozietät.

Fiat justitia et conservetur societas.

Wie es zu jeder und besonders zu unserer Zeit zweierlei Konservative in Kirche und Staat gibt, so auch zweierlei Reformer oder Protestierende, von welchen letzteren die einen Abstellung der Verunstaltungen und Mißbräuche in Kirche und Staat wollen, um beide zu erhalten*; den anderen dagegen

* Die Maxime: »daß man in den bestehenden Sozial-Instituten (die religiösen und wissenschaftlichen mit inbegriffen) alles beim Alten lassen soll«, schließt die

diese Mißbräuche und Verunstaltungen willkommen sind, teils weil sie ihren Vorteil davon ziehen, teils weil sie eben dadurch Kirche und Staat radikal zerstören zu können hoffen. Von dieser letzteren Klasse der Reformer, welche sich auch Liberale zu nennen pflegen, gilt sowohl in Betreff ihrer generatio aequivoca als ihrer Propagation: »ubi cadaver, ibi aquilae«, d. h. wo ein böser Schaden ist, da wachsen von selbst Würmer, und wo durch schlechte Forstwirtschaft das Holz absteht, da kömmt der Borkenkäfer*. Kirche und Staat können darum zu jeder Zeit nur mit Hilfe der ersten Reformer, nämlich der positiven, der zweiten negativen sich erwehren, und nur in einer solchen nachdrücklichen und aufrichtigen *Assistenz der Evolution der Sozietät,* nicht aber im Mangel derselben, oder wohl gar in einer Resistenz wider selbe, kann, besonders in unserer Zeit, eine wahrhafte Contrerevolution

Aufgabe in sich: »Nichts veraltern zu lassen«, weil dieses ein Sich-Verändern, oder ein Nicht-beim-Alten-Bleiben ist, und somit ein beständiges entgegenwirkendes Verändern zum Behufe der Konservierung nötig macht. Das wahre Prinzip der Konservation besteht aber darin, daß man sich nie erlaubt, den Faden der Geschichte (Tradition) abzureißen (einen neuen Kalender anzufangen), quia verum vero, justum justo, sagt Thomas *Aquin,* non contradicere potest, und daß man die Ausgleichung der Vergangenheit mit der Zukunft nur durch ihr beständiges Ineinanderführen bezweckt. Duobus litigantibus tertius gaudet. – So z. B. verglich Christus sein Wort und seine Lehre mit einem Samen, den seine Jünger ausstreuen und ins Wachstum zu bringen haben, so daß das Christentum immer Neues an Tag bringen sollte. Die Menschen machten aber eine Reliquie, Mumie oder Antiquität daraus, wie denn ihre gewöhnlichen Dogmatiken nur herbaria sicca und dürre Samen-Kollektionen sind.

* Verständige Katholiken und Protestanten werden mir z. B. zugeben, daß es ebenso falsch sein würde, den Protestantismus für die Gesundheit oder Genesung der Kirche zu erklären, als zu behaupten, daß der Katholizismus sofort kerngesund wäre, falls er nur des Protestantismus wieder los würde, weil, wenn auch dies geschähe, dieselbe Krankheit des Katholizismus sofort in irgend einer andern Folge sich kund geben würde. Dasselbe läßt sich aber suo modo auch vom Staat und seinen Reformatoren sagen. Was übrigens die hier bemerkte Krankheit betrifft, so ist nicht zu leugnen, daß auch, und zwar hauptsächlich, das Eingegangensein des Kirchenlehramts (im ältesten wissenschaftlichen Sinne) und die hieraus entstandene petite santé eines großen Teils des Klerus ihn gegen seinen Feind (die antireligiöse Intelligenz) mutlos gemacht, hiemit aber ihn teils dem politischen Servilismus, teils dem intellektuellen Obskurantismus zugewendet hat, welche doch beide der Würde und der Selbständigkeit des Priesters, als Lehrers einer Weltreligion, zuwider sind.

Bestand haben. Und wenn Regenten und Regierte, wie nicht zu leugnen ist, dermalen sich wechselseitig gegen- und voneinander unfreier befinden, als dieses früher der Fall war, so können beide eine Lösung dieses ihres gespannten Verhältnisses nur dadurch herbeiführen, daß sie beide den Beratungen des liberalen nicht minder als jenen des servilen Absolutismus für immer ihr Ohr verschließen, anstatt, wie dieses bisher oft genug geschah, entweder wechselweise für den einen gegen den anderen Partei zu nehmen, oder durch eine *Komposition* (juste milieu) von beiden, d. h. durch eine doppelte Lüge, beiden begegnen zu wollen. Denn beide sind nicht nur, jeder für sich, rechtsverletzend und also antisozial, sondern sie sind in solidum gegen das Freiwalten des Rechtes verbunden. Weswegen jener, welcher den Servilismus widerlegt, nichts für den Liberalismus, jener, welcher diesen widerlegt, nichts für jenen beweist; woraus man aber auch begreift, daß so, wie der Pharisäismus und Sadduzäismus, obschon unter sich uneinig, doch in der Nichtbefreiung der Wahrheit einig sind, ja wie der Übertritt oder die Bekehrung (Verführung) eines Sadduzäers zum Pharisäer, dieses zu jenem sehr leicht ist – dasselbe für den Servilismus und Liberalismus gilt, welche sich gleichfalls beide zur Nichtfreiwerdung des Rechts, ihres Familienzwistes ungeachtet, verbinden.

Wenn man schon fast allgemein die teils wirklich bereits geschehene Revolutionierung (welche sich dermalen an mehreren Orten gleichsam in via humida als *Dissolution fortsetzt,* so wie wir z. B. in Amerika die Feuervulkane zu Schlamm- und Stickluftvulkanen werden sehen), teils die schier überall bestehende leichte Revolutionierbarkeit oder Entzündbarkeit der Sozietät in unserer Zeit einem solchen in ihr haftenden Schaden oder Krankheit mit Recht zuschreibt, so halte ich mich doch überzeugt, daß man über die eigentliche Natur dieser Krankheit noch ziemlich im Dunkeln ist und daß die tiefer liegende Wurzel dieser krankhaften Revolutionierbarkeit keineswegs, wie noch allgemein geglaubt wird, in einem

Mißverhältnis der Regierungsformen zu den Regierten zu suchen ist (so daß also durch Umformung der Regierungen oder gar durch Wechsel der Regierenden dem Übel abzuhelfen wäre), sondern *in einem bei der dermaligen Evolutionsstufe der Sozietät, ihrer Gesittung und Lebensweise eingetretenen Mißverhältnis der Vermögenslosen oder der armen Volksklasse hinsichtlich ihres Auskommens zu den Vermögenden,* welches Mißverhältnis hinwieder mit jenem zwischen der Geld- und Naturalwirtschaft (in Besitz, in Abgaben und Löhnungen) nach ihrer materiellen Seite zusammenhängt, was bereits mit der Entdeckung Amerikas in Europa seinen Anfang nahm, sich aber dermalen auf die Spitze getrieben hat.

Die französischen Revolutionäre meinten bekanntlich, oder gaben wenigstens beim Volke vor, dieses Mißverhältnis der Armen und Reichen durch Gleichstellung beider, d. h. durch Abschaffung des Reichtums und folglich auch der Armut aufheben zu können, als ob, falls heute alle Menschen gleich vermöglich wären, nicht morgen wieder dieselbe Ungleichheit einträte. Was denn auch von ihrem Projekt gilt, die Ungleichheit des Regierens und Regiertwerdens aufzuheben, so daß sie durch alle ihre sinnlosen und verbrecherischen Experimente nur immer tiefer aus dem Regen in die Traufe gekommen sind, und beide diese Ungleichheiten ihnen *nur unleidlicher, aber nicht minder unvermeidlich* geworden sind.

Ich behaupte aber ferner, daß es sich hier (nämlich in Betreff der Proletairs) dermalen weder um eine bloße *Wohltätigkeitsanstalt* (so sehr auch solcherlei Anstalten Lob verdienen), noch um bloße *Polizeianstalten* (so notwendig auch solche hie und da geworden sind) mehr handelt, weil beide nur Palliative des Übels sind, sondern um eine *Rechtsanstalt,* so daß also hier im allgemeinsten Sinne jener Zuruf eines Redners im Unterhause zu London (bei Gelegenheit der kürzlich zur Sprache gekommenen irländischen Beschwerden der Katholiken, d. h. des bei weitem größeren Teils der Nation) gilt: »Seid gerecht gegen sie (die Irländer), so werdet ihr eure eigene

Ruhe sichern.« – Bekannt ist nämlich, daß der Jakobinismus oder Revolutionismus sich eben nur der vermögenslosen Volksklasse, als gleichsam ihrer stehenden Armee, in ihren Angriffen auf die Ruhe und den Bestand der Sozietät bedienen*, und daß besonders in den neueren Zeiten dieser Revolutionismus sich gewissermaßen von seinem früheren politischen Boden auf den sozialen im engeren Sinne, eben in diese Volksklasse, gezogen hat, wovon die noch immer bestehenden und sich nur tiefer und weiter verzweigenden sogenannten Assoziationen des Arbeitervolks unter der öffentlichen und geheimen Leitung der Demagogen, besonders in England und Frankreich, einen erklecklichen Beweis geben, wobei diese sich angelegen sein lassen, den Proletairs die Meinung beizubringen, daß es mit allen bestehenden Sozialformen und Instituten dahin gekommen sei, daß sie nur durch gewaltsamen und brutalen Angriff auf selbe, d. h. durch Unrecht zu ihrem Rechte zu gelangen vermögen; worüber ich mich in meiner Schrift: *über die Revolutionierung des positiven Rechtsbestandes***, bereits ausgesprochen habe.

In der Tat, wer als Augenzeuge nur einen Blick in den Abgrund des physischen und moralischen Elends und der Verwahrlosigkeit geworfen hat, welchen der größere Teil der Proletairs in England und Frankreich preisgegeben ist (in welchen beiden Ländern jenes oben berührte Mißverhältnis mit der Entwicklung des industriellen Systems durch bloße Geldlöhnungen sich am fühlbarsten machen mußte), der wird trotz aller meist im Interesse der Argyrokratie (des moneyed interest), minder in jenem der Aristokratie (des landed interest) gemachten öffentlichen Versicherungen des Gegenteils***

* Ich bemerke im Vorbeigehen, daß eben der wenn auch nur dunkel gefühlte Rechtsanspruch der Proletairs, von dem hier die Rede ist, den Jakobinern, als ihren angeblichen Advokaten, Einfluß auf sie verschafft und erhält, weil jedes Verbrechen oder Unrecht sich auf einen Hinterhalt oder Rest von Recht, so wie jeder Irrtum und jede Lüge sich auf einen Hinterhalt und Rest von Wahrheit, stützt.

** Baader, Sämtl. Werke, VI, S. 55 ff. (Anm. d. Hrsg.).

*** Dieses gilt sowohl von England als von Frankreich, nur daß sich dort die gestehen müssen, daß die Hörigkeit, selbst in der härtesten Gestalt (als *Leibeigenschaft,* mit welcher die *Geisteigenschaft* gleichen Schritt hielt, wie denn *keine ohne die andere bestehen kann*), doch noch minder grausam und unmenschlich, folglich unchristlich war (denn Christentum ist Menschtum), als diese Vogelfreiheit, Schutz- und Hilflosigkeit des bei weitem größten Teils unserer, wie man sagt, gebildetsten und kultiviertesten Nationen*. Ein solcher Beobachter, sage ich, wird gestehen müssen, daß im sogenannten christlichen und aufgeklärten Europa größtenteils noch die Zivilisation der Wenigen nur durch die Unzivilisation, ja Brutalität der Vielen besteht, und daß man dem alten unmenschlichen Sklaven- und Heloten-

Argyrokratie großartig, hier oft mesquin zeigt, und in letzterem Lande der Proletair von den soi-disant-Volksdeputierten noch härter mißhandelt wird als in England. So wie in letzterem Lande jene dritte Aristokratie, welche sich seit geraumer Zeit zwischen jene beide und eigentlich über sie gestellt hat, ich meine die Beamten-Aristokratie (die Staatsdiener), noch im Vergleiche mit andern Ländern die geringste Macht gewonnen hat. Der letztverstorbene Kaiser Franz glorreichen Andenkens hat über diese Beamten-Aristokratie ein treffendes Wort ausgesprochen, indem er, als man ihm über die unerschwinglichen Staats-Lasten klagte, sagte: »Ja, der *Staat* wird uns noch alle ausziehen.«

* Adam *Smith* und seine Nachsager konnten uns zwar nicht genug die Vorteile der größern Produktivität durch ihre fabrikmäßige Verteilung etc. anrühmen, nur bemerkten sie nicht, daß in demselben Verhältnis als die Arbeiter mehr und ihre Produktivität größer geworden, ihr Verdienst im Ganzen immer geringer ward, das Prekäre ihrer Existenz immer zunahm und der eigentliche Gewinn und Genuß der gesteigerten Produktion sich immer unter wenigere Individuen verteilte und häufte. So daß also die sinnreichsten Erfindungen der Technik und Mechanik noch immer mehr zur Minderung als zur Mehrung des materiellen Wohlstandes und mehr zum schwereren als leichteren Leben des größten Teils der Nationen Veranlassung gaben, so wie, unserer modernen Finanzkunst zum Spott, nicht selten der Segen des Himmels und der Erde dem Landbauer (wegen der Geldnot) zum Fluche wird. Wie nun dieser Übelstand eine Abnormität im Gewerbsverkehr beweist, so sieht man auch leicht ein, daß z. B. die durch den völlig unbeschränkten Staatspapierverkauf durch alle Länder aller inländischen Produktivität beständig entzogen gehaltene Barschaft durch Geldaufkauferei einerseits, sowie der in demselben Verhältnis durch die gänzliche Ausschließung der Natural-Löhnungen gesteigerte Geldbedarf andererseits, daran schuld ist, daß von jener Produktions-Vermehrung dieser arbeitenden Volksklasse nichts zu gut kommt, obschon selbe ein Recht auf ihre Quota (nämlich auf eine minder dürftige und unsichere Existenz) hiebei hat, und das *Gut-Lohnen* der Arbeit ohne Zweifel nicht minder der Zweck eines guten Staatshaushaltes sein soll, als das *Gut-* und *Wohlfeil-Produzieren.*

tum bereits ungleich mehr sich wieder genähert hat, als dieses z. B. der Fall im Mittelalter war, dessen Barbarei übrigens wohl kein Geschichtskundiger deswegen in Schutz nehmen wird.

Man sieht aber das Recht der Proletairs auf Erleichterung ihres Lebens, welches wir hier verteidigen, um so klarer ein, wenn man erwägt, daß, nachdem die ehemalige Kammerwirtschaft ganz nur Finanz- oder Geldwirtschaft geworden ist, und durch eine schier allgemein gestattete, ja begünstigte Vorkauferei (accaparement) der Münze oder des Geldes die Geldnot oder die Geldteuerung immer steigern mußten, der größere Teil der im gleichen Verhältnis zunehmenden Regierungsabgaben auf den Proletair fällt, welcher, einer Reaktion (d. h. einer Steigerung seiner Arbeit) unfähig, nicht wie früher wenigstens zum Teil durch Naturalgenüsse und Naturallöhnungen sich dieser Geldteuerung entziehen kann, obschon seine Lebensbedürfnisse durch den Fortschritt der Sozietät ungleich größer geworden sind. Die moderne Finanzkunst befindet sich nämlich selber, dem Argyrokraten gegenüber, den sie nicht eigentlich oder direkt zu besteuern vermag, mehr oder minder in beständiger Geldverlegenheit, und nachdem sie den Landbesitzer und Landbauer so viel als möglich heruntergebracht hat (indem sie auch ihn nicht direkt nach seinen Produkten, sondern nur indirekt nach Gelde besteuert), so sieht sich diese Finanzkunst genötigt, die zunehmende Last der Geldabgaben durch die Akzise auf den Proletair zu legen, so daß also die von letzterem sowohl als dem Landbauer nicht selten laut werdende Klage, daß der Geldjude einerseits und der Steuereintreiber andererseits mit pharaonischer Härte von ihrem Schweiße leben, nicht ganz ungegründet erscheint. – Wozu denn noch der Stachel und der Insult des zunehmenden Luxus bei den wenigen (wenn schon immer mehr ephemeren und in ihrem Ursprung mehr zweideutigen) Geldvermögenden und seines Herzens Abkehr von den Tröstungen und Beruhigungen der Religion kömmt; indem der Demagoge

größtenteils bei dem Proletair die Stelle des Priesters als Volkslehrers eingenommen hat und ihm die Selbsthilfe einflüstert; so daß man folglich größtenteils unsere dermalige soziale Kultur nicht mit einem seine Äste weit verbreitenden Baume, sondern mit einer Pyramide vergleichen könnte, an derem kleinen Gipfel sich nur wenige Begünstigte befinden, während die breite Basis ein hörloses und darum leicht bewegliches Gesinde oder vielmehr ein vogelfreies Gesindel bildet, welches weder mit seinem Herzen noch mit seinem Magen, weder durch Pflicht noch Ehre, an die bestehende Verfassung geknüpft ist, und welches, ohne *Bürger* (citoyen) zu sein, d. h. ohne sich *geborgen* zu finden, nur indifferent, wo nicht im Grunde hassend, gegen diese Verfassung sich verhält.
Wie nun aber die Proletairs durch Auflösung ihres Hörigkeitsverbandes in den reichsten und industriösesten Staaten wirklich nur relativ ärmer und hilfs- wie schutzbedürftiger geworden sind, so sind sie eben in den *konstitutionellen Staaten* (durch Einführung des bloß auf Gut und Geldbesitz begründeten Repräsentativsystems) auch noch zum *nicht mehr gehört werdenden* Teile des Volkes herunter gekommen.
Wie oft habe ich z. B. den meetings und associations der Fabrikherrn in England beigewohnt, welche alle mit Festsetzung eines Maximums für die Arbeitslöhne und eines Minimums für die Verkaufspreise endeten, somit um nichts besser als Konspirationen in bezug auf die Proletairs waren, deren Lohn sie nämlich beständig tief unter dem *natürlichen* Wert und Preis *ihrer* Ware (nämlich ihrer Arbeit) hielten. Welchem offenbaren Unrecht am allerwenigsten in den Kammern und Parlamenten Abhilfe geschehen kann, da gerade hier die Fabrikherren Partei und Richter in einer Person sind, und die Repräsentation des Interesses des armen Arbeitervolkes in diesen Kammern verpönt ist. Da nun die Freiheit der Konkurrenz (hier zwischen Arbeitern und ihren Lohnsherren), wie man sagt, kein Monopol verträgt, effektiv aber von letzteren gegen erstere das drückendste Monopol ausgeübt wird,

so frage ich, ob ein solches Mißverhältnis und ein solcher Druck den Namen einer frei sich bewegenden Industrie verdient? Ich frage, ob man es diesen Proletairs verargen kann, wenn auch sie ihrerseits sich gegen ihre Lohnsherren zu gleichem Zwecke zu assoziieren bestrebt sind?*

Um nun aber den auf solche Weise in konstitutionellen Staaten stattfindenden rechtslosen *(unbürgerlichen, weil unverbürgten)* Zustand der Proletairs klar einzusehen, muß man freilich von dem Zusammenhange der bürgerlichen oder sozialen Freiheit mit der Ständigkeit (corporation) sich besser überzeugen, als solches bisher, seit dem Anfang der französischen Revolution, gemeiniglich geschieht. Man muß sich nämlich überzeugen, daß ein einzelnes Individuum nicht durch seine individuelle Freiheit allein in bezug auf alle übrigen Individuen (besonders in bezug auf die Regierungsstellen) schon völlig frei ist, falls es nicht zugleich auch irgend eine ständische oder korporative Freiheit in der Sozietät genießt, und daß folglich jene gerühmte Gleichheit vor dem Gesetze**,

* Wobei sie freilich (in Begriff ihrer genommenen Selbsthilfe) ebensowenig Recht haben als ihre Gegner. Aber so wie ein inner seiner Sphäre zusammengedrückter Körper unmittelbar nicht in diese seine legale Sphäre zurückstrebt, sondern über diese hinaus, so ruft auch das Unrecht als Reaktion zuerst nur wieder ein Unrecht hervor. Wie denn der Liberale das Volk nicht über sein Recht hinaustreiben könnte, falls der Servile es nicht unter sein Recht niederhielte. Was auch vom Rechte des Forschens oder Wissens in seinem Verhalten zum Gefühl und Glauben gilt, weil auch hier die Resistenz gegen dieses Recht oder auch nur die Nichtassistenz desselben seine überschreitende Reaktion hervorruft, wie dieses die Geschichte des 13. und 16. Jahrhunderts mit ihren noch jetzt permanenten Folgen erweiset. Anstatt des bekannten: Nunquam est societas cum tyrannis, sollte man darum eigentlich sagen: cum injustis, *denn der eigentliche Tyrann sowie der eigentliche Revolutionär in der Sozietät ist der Ungerechte,* er mag Oberer oder Unterer, Regent oder Regierter, Kirchenvorsteher oder Laienbruder, Reicher oder Armer, Serviler oder Liberaler sein.

** Die Gleichheit aller Bewohner eines Staates vor dem Gesetze will nämlich nichts anderes sagen, als daß jeder in jedem Falle, in welchem sein korporatives Recht nicht in Anspruch genommen ist, oder wo er dasselbe verwirkt hat, als bloßes Individuum den Polizei- und allen übrigen Gerichten unterworfen ist. Der alles korporative Element verleugnende, ja hassende Geist des Revolutionismus hat sich nun aber leider in unsern Zeiten mehrerer Regierungsstellen, namentlich der polizeilichen, über Maß und Ziel bemächtigt, und das bürgerliche Vital-Prinzip der Ehre und Freiheit nicht wenig verletzt und geschwächt.

falls selbe zur Verkennung oder Nichtachtung des Rechts der Standschaft und Korporation mißdeutet und mißbraucht würde, gerade nur zu einem Levelling-System oder zu einer neuen Sklaverei aller – sei es nun unter mehreren oder unter einem – zurück führen würde. Denn die Freiheit des sozialen Lebens ist so wie die des organischen Lebens überhaupt nur durch Gliederung (subordinierende und koordinierende Korporation) bedungen; und Fr. *Schlegel* bemerkt mit Recht, daß das sozial bildende organisierende Prinzip kein anderes als das christliche, *als das Innungsprinzip par excellence,* ist, welches z. B. zuerst das Familien- und Kastenverhältnis von ihren despotischen Formen befreite, und beide zu freien Innungen oder Korporationen erhob und vermenschlichte, weswegen denn auch der Angriff auf das Christentum mit jenem auf die Standschaften und Korporationen gleichen Schritt hält, und der moderne Liberalismus sich in seiner Indifferenz gegen das Christentum als Sozietäts-Prinzip (welcher Indifferenz, wo sie nicht Unverstand ist, eine nur verhaltene Christophobie zum Grunde liegt) wahrhaft antiliberal, d. h. zum alten Despotismus und Servilismus zurückführend sich erweist.

Wenn nun schon die Proletairs als vermögenslos nicht gleiche Rechte der Repräsentation mit den vermögenden Klassen haben, so haben sie doch das Recht, in den Ständeversammlungen ihre Bitten und Beschwerden in öffentlicher Rede vorzutragen, d. h. sie haben das Recht *der Repräsentation als Advokatie,* und zwar muß ihnen dieses Recht in konstitutionellen Staaten dermalen unmittelbar zugestanden werden, *weil sie dasselbe bereits früher, wennschon nur mittelbar, nämlich beim Bestande ihrer Hörigkeit effektiv genossen haben.* Diese Vertretung muß ihnen nun außer den Ständeversammlungen, z. B. bei den Landräten, distriktsweise oder provinzweise, so auch vor und in jenen Versammlungen selber, durch selbstgewählte Spruchmänner eingeräumt werden, denen man aber als Anwälte weder *Polizeibedienstete,* noch überhaupt *Bedienstete,* noch *Advokaten* im engeren Sinne, beigeben kann und soll, sondern *Priester,* zu welchen sie auch allein ein Herz fassen können; und wodurch ein doppelter großer Vorteil für die Sozietät erzielt werden würde. Einmal nämlich jener der Entziehung der Proletairs dem verderblichen Einflusse der Demagogen oder auch streitsüchtiger Rechtsanwälte – und dann jener zweite Vorteil, welcher darin bestände, daß der bis schier zur sozialen Nullität herabgekommene Klerus dem primitiven Amte des *Diakonats* wiedergegeben würde, welches bekanntlich mit der materiellen Pflege und Hilfeleistung für die Vermögenslosen sich beschäftigte*, und welcher menschenfreundliche Dienst, so wie derselbe in den ersten Zeiten des Christentums die Herzen der Menge diesem zuwandte, ein Gleiches ohne Zweifel zu unseren Zeiten wieder leisten würde, welche in der Tat einer solchen Zuwendung nicht minder bedürfen als solche das Heidentum bedurfte.

Da übrigens der Zweck dieses Aufsatzes kein anderer ist als vorerst die Aufmerksamkeit der Rechtskundigen und Publizisten auf das große der Sozietät dermalen vorliegende Problem *der Einbürgerung der Proletairs* in selbe zu lenken, und *dieses bis jetzt freilich nicht nur nicht gelöste, sondern als absolut unauflösbar erachtete Problem* näher ins Auge zu fassen, so kann ich freilich mich nicht schon hier mit der Widerlegung aller jener Einwürfe und Bedenklichkeiten befas-

* Der Begriff des Geistlichen als eines bloßen Seelsorgers, womit derselbe gleichsam aus dem sozialen Leben ad separatum (dans l'autre monde) verwiesen wird, ist darum kein ursprünglich christlicher, und wenn seine soziale Funktion mit den Worten ausgedrückt wird: Transiit benefaciendo et illuminando, so hat man diese Worte in ihrem ganzen Umfange zu nehmen, weil nicht das abstrakte Voneinanderhalten des Zeitlichen vom Ewigen, sondern ihre Ausgleichung und Wiederversöhnung durch Ineinanderführung im Wissen und Nichtwissen, im Tun und Leiden, der Sinn der Religion des Verbum caro factum ist. – Über die hier gerügte Notwendigkeit, dem Klerus in unsern Zeiten um so mehr eine materielle Funktion in der Sozietät einzuräumen, da derselbe durch den Verlust seiner Ständigkeit und seines Vermögens jede Einwirkung dieser Art verloren hat, kann man treffliche Bemerkungen in Paul Rochettes Lettre a Mgr. l'Evêque de Strasbourg (Strasbourg 1834) finden.

sen, welche meiner mit wenigen Zügen angedeuteten Lösungsweise dieses Problems allenfalls gemacht werden können*, und ich will hier kurz und vorläufig nur zwei dieser möglichen Einwürfe abfertigen, welche so ziemlich als die bedeutendsten erscheinen dürften. Der erste Einwurf ist nämlich der, daß man der Maxime: »Divide et impera« entgegen durch eine solche Assoziation der Proletairs und gewissermaßen *Assekuranzanstalt* für sie (ohne welche doch ihrem Elende keine Abhilfe geschehen kann) die zu vermeidende Gefahr nur selber näher herbeizöge; wogegen aber zu erin-

* Ebensowenig kann auch hier schon die Ausführbarkeit dieses Vorschlags im Detail nachgewiesen, und dem allzeit fertigen Einwurfe, »daß derselbe unpraktisch sei,« begegnet werden; als ob irgend eine *Pflichterfüllung d. h. Rechtsanerkennung* unpraktisch sein könnte! Indem z. B. der Untergebene gegen seinen Obern eine Pflicht erfüllt, hat er eben hiemit ein Recht an ihn gewonnen, ihn gegen sich verpflichtet, (qui praeest, prodesse debet), so wie der Gläubige als solcher das Recht zu forschen gewonnen hat; weswegen man sagen muß: Speculatio, dubitatio, fiat intra *fidem,* aber *fiat!* oder daß alles Forschen zwar mit einem unmittelbaren Glauben beginnt (nicht wie *Cartesius* und schier noch alle unsere Philosophen sagen, mit dem Zweifeln oder Unglauben), daß aber dieser Glaube das freie Forschen so wenig ausschließt oder niederhält, daß er dasselbe vielmehr erweckt, trägt, leitet und assistiert, so wie man dasselbe vom Verhalten des Gefühls zum Begriffe (Erkenntnis) sagen muß. Jenem schalen und grundfalschen Bonmot *Rousseaus* entgegen: qu'on cesse de sentir quand on commence à penser – d. h. daß man die Liebe einbüße, so wie man den geliebten Gegenstand erkenne und daß folglich alle Liebe im Grunde eine Lüge ist, da doch nicht der himmlische Eros eine Augenbinde trägt, sondern nur der irdische Cupido. – Eben nur durch dieses forschende Tun legt nämlich der erst nur unmittelbare, als solcher unbewährte und labile Glaube diese seine Labilität ab, und erstarkt zum illabilen, unverführbaren Glauben, so wie der bereits (durch den Abfall von ihm) eingetretene Unglaube ohne dieses Forschen nicht radikal getilgt werden kann. (S. oben die zweite Anmerkung [in dieser Ausg. S. 177. – Anm. d. Hrsg.]) Die Menschen dermalen zu jenem ersten Unschuldsglauben durch Inhibition des Forschens zurückbringen wollen, wäre darum ebenso klug, als einem gefallenen Mädchen den Rat zu geben, nur simpliciter in ihren verlorenen Unschuldsstand wieder zurück zu treten, oder als der Unkeuschheit durch eine Kombabisierung steuern, den Consensus (das Einverständnis) aller durch einen Nonsensus (Unverstand) aller herstellen wollen. Ein solches Unternehmen wäre aber nicht minder ungerecht, als es töricht sein und als es die Basis der kirchlichen und weltlichen Autorität revolutionierend anerkannt werden müßte. Denn der Kirche und des Staates wahre Macht ist doch allein die gewußte und also gewisse, nicht die blinde, und somit leicht tilgbare, und das Gewissen nicht bindende Meinung und Glauben der Menschen an sie.

nern ist: a) daß derlei von den Proletairs selbstgemachte Assoziationen wirklich schon bestehen; und b) daß nur diese, nicht aber die von den Regierungen zusammenberufenen und unter ihrer Aufsicht und Leitung stehenden Assoziationen Gefahr drohen, welche Gefahr im Gegenteil c) eben nur durch Bildung solcher legalen Assoziationen und Organe abwendbar ist. Ebenso ungegründet zeigt sich aber ein zweiter Einwurf, welcher den Einfluß der Priester hierbei auf das Arbeitervolk für gefährlich ausgibt*, ohne zu bedenken, daß dem verderblichen Einflusse, unter welchem diese (auch in dieser Hinsicht vogelfreie) Volksklasse** dermalen steht, auf keine

* Ich rede hier nicht zu denen, welche, indem sie gegen den Einfluß der Priester aufs Volk protestieren, eigentlich nur den Einfluß der Religion auf letzteres im Sinne haben. Der Haß vieler gegen den Katholizismus beruht nämlich auf ihrer Meinung, daß ohne ihn das Christentum nicht mehr bestünde, weil man mit den christlichen Nationalkirchen wohl fertig werden könnte, nicht aber mit einer christlichen *Weltkirche*, worunter etwas anderes als eine *verweltlichte Kirche* verstanden wird. Wogegen andere in neuern Zeiten dem Katholizismus den Vorwurf machen, daß er dem Liberalismus förderlich sei, und wieder andere an ihm nur ein taugliches Werkzeug des Servilismus sehen. Wenn aber eine Weltangelegenheit nur durch ein Weltinstitut zu handhaben und zu führen ist, so begreift man nicht, wie eine solche Führung anders als durch eine permanente Versammlung aller Nationen (oder conventionaliter) zu bewerkstelligen ist, weil mit der sozialen Gestaltung des Christentums das Priestertum keineswegs als gesonderter Stand entbehrlich geworden, im Gegenteile durch Aufhebung der Nationalreligionen zu einer *Weltreligion* ihm auch ein *Weltstand* nötig geworden ist.

** Die intellektuelle Armut oder Unwissenheit, und hiemit leichte Verführbarkeit dieser Volksklasse, ist der Kirche (den Kirchenvorstehern) nicht minder gefährlich, als ihre physische Armut und Not der weltlichen Regierung. Wie denn die Jakobiner der Religion eben nur auf diese Geistesarmut, die Jakobiner der Politik auf die physische Armut ihren Hebel anlegen, und wie der erkünstelten annonae (pecuniae) caritas eine gleichfalls erkünstelte cognitionis s. luminis caritas entspricht. So z. B. muß man besonders zu unserer Zeit, in welcher tiefer greifende antireligiöse Doktrinen unaufhaltbar ihren Weg auch bis zum gemeinen Volke finden (denn dieser Cholera wehrt kein Kordon!), als ein demselben geschehendes großes Unrecht erklären, wenn man, noch immer mit den alten Verteidigungswaffen der Wahrheit auskommen wollend, dem Volke den Zugang zu einer der tiefer gehenden antireligiösen Doktrin entsprechenden und ihr allein Stand haltenden tiefer gehenden religiösen Doktrin verschlossen zu halten sich anmaßt, ohne zu bedenken: que de l'ignorance à l'erreur et au crime il n'y a qu'un pas. – Indem man aber in unserer Zeit auf solche Weise einerseits die antireligiöse Doktrin frei gewähren läßt, andererseits aber der andere Weise und mit solchem Nachdruck entgegengewirkt werden kann, und daß es erste Pflicht aller Meneurs ist, denen die Religion noch nicht gänzlich Nichts oder die vielmehr für selbe noch nicht gänzlich Nichts geworden sind, das soziale Band zwischen Priester und Volk auch in materiellen Angelegenheiten des Lebens wieder zu knüpfen, so wie es endlich in der Tat lächerlich sein würde, von einem nicht mehr ständischen sondern pensionierten Klerus hiebei Gefahr zu befürchten. Wohl aber muß man, wenn man das dermalige übereinstimmende Sinnen, Sich-Äußern und Sich-Bereden der Proletairs in mehreren Ländern, und zwar nicht bloß durch polizeiliche Angaben, kennt, die Furcht für sehr gegründet erklären, daß, falls nicht in Bälde dem hier nachgewiesenen bestehenden Mißverhältnis und der Mißhelligkeit zwischen den Proletairs und den vermögenden Volksklassen durch öffentliche Erklärungen und Vorkehrungen Abhilfe geschieht, eine Reaktion jener auf diese bevorsteht, welche allgemeiner, besonnener und überlegter, folglich auch für die vermögenden Volksklassen ungleich verderblicher sich zeigen wird, als alle bisherigen Aufstände und meist doch nur gedungenen Zusammenrottungen (des Mobs) ihnen waren, welche hauptsächlich nur durch die Unachtsamkeit und Schwäche der Regierungen zu wirklichen Revolutionen ausgeschlagen sind. Wenn aber solche Revolutionen, denen die Substanz des Rechtes fehlt, keine andere als polizeiliche Berücksichtigung von Seite der Regierungen erheischen, so verhält es sich anders mit

Evolution der religiösen Doktrin (unter dem heuchelnden Vorwande [Ignorance hypocrite] des Respekts für dieselbe) wehrt, macht man sich der Komplicität mit dem Dämon schuldig, welcher seinen Zweck (den Obskurantismus in der Religion) nur dann erreicht, wenn die einen die Religionsdoktrin für *unverständlich,* die anderen für *unverständig* ausgeben. Damit ja auch in unseren wie in vorigen Zeiten der solidäre Bund des servilen niederträchtigen Aberglaubens und hoffärtigen liberalen Unglaubens gegen die Freiwerdung und Freihaltung des Glaubens fortwirke; obschon Gottes Wille, das Wohl der Menschen und die Pflicht ihrer Führer die Befreiung der Wahrheit und des Rechtes durch Bindung und Gebundenhaltung sowohl des Servilismus als des Liberalismus verlangen.

jenen, welchen ein Recht entweder zum Grunde liegt, oder sich ihnen beigesellt. Wo denn die Ausscheidung und öffentliche Anerkennung dieses Rechtes von Seite der Regierung sponte geschehen, und diese nicht erst zuwarten soll, bis ihr diese Anerkennung abgenötigt wird. Denn jede in der Sozietät sich aus irgend einem Rechtsgrunde erzeugende Puissance wird der bestehenden Ordnung und ihren Organen nur damit gefährlich, daß man sie von der Einverleibung (Repräsentation) in diesem Gesamt-Organismus ausschließt, anstatt sie in diesen mit aufzunehmen, wie denn bekanntlich eine Opposition nur dann gefährlich zu werden beginnt, wenn sie nicht mehr in den Regierungsorganen sich spürbar macht, oder wie der Fechtende des Stoßes gewärtig sein muß, sowie er die Klinge seines Gegners nicht mehr spürt, und also auch nicht mehr führt; womit indes keineswegs die Einimpfung des Revolutionismus als das beste Mittel gegen die Infektion des Staates, im Sinne des Jakobinismus, vielmehr *jenes Mittel* vorgeschlagen werden will, durch dessen Ergreifung jede bestehende Regierung sich wahrhaft *populär* zu machen, somit wahrhaft sich zu *konstituieren,* nicht verfehlen könnte. Denn daß es damit schon getan sei, daß man diese Proletairs nur den Polizeigerichten zuweist, um von ihnen den Ersatz ihrer verlorenen Hörigkeit wieder zu erhalten – wird wohl niemand behaupten wollen. (2)

Reflexion über einen neuerlich öffentlich gemachten skandalösen Vorschlag gegen die Überbevölkerung

Wenn uns der vor zwei Jahren gemachte und neuerdings wiederholte nicht menschen- sondern vieharztliche Vorschlag eines deutschen Doktors W.* empört, welcher darauf hinausgeht, den Fortpflanzungstrieb für die Sozietät damit unschäd-

* Baader meint Dr. Weinhold, den Verfasser der Schrift: Von der Übervölkerung in Mitteleuropa (Halle, 1827). (Anm. d. Hrsg.)

lich zu machen, daß man ihn unfruchtbar macht, und hiemit der Übervölkerung wehrt, und wenn uns, auch abgesehen von dem Skandalösen und Abscheulichen des hiezu von diesem Doktor vorgeschlagenen Mittels, schon der Gedanke entrüstet, daß auf solche Weise, zwar ganz dem servilen Sinne unserer Liberalen gemäß, Dinge in den Bereich der Staatseinmengerei gezogen werden, welche den Staat gar nichts angehen, was auch *Malthus* und Consorten uns vorschwatzen, so müssen wir doch nicht dabei vergessen, daß wir derlei Vorschläge schon bei *Plato* und *Aristoteles* finden, und daß jeder Staat, welcher im modern-heidnischen, folglich unchristlichen Sinne die Menschen nur als sein Baumaterial betrachtet, solche Gedanken und Vorschläge wenigstens als seinem Prinzip nicht fremd finden kann. – Ich gehe aber noch weiter und bemerke, daß ein solcher Vorschlag, wie der des Doktor W., sich ganz wohl an die uns von dem Königsberger Philosophen gegebene Deduktion des Prinzips, zwar nicht des Sakraments, wohl aber des Mietkontrakts der Ehe anschließt.

Für ein solches Philosophieren und ökonomistisches Kalkulieren gilt allerdings, was Rousseau vom Denken überhaupt sagt, weil es wahr ist, daß man (gottlos, ruchlos und unmenschlich) zu denken und zu kalkulieren beginnt, wenn man (Gott und Menschen achtend und liebend) zu fühlen aufgehört hat, und weil ein solches Denken sich wirklich in solchen dem guten Gefühle oder Affekte erstorbenen Gemütern so ungeniert und frei bewegt als das Skalpell in dem fühllosen Leichnam. Aber freilich wird der Gedanke (die Spekulation oder industriöse Kalkulation) darum nicht affektfrei oder affektlos, weil sie in *demselben* Verhältnis der Macht des schlechten und verderbenden Affekts anheim fallen, in welchem sie der Macht des guten Affekts sich entzogen haben, und weil der Affekt für die Spekulation das ist, was der Akzent, der geistige ungestaltbare weil gestaltende Hauch oder das musikalische Element in der Sprache. – Derselbe deutsche Philosoph, von dem wir sprachen, deduzierte ja aber auch die Liebe aus der Über-

zeugung des netten Vorteils, den uns die geliebte Person bringt oder hoffen läßt, und so wie er selber mit der sonderbaren Idiosynkrasie behaftet war, kein lautes (soziales) Gebet vertragen zu können, deklarierte er letzteres von seinem Katheder herab für ein pures Fetischmachen. Sein Gott (das taube unerhörende Gesetz) war nicht minder unpersönlich und unmenschlich als *Spinozas* Gott, und man hat vorzüglich ihm den Purismus in der neuen Moral zu verdanken, welcher alle persönliche Relation des Menschen zu Gott, folglich allen Affekt aus dieser Moral hinauswies*.
Enger, als man meint, hängt dieser Purismus mit jenem in der Sozietät zusammen, vermöge welchem gleichfalls alle persönlichen Dienste und aller persönliche Verkehr zwischen Gehörigen und Grundherrn, Dienstleuten und Dienstherrn, Regierten und Regierenden durch das allgemeine unpersönliche und alles Persönliche tilgende Geld beseitigt werden soll, und der Mensch dem Menschen am Ende nichts mehr ist, weil er als solcher ihm nichts mehr gilt. So wie etwa der Esel, welcher Silber in die Münze trägt, lediglich nach der Valuta geschätzt wird, deren zeitlicher Porteur er ist. (3)

Der Stammbaum der Liebe

So wie die Liebe Gottes zum Menschen sich herabläßt (amor descendit) und diesen, falls er sein Herz ihr öffnet, zu sich emporhebt, so breitet sich diese Liebe *horizontal* als Liebe der Gleichen (Bruder- oder Menschenliebe) aus, und steigt *abwärts* als die unter dem Menschen seiende (nichtintelligente) Natur und Creatur zu sich erhebend. *Cultus*, *Humanität* und *Cultur* haben darum eine und dieselbe Quelle, wie dieses auch die Geschichte aller Zeiten beweist. Sie entstehen und vergehen zusammen, und wo die eine dieser drei Lieben fehlt,

* Denselben affekt-, herz- und gemütlosen Purismus treffen wir auch in Herbarts Moral an.

da fehlt auch die andere, so wie, wo die eine wieder geweckt wird, sich bald die anderen zwei wieder ihr zugesellen. Nicht nur liebt der seinen Bruder nicht, der Gott nicht liebt und umgekehrt, sondern, wer Gott nicht liebt, liebt auch die Natur nicht, und wer diese nicht liebt, liebt weder Gott noch den Menschen. Der Gerechte, sagt die Schrift, erbarmt sich auch seines Viehes, und unter der Hand des Ruchlosen, sagt der Bauer, gedeiht das Vieh nicht. – Wenn aber hier von der Cultur der Natur die Rede ist, so begreift man leicht, daß eigentlich nur die lebendige, organische Natur und zwar vor allem die Mutter-Erde gemeint ist, so wie bekannt ist, daß diese *Cultur* keinen anderen Sinn und Zweck hat, als diese Entfremdung der Erde gegen den Menschen (den Fluch, wie die Schrift sagt) wenigstens teilweise wieder aufzuheben, und durch Herstellung des ursprünglichen Verhältnisses des Menschen zu Gott (welche Herstellung der *Cultus* bezweckt) auch jenes ursprüngliche *Hörigkeitsverhältnis* der Natur zum Menschen in einer, wenn schon meist nur schwachen, Kopie wiederherzustellen. – Das hier bemerklich gemachte Prinzip der Cultur, welches in der Liebe zur Mutter-Erde unmittelbar, mittelbar in der Liebe Gottes und des Menschen seinen Sitz hat, ist nun freilich mehr als jenes Zichoriensurrogat derselben in unserer Zeit, welches das *industrielle, rationelle* heißt, und welches allerdings dem rationellen Cultus und der rationellen Humanität dieser Zeit entspricht, bei welchem aber alle natürlichen und gleichsam persönlichen Bande der Anhänglichkeit und Neigung zur Mutter-Erde und zum Stammeigentum und Erbe erloschen sind. Und diese sich so nennende rationelle Landwirtschaft, dieses Übergreifen der industriellen und bloßen Geldwirtschaftsweise in die landwirtschaftliche hat denn auch dem Immobiliar selber ihre eigene Mobilität mitgeteilt, und es ist dahin gekommen, daß die Menschen mit derselben Gleichgültigkeit ihr altes *Stamm-Erbe* verlassen oder sich von ihm verlassen sehen, mit welcher wir in den Zeiten der Revolution sie ihre alten *Dynastien* verlassen sahen. Wie nun aber die (indissoluble) Ehe immer in der Liebe ist, wenn schon diese nicht immer in jener, so begreift man leicht, daß jede aufrichtige und wahrhaft gedeihliche Cultur der Erde die Liebe zu ihr, diese aber die Sicherheit ihres bleibenden *treuen Besitzes* voraussetzt und verlangt. (4)

Weltinnung oder Weltmonarchie? Kirchenkritik und Ökumenismus

In der Tat hat es auch kein weltlicher und kein geistlicher Despot noch mit dem Christentume aufrichtig gemeint, und jeder suchte dasselbe auf seine Weise zu unterdrücken. Die schlimmste Unterdrückungsweise war aber immer die heuchelnde.

Über das durch die französische Revolution herbeigeführte Bedürfnis einer neuen und innigeren Verbindung der Religion mit der Politik, Baader, Sämtl. Werke, VI, S. 21

So wie es mir nicht gefallen kann, den Priester als Polizeioffiziant angestellt zu sehen, damit er das Kreuz zur Dekoration der irdischen Krone entwürdige, und dem Hofe den Hof mache.

Brief an einen Unbekannten, 1838? Baader, Sämtl. Werke, XV, S. 602

Presque par tout nous voyons la science religieuse on glacée pourrie.

Wenn schon kein Erkenntniszweig die eifrige und unausgesetzte Pflege des Menschen mehr in Anspruch nimmt, und bei solcher Pflege ihm wichtigere, wohltätigere und erhabenere Aufschlüsse, Erweiterungen und Entdeckungen, d. i. aufklärende und darum beruhigende und ermutigende Lichtblicke in den Haushalt Gottes verspricht und verschafft, als die Religionswissenschaft entgegen seiner sonstigen dumpfen Selbstverknechtung und Borniertheit in seiner bloßen Weltwissenschaft und Weltweisheit*, – so ist doch gerade dieser Wissenszweig oder vielmehr Stamm seit langer Zeit ausschließend jener geblieben, welcher keiner solchen Pflege und Cultur sich zu erfreuen hatte, wie denn schier bei allen die kirchliche wie bürgerliche Sozietät erschütternden und zerreißenden Streitigkeiten und Streithändeln über den *Cultus* gerade diese Cultur der Religionswissenschaft nur immer mehr rückwärts ging, und Sophisten und Pfaffen (d. i. ausgeartete Philosophen und Priester), Sadduzäer und Pharisäer ihres Familienhaders ungeachtet sich doch einander immer die Hand boten, wenn es darum zu tun war, das aufrichtige und freie, weil gründliche oder (innerlich wie äußerlich) begründete Forschen in religiösen Dingen zu hemmen und zu obskurieren, d. i. die Erkenntnis der Wahrheit**, gleichviel ob durch Lüge oder Stupidität, aufzuhalten, indem die einen dieses Forschen für lächerlich und in ihrer kritischen Naseweisheit für unvernünftig ausgaben, die anderen für vermessen und gefährlich. »Wir sollen, sagen sie, in diesen Dingen nicht grübeln, wir sollen's

* »Ich nenne auch nicht mehr Knechte, weil der Knecht nicht weiß, was der Herr im Hause tut.« Johannes 15, 15.

** Ich habe in meiner letzthin erschienenen Schrift über die *Proletairs* oder über das noch bestehende Mißverhältnis des Sachvermögens zum persönlichen gezeigt, daß dieser Bund der Sadduzäer und Pharisäer gegen die Wahrheit jenem der Liberalen und Servilen gegen die Geltendwerdung des Rechts entspricht.

den Pfaffen überlassen, und sparen bis wir dorthin kommen, so werden wir's sehen. Verbieten noch wohl dem Sehenden die Augen, er soll nicht forschen und gründen, (sondern ihrem Kommandowort: ›Augen zu und Kopf unter‹ parieren), heißen ihn (versteht sich nach ihrem eigenen Spannungs- und Abspannungstarif) einen überspannten Phantasten, und schreien ihn als einen Neuling und Ketzer aus«. Siehe *J. Böhme: Von den drei Principien 22, 55**. – Wobei sich aber der aus und im innersten Geiste der Kirche forschende Philosoph, im Bewußtsein nur für das wahre Interesse derselben, zu ihrer Verherrlichung und ihrem Siege über alle Gegensätze zu streiten, damit trösten kann, daß er dies Schicksal mit den größten Kämpfern aller Jahrhunderte für die gute Sache des Lichtes in der katholischen Kirche teilt. So sah sich der große Kirchenvater *Gregorius von Nazianz* veranlaßt, sich gegen den Einwurf zu rechtfertigen, daß er, die Gottheit des Heiligen Geistes behauptend, einen neuen fremden und unschriftmäßigen Gott einführe (τὶ δ'ἂν εἶποις φασὶ, περὶ τοῦ Πνεύματος; πόθεν ἡμῖν εἰσάγεις ξένον θεὸν καὶ ἄγραφον; Orat. XXXI. 1. p. 556). *Gregor von Nazianz* rechnete die Lehre vom Heiligen Geiste zu den Wahrheiten, welche *Jesus* seinen Schülern nicht klar mitgeteilt habe, weil sie dieselbe noch nicht tragen konnten (Joh. XVI. 12) und glaubte, der göttliche Erzieher des Menschengeschlechts habe in dieser Beziehung, damit die Augen nicht auf einmal durch zu volles Licht geblendet würden, seine Zöglinge erst allmählich von einer Klarheit

* Sowohl das Wissen als das Glauben verlangt die Konkretheit und die Übereinstimmung dieser doppelten Zeugschaft – und der Mensch weiß so lange nicht gewiß, als lange er zu seiner inneren Überzeugung nicht dieselbe konfirmierende äußere oder umgekehrt zu seiner äußeren nicht die ihr entsprechende innere gefunden hat, worauf auch die Duplizität aller Autorität beruht. Wir protestieren sohin nicht minder gegen das abstrakte Festhalten des inneren Zeugnisses ohne das äußere, als gegen das Festhalten dieses ohne jenes. – Auf gleiche Weise kann auch die Kunst sich nicht sicher und also frei bewegen, wenn innere und äußere Natur sich nicht entsprechen, welches Zusammentreffen (im Leben der einzelnen Menschen und Völker) der inneren Natur (indoles) und der äußeren man das *Geschick* nennt.

zur anderen geführt. »Das Alte Testament verkündigte den Vater deutlich, den Sohn etwas dunkler, das Neue offenbarte den Sohn, aber es deutete die Gottheit des Geistes nur an; jetzt aber ist der Geist unter uns, und gibt sich uns deutlicher zu erkennen, denn es war nicht ratsam, solange die Gottheit des Vaters noch nicht anerkannt war, die des Sohnes zu verkündigen, und solange die des Sohnes noch nicht angenommen war, die des Geistes, um mich etwas kühn auszudrücken, noch dazu aufzubürden.« Orat. XXXI. 26. p. 572*. *Gregor von Nazianz* erkannte demnach eine fortlaufende Offenbarung göttlicher Wahrheiten unter den Menschen an, eine Anerkennung, die sich in unseren Tagen unwissende Zionswächter nicht entblöden als der Kirche gefährlich, ja direkt gegen ihre Grundlage gerichtet auszugeben. Sie führen die Kirchenväter stets im Munde: wenn es aber gilt, in den Geist derselben einzugehen, da befällt sie Zittern und Beben vor dem Gedanken, einen lebendigen Geist in sich wirksam werden zu lassen. Es hilft nichts, daß ich ihnen hundertmal wiederhole, daß der Geist lebendiger Progression auch im Erkennen der Geist der größten Vorkämpfer der Kirche in allen Jahrhunderten gewesen ist, daß sie alle das Dogma als das organische Urbild des Erkennens erfaßten, dessen Fortdauer das Gegenteil des Erstarrens, und dessen lebendige Entwicklung das Gegenteil des Zerstörens ist, daß jedesmal, so oft in der Geschichte das dienende und treibende Element von dem leitenden und erhaltenden sich zu trennen versucht hat, allerdings das erstere auf das letztere feindlich gewirkt, daß aber auch eben so sehr das erhaltende (konservative) Element durch seine versuchte Trennung vom progressiven nicht mehr bloß erhaltend, sondern aufhaltend rückwärts gewirkt, dem Verwesungstrieb die Versteinerungsmacht entgegensetzend, wodurch denn freilich die organische Fortbildung und Evolution so lange jedesmal gehemmt blieb. Vergeblich zeigte ich ihnen, daß alles Leben-

* S. Ullmanns Gregor v. Nazianz, S. 381. Hieraus entstand die Lehre der Spiritualisten oder das Evangelium S. Spiritus.

dige, so wie es in die Zeit tritt, auch durch sein ganzes Zeitleben hindurch im ununterbrochenen Wachsen begriffen sein muß, daß man es keine Alternation nennen kann, wenn eine Pflanze, ein Tier, ein Mensch, ein Volk, die Menschheit, die Erkenntnis in ihr, das Dogma, die Kirche fortwächst in der Zeit*. Vergebens habe ich ihnen die Worte des Herrn selbst angeführt: »Ich habe euch noch Vieles zu sagen; aber ihr könnt es jetzt nicht tragen. Wenn aber jener Geist der Wahrheit kommen wird, der wird euch alle Wahrheit lehren« (Joh. XVI, 12). Vergebens erinnert, daß es z. B. schon Tertullians Überzeugung war, daß jede Häresis den Zweck hat, entweder die Kirchenlehrer zu einem neuen Fortschritt (im Wissen und Glauben) aufzufordern oder für das Versäumnis eines solchen Fortschrittes zu strafen, woraus ich die Behauptung entnahm, daß man aus der Enormität der dermaligen Häresis sowohl auf die Größe der Anforderung, als auf die der Versäumnis schließen kann. Vergebens endlich hab' ich ihnen den Begriff aller zeitlichen Evolution, Anfang, Mitte und Ende alles zeitlichen Werdens aus dem innersten Grunde, aus dem Geiste und der Idee der Kirche mit aller Evidenz dargetan, der die Wissenschaft nur fähig ist; – das Alles existiert nicht für die verstockten Götzendiener der Stagnation. Das Maß der Kirche soll nicht größer, nicht umfassender sein, als das bornierte Konzept, das sie sich von dieser Kirche gemacht haben. Wer dieses ihr borniertes Konzept angreift, um es zum höheren und tieferen, zum größeren und umfassenderen Begriff der Kirche zu erweitern, der greift die Kirche selbst an, denn *sie* sind die Kirche, *sie* sind die ganze Weisheit der Kirche. Daß nur die Förderung der wahrhaften Evolution die Revolution bei der Wurzel angreift, dies wollen sie nicht

* Das Fortwachsen in der Zeit ist das sich gegen die veralternde, starrmachende Macht der Zeit Freihalten. – Der wahrhafte Progreß in der Zeit ist also ein Egreß aus ihr ins Nichtzeitliche. In welchem Sinne Meister Eckart sagt, daß ein in die Zeit, in den Mutterschoß, eingegangenes Kind schon alt genug zum Sterben sei, und daß es ihn verdrösse, falls er nicht morgen jünger werden könnte, als er heute gewesen, d. h. zeitfreier.

einsehen lernen. Der liebe Gott hat seine Kirche gegründet und versprochen, bis ans Ende bei ihr zu bleiben, auch die Pforten der Hölle werden sie ja nicht überwältigen. Da können sie ja die Hände in den Schoß legen, der liebe Gott wird schon alles machen, daß sein Reich über alle Welt und alles Sein und Leben ausgebreitet werde. Wozu das Herzblut der geoffenbarten Wahrheiten in alle Adern des eigenen Bewußtseins und von da in alle Teile des großen Weltorganismus strömen zu machen, da der Herr alles tun wird? Nun ja, der Herr wird es durchführen auch ohne Euch, aber er hatte Euch gewürdigt, Miterbauer unter seiner Leitung am Baue seines Reiches zu werden. Er hatte Euch ausgesendet, wie ein Kaiser seine Feldherrn, nicht vom Kampfe abzulassen, bis der Feind auch aus seinem letzten Bollwerk, aus seiner letzten Verschanzung ausgetrieben und samt seinem Lande völlig überwunden und unterworfen sein würde.

Ihr aber leget die Waffen ab, und die Hände in den Schoß, und Euch selbst, wenn es hoch kommt, in das Hospital der göttlichen Barmherzigkeit, um Euere selbstgeschlagenen Wunden Euch von dem Erlöser heilen zu lassen und wisset dessen Euch als Eurer höchsten Heldentat bestens zu rühmen. Der Feind mag draußen die schönsten Fluren verwüsten, er mag sengen und brennen allumher, wo Ihr den Segen des Herrn hättet verbreiten sollen, Ihr bleibt ruhig mit der Pflege Eurer selbst beschäftigt und wisset höchstens zu seufzen über den Greuel der Verwüstung, wenn Ihr anders desselben inne werdet. Aber werdet Ihr desselben wirklich inne? Erblickt Ihr den Greuel der Verwüstung, welchen die negative Wissenschaft in allen Fächern und Zweigen menschlichen Erkennens und Wirkens angerichtet hat, in denselben Gebieten, die Ihr der Herrschaft des Herrn habt gewinnen und durch sorgfältige Pflege zu Provinzen des Reiches Gottes habt umgestalten sollen? Warum sprecht Ihr denn das Salomonische Urteil der Teilung des Glaubens und Wissens, der Theologie und der Weltweisheit aus, indem Ihr wollt, daß der Theolog die göttlichen Er kenntnisse nicht als Schlüssel zur Erkenntnis der weltlichen Dinge und der Philosoph die weltlichen Dinge nur im Lichte der Vernunft und nicht im Lichte Gottes betrachte, wenn Ihr wahrhaft wollt, daß alles von göttlichem Lichte durchdrungen werde, von der höchsten Geisteswissenschaft bis zur untersten Naturwissenschaft alles dem einen göttlichen Lichte, das sich uns geoffenbart, Zeugnis ablege? Lernet doch auch nach dieser Seite hin die ganze Größe Eueres Berufes erkennen, damit Ihr nicht einst gefragt werdet: Wo ist die Frucht des Pfandes, das ich Euch anvertraut habe? –

Statt dies ernstlich zu bedenken, verdächtigen nur zu Viele das Forschen in religiösen Dingen, indem sie, wie sie sagen: »die (wenigstens ihnen) *guten alten Zeiten«* nicht etwa damit wieder herbeizubringen sich bedacht zeigen, daß sie den teils flachen, teils lügenhaften und verbrecherischen neuen Doktrinen ein neues Moment der Evolution der wahren Doktrin entgegensetzen, sondern damit, daß sie jene ersteren nur polizeilich zurückhalten und, anstatt die Menschen auf bessere Gedanken zu bringen, ihnen das Denken einzustellen beflissen sind, wozu ihnen denn freilich der zum Teil erschöpfte Sadduzäismus (Rationalismus und Liberalismus) als Diabolus languens wenigstens für den Augenblick die Hand wieder zu bieten scheint. Diesem antireligiösen und antiphilosophischen Sinnen und Treiben entgegen habe ich es mir seit lange angelegen sein lassen, die Lust und den Mut zum Forschen in religiösen Dingen durch meine Schriften wenigstens bei jenen Lesern rege zu erhalten, welche durch die Konservation ihres Verlangens nach Licht ihre Fähigkeit der Erleuchtung sich konserviert haben*, und so soll denn auch gegenwärtige

* Jeder neue Moment der Lichtevolution in der Zeit gibt sich nämlich jenem, welcher durch eigene Schuld in der Evolution seiner Lichtesrezeptivität nicht fortgeschritten, somit zurückgegangen ist, nicht als Licht kund, sondern als blendender, nur seine Finsternis ihm sichtbar machender Blitz. Den Blitz nenne ich darum den Zorn des Lichtes oder Terror lucis. Ein Philosophunculus hat kürzlich mich unter die wetterleuchtenden Genies gezählt, – obschon für ihn es keine Gefahr hat, weil alle Streiche nur als Wasserstreiche über seinen Kopf gehen werden.

Schrift (deren Grundlage ein Schreiben an den Fürsten und Erbprinzen *Constantin Löwenstein-Wertheim* macht) denselben Zwecke förderlich sein; und an einem Beispiele von der schier allgemein unter so sich nennenden Christen noch herrschenden Nichtwissenheit und im Vergleich mit den ersten Christen Barbarei Zeugnis geben; jenen Obskuranten entgegen, welche diese Nichtwissenheit festzuhalten und zu konservieren sogar ex officio sich angelegen sein lassen, und zwar soll auch besonders diese Schrift die meines Wissens von allen übrigen Schriftstellern noch verkannte Quelle dieser Nichtwissenheit in den göttlichen Mysterien in dieser ihrem solidären Verbande mit der Nichtwissenheit in den natürlichen Mysterien wieder zur Erkenntnis bringen. – Wie aber, muß man fragen, kann der besonnene Mensch auch nur an dieses Forschen in natürlichen und göttlichen Dingen mit Zuversicht wieder gehen, so lang ihm die Einsicht und Überzeugung mangelt, daß, »so wie ihm der Hunger nicht von sich selber, sondern von dem angefacht wird, was durch denselben zum Vorschein kommen will«, – so auch sein wahrhafter Wissenstrieb oder sein Verlangen zu wissen ihm nur von dem Verlangen dessen kömmt (als Gabe und Aufgabe), welcher von ihm (dem Menschen) gewußt oder ihm offenbar werden will? d. h. so lang ein egoistisch-subjektives Philosophieren dem Menschen weiß macht, daß alles Erkennbare beim Erkenntnisprozeß sich völlig gleichgültig und passiv verhalte, und dabei (wie z. B. *Kant* lehrte) nicht viel weniger als nichts tue, also auch nicht viel mehr als nichts (d. i. als ein Selbstgemächte, Postulat, Selbstspieglung oder Bauchrednerei des Erkennenden oder Wissenden) sei. (1)

Weder Staatskirche noch Kirchenstaat

Wenn allgemein die Erkenntnis und Annahme derselben Wahrheit die Basis alles Einverständnisses, so wie (was zwar nicht bemerkt wird) die gemeinsame Befangenheit von einem und demselben Irrtum die Wurzel alles Nichteinverständnisses ist, so könnte es wohl sein, daß der den Katholiken und Protestanten noch gemeinsame Irrtum von der Identität und Untrennbarkeit des Katholizismus und Papismus die Wurzel wäre, aus welcher die Differenz zwischen beiden erst hervorging, und die noch immer selbe unterhält, ungeachtet des Anscheins einer Indifferenz (welche sie Toleranz nennen), wie denn hier gilt, daß wer nicht für den anderen ist, wenigstens im Herzen wider ihn ist, und eine solche (bloß polizeilich erhaltene) Toleranz keine hinreichende Bürgschaft für die Ruhe der Sozietät gibt, so wie sie diese schwach, weil in sich ungeeint hält*. Wobei denn nicht in Abrede zu stellen ist, daß eine solche, unter Indifferenz sich versteckt haltende, soziale Differenz dem reliierenden Geiste des Christentums (als Menschentums par excellence) nicht, wohl aber jenem Geiste entspricht, welchen die Schrift als homicida bezeichnet. Welches Nichtsicheinanderverstehen und Einverstehen der Menschen, nicht zwar in anderen, sondern nur in religiösen Dingen, übrigens auch ihrem Verstande selber zu schlechtem Ruhme gereicht, und eigentlich als Skandal der Intelligenz angesehen werden muß**.

* Ich bin so wenig los von dem, den ich hasse, als von dem, den ich liebe, nur finde ich mich durch den Haß gebunden und unfrei, durch die Liebe (nicht Leidenschaft) frei. – Der rohe Unverstand vermengt aber das soziale Freisein mit dem Lossein, so wie man höchst unvernünftig von einem Lossein von Gott spricht, da doch der sogenannte Gottlose der Gottunfreieste ist. Übrigens hat sich erst wieder kürzlich ein solcher latenter Soziallosmachungs- oder Exkommunikationstrieb zwischen Katholiken und Protestanten gezeigt in den Anforderungen in betreff der gemischten (wie sie sagen, halbschlächtigen und unreinen) Ehen. Wobei ich nur bemerke, daß eine solche Exkommunikation nicht bloß bei den Juden, sondern auch bei den Griechen, Römern und Galliern im Brauch war, von welchen letzteren *Cäsar* das Interdikt mit den Worten bezeichnet: os, orare, vale, communio, mensa negatur.

** Wahrhaft frei sind die Menschen von und gegen einander nur, wenn sie einander befreiend sind, und nur wenn der Mensch, wie gesagt, *für* den anderen ist, ist er in potentia wie in actu *nicht gegen* ihn. Mit all eueren negativen Pflicht- und Tugendlehren konstituiert ihr darum doch nur eine äußerlich polizeiliche, mechanische, weil lieblose, nicht eine vitale Assoziation. Wie denn mit der Abnahme dieser inneren oder religiösen Sozietät als der von Innen attra-

Da der eigentliche Zweck des gegenwärtigen Aufsatzes vorerst nur die Wiederanregung der vorliegenden Frage ist, womit also behauptet wird, daß diese Frage wirklich noch nicht gelöst ist, so scheint es vor allem nötig, jene gegenteilige Behauptung zurückzuweisen, welche selbe längst und zwar durch die gleiche Anciennetät des Katholizismus und Papismus, somit geschichtlich beantwortet, ausgibt. Da nun aber die Nachweisung des Irrigen dieser letzteren Behauptung bereits in älteren und neueren Schriften vorliegt, so will ich mich unter Berufung auf selbe hier bloß mit Anführung einiger jener Stellen aus zwar nur wenigen älteren Kirchenlehrern begnügen, welche indes, wie man zu sagen pflegt, in dieser Hinsicht schlagend sind und keinen Zweifel darüber lassen, daß nicht bloß bis ins dritte und vierte, sondern wenigstens bis ins siebente Jahrhundert die ersten katholischen Theologen jene behauptete Identität des Begriffs des Katholizismus und des Primats nicht nur nicht anerkannten, sondern derselben geradezu widersprachen*. – So sagt *Epiphanius* (im vierten Jahrhundert) in Haeres. 55: »Daß wenn man von der wahren Kirche urteilen will, man nicht auf die Sukzession der lehrenden Personen, sondern auf jene der Lehre sehen müsse.« So sagt *Cyprianus* († im dritten Jahrhundert) in prol. Concil. Carth. de baptiz. Haeret.: »Daher darf kein Bischof in der Welt sich zum Bischof der Bischöfe aufwerfen, oder durch Drohungen (und Sperrung der Spiritualien) einen Glaubens-

hierenden die bürgerliche Sozietät in demselben Verhältnisse gespannt, von Innen drückend, komprimierend und für Regierte und Regierende *schwer* wird. Wenn es aber unverständig ist, die bürgerliche Sozietät ohne die religiöse konstituieren zu wollen, so scheint es doppelt unverständig, erstere gesichert zu glauben, so lange in der religiösen Sozietät selber noch ein separierendes, zwieträchtiges Prinzip herrscht, d. h. so lange selbe noch - unchristlich ist.

* Wobei nicht außer acht zu lassen ist, daß diese Kirchenlehrer unter Einheit der Kirche als Weltkirche immer ihre innere und äußere Einheit zugleich verstanden, folglich das Papsttum keineswegs als wenigstens zur äußeren Einheit der Kirche notwendig ansahen, und also noch minder die Assistenz der Kirche auf jene des sogenannten Kirchenoberhauptes reduzierten. Von welcher Assistenz gilt, daß nicht aus der Legitimität der letzteren auf jene der ersteren, so wie ihrer Fortdauer als Assistenz geschlossen werden muß.

und Handlungszwang auflegen.« – In demselben Sinne sagt *Theodoretus* († im fünften Jahrhundert) in Sermon 16: »Unter allen Ketzereien ist keine schlimmer und furchtbarer als die, welche in unseren Zeiten ihr Haupt so stolz und mächtig erhebt, die Ketzerei nämlich, welche die eben so ungerechte als unverständige Forderung an die Menschen macht, daß sie auf ihren Verstand (somit auf ihr Wissen und Gewissen) verzichten, ihre Religion nicht prüfen, nicht nach eigener religiöser Überzeugung oder Gewißheit forschen, nur blindlings glauben sollen« (d. h. andere Menschen etwa gegen ein billiges Honorar für sich Wissen und Gewissen haben lassen). So wie derselbe Kirchenlehrer (Interpret. Epist. ad Philip. c. I.) sagt: »Möchten doch alle Bischöfe nie vergessen, daß ihre Macht aus einer bloß menschlichen und willkürlichen Einrichtung herrührt, und daß zu den ersten Zeiten der Christenheit zwischen einem Bischof und Priester kein innerer (die Geistesmacht betreffender) Unterschied war*.« *Augustinus* († im fünften Jahrhundert) sagt (in Serm. 270 in Die Pentec.): *»Et ego dico tibi: tu es Petrus:* quia ego petra, tu Petrus; neque enim a Petro petra, sed a petra Petrus, quia non a Christiano Christus, sed a Christo Christianus. *Et super hanc Petram aedificabo ecclesiam meam.* Non supra Petrum quod tu es, sed supra Petram, quam confessus es« (Retract. l. I. c. 21) – was auch früher *Ambrosius* († im fünften Jahrhundert, de Incarnatione Domin. sacram. c. 5) sagt: »Fides est ergo ecclesiae Fundamentum, non enim de Persona (carne) Petri sed de ejus (et omnis hominis) Fide dictum est: quia Portae Mortis ei non praevalebunt.« Endlich spricht sich *Gregor I.* († im siebenten Jahrhundert), welcher als Bischof in Rom selber in der Reihe der Päpste aufgeführt wird, am bestimmtesten gegen den Begriff des Primats aus, indem er (Epist. ad Anastas., ad Maurit. und ad Sabinianum) sagt: »Seit dem Anfang der christlichen

* Mit dieser Dignität des Priesters als solchen und nicht als Ordensgeistlichen macht einen auffallenden Kontrast jener Servilismus in bezug auf seine geistlichen Vorsteher, welchem man den katholischen Priester neuerdings unterwerfen will.

Kirche hat man kein Beispiel, daß sich irgendein Bischof den Namen eines allgemeinen (Oberbischofs) beilegte. Man sah nämlich ein, daß, sobald sich ein Bischof den allgemeinen nennt, und er das Unglück hat, in irgendeinen Irrtum zu fallen, die ganze Kirche Gefahr laufe zusammenzustürzen, und daß folglich die Einwilligung in einen solchen Vorzug (Primat) eine wahre Gotteslästerung und Verleugnung des Glaubens ist.«

Wer nun Lust und Beruf hat, die hier angeführten sowie mehrere andere Kirchenlehrer derselben Zeit nachzuschlagen, der wird sich auch der Überzeugung nicht erwehren können, daß der spätere Urstand und Bestand des Papsttums nicht in der katholischen Religion als solcher, sondern in dem Hinzutritt und der Verwicklung weltlicher Interessen und Zwecke mit den eigentlich kirchlichen zu suchen ist, wie denn die Geschichte beweist, daß dieses Papsttum ebensogut das Werk weltlicher Regenten als der römischen Bischöfe war, und zu jener ihren politischen Zwecken noch häufiger gebraucht und mißbraucht ward, als dieses von seiten der letzteren geschah*. Wobei übrigens die Frage von der zeitlichen Notwendigkeit oder Nichtnotwendigkeit dieser Konformierung des geistlichen Kirchenregiments dem weltlichen und dieser Punktualisierung des ersteren** hier ganz nicht in Betracht kommt, und nur jene Mystifikation nachgewiesen werden soll, welche das Papsttum mit dem Christentum als von gleichem Datum sowie von gleich göttlichem Ursprung und Einsetzung mit letzterem ausgibt. Ich sage Mystifikation, weil, wenn die Docto-

* Man erinnere sich z. B. nur, wie oft die weltlichen Regenten gegen ihre Feinde von der zu jener Zeit fürchterlichen Waffe des päpstlichen Interdikts Gebrauch machten.

** Diese Punktualisierung oder dieser Absolutismus hat das Kirchenvorsteheramt den Weltmächten gleich gemacht und somit wahrhaft säkularisiert. Womit einerseits die Kirche leichter vom Staat, aber auch dieser leichter von der Kirche angreifbar und verletzbar ward. Übrigens hat die neuere Geschichte jene Meinung sattsam widerlegt, als ob die autokratische Form des Kirchenregiments der Felsen für die Autokratie im weltlichen Regiment sei, da gerade in den römisch-katholischen Ländern die Revolution ihren mehrsten Zündstoff fand.

res romani keine neueren und besseren Beweise für dieses Ausgeben vorbringen können als ihre von Jahrhundert zu Jahrhundert nur wiederholten, sie sich auch des ihnen gemachten Vorwurfs nicht erwehren können, daß sie dem Dogma der Homificatio verbi jenes der Papificatio Christi sowie dem Dogma der Transsubstantiation der sakramentalen Materie jenes der Transsubstantiation eines nichtheiligen Menschen, bloß durch den Wahlakt von nichtheiligen Menschen, in einen Patrem et Dominum Sanctissimum* anhingen, und daß sie mit ihrer Vorstellung eines Vicarius Christi als individuellen und alleinigen Repräsentanten und Vermittlers des Christs mit der Welt den Begriff eines *Repräsentanten* mit jenem eines *Surrogats* vermengten.

Die Frage über den Primat ist aber eigentlich nur eine sekundäre Frage, indem ihre Lösung jene der Frage über das Verhältnis der Schriftautorität zur sogenannten Traditionsautorität voraussetzt, weswegen ich es um so mehr für gut finde, auch über dieses letztere Verhältnis mich hier auszusprechen, als die noch herrschenden Begriffe hierüber ziemlich vage sind. – Ich bemerke also vorerst, daß diese Unterscheidung von Schrift und Tradition darum unklar und unbestimmt ist, weil man unter letzterem Worte bald die nur mündlich fortgepflanzte, bald die nur geschriebene Lehre versteht. Man weiß nämlich, daß nur in den ersten Zeiten des Judentums unter Tradition eine ausschließend nur mündlich fortgepflanzte, nie geschriebene Lehre gemeint war; daß aber in späterer, namentlich in Christi Zeit, auch die Juden unter Tradition die gleich dem Gesetz (Sepher) geschriebenen Aufsätze der Ältesten verstunden, von welchen ihnen Christus vorwirft, daß sie solche dem Gesetz als der Schrift par excellence vorzögen. – Forscht man aber dem Verhältnisse von

* »Ihr sollt euch nicht Rabbi (großer Lehrmeister) nennen lassen, denn Einer nur ist euer Lehrmeister, ihr aber seid alle Brüder, und niemand auf Erden sollt ihr eueren Vater nennen, denn Einer ist euer Vater, der in den Himmeln ist. Auch sollt ihr euch nicht Vorsteher (Fürsten) nennen lassen, denn Einer ist euer Vorsteher, der Gesalbte« (Matth. 23, 8).

Wort und Schrift, besonders in bezug auf jenes »heimliche Sagen« der Juden, tiefer nach, somit in bezug auf die Überzeugung, welche hiedurch ein Mensch durch einen anderen Menschen gewinnen kann, so zeigt es sich, daß, *so wie das Selbstüberzeugtsein des Menschen kein von sich selber Überzeugtsein, selbes ebensowenig das von einem anderen Menschen Überzeugtsein* ist*, wie denn der Mensch, er sei so hoch gradiert als er wolle, seine Selbstüberzeugung nicht unmittelbar oder transfusionistisch und beliebig einem anderen mitteilen kann, und des Menschen ganzes Vermögen (Pflicht und Recht) sich darauf beschränkt, dahin zu wirken, daß dasselbe Prinzip, welches in ihm die Überzeugung hervorbrachte, auch in anderen Menschen frei wird und zur Sprache kommt; und *daß folglich die Menschen im Grunde nur von dem überzeugt sind, was sie sich unmittelbar selber weder sagen noch schreiben können***. Was sich schon im Wissen und Lernen der sogenannten exakten Wissenschaften (namentlich in der Mathematik) erweist, indem der Lehrer dem Hörer zwar die aufgegebene Konstruktion bekannt machen, nicht aber den Beweis ohne das eigene Tun (Nachkonstruieren) des letzteren ihm geben kann. Anerkennt nun aber jeder Mensch in seinem Wissen und Gewissen (sei es freiwillig oder nicht) die Gegenwart einer höheren Macht, so soll er diese Gegenwart letzterer auch in jedem anderen Menschen anerkennen und respektieren.

* Die Silbe *Ge* in den Worten Gewißheit und Gewissen sagt so wie Con im Lateinischen und Französischen, *Συν* im Griechischen etc. einen Pluralis im Wissen aus, wie das Wort Überzeugung einen Zeugen. Weswegen es grundfalsch ist, wenn die Logiker behaupten, daß das Selberwissen ein von selber oder ein Alleinwissen sei; wie es falsch ist, wenn man im Gewissen das Wissen seines Gewußtseins verkennt, nämlich von einem sich als unterschieden kund gebenden Wissenden.

** Die Künstler sagen, daß man ein Kunstwerk nicht versteht, wenn man nicht in den Geist des Bildners eingedrungen ist, welcher also dem Beschauer vergegenwärtigbar sein muß. Wenn der außer mir zu mir Sprechende nicht auch in mir hört, d. i. mein inneres Ohr mir öffnet (Apstlg. 16, 14), so vernehme und verstehe ich ihn nicht. Wie denn auf diesem Zwiegespräch eines und desselben in und außer mir Sichkundgebenden alle Sensation und alles Einverständnis beruht, und es einen geringen Scharfsinn beweist, wenn die Philosophen nur in religiösen Dingen dieses Gesetz des Zwiegesprächs nicht wollen gelten lassen.

Woraus sich ergibt, daß in letzter Instanz *nicht der Mensch dem Menschen Autorität* ist, so wie hieraus das Rechtswidrige alles Wissens- und Gewissenszwangs oder *aller logischen Verknechtung* einleuchtet, welche die Wurzel aller *religiösen Verknechtung* ist, so wie hinwieder auf diese alle *bürgerliche Verknechtung* sich basiert, weil keine Leibeigenheit ohne Gemüt- und Geisteigenheit besteht, und weil der Despot mit bloß äußerer Gewalt nichts ausrichten würde, falls ein innerer (geistiger) Servilismus nicht den äußerlich verknechteten Menschen auch innerlich verknechtet hielte. Weswegen auch alle Zwiste des weltlichen und geistlichen Despotismus nur als Familienzwiste zu betrachten sind, indem der Despot des Pfaffen nicht minder bedarf als dieser jenes. So wie der freisinnige Regent, welcher des Menschen äußere Freiheit in bezug auf andere Menschen und die Natur will, der Mitwirkung des Priesters zur innerlichen Entknechtung bedarf*.

Wenn aber, wie gesagt, die Juden in späteren Zeiten unter Tradition nur geschriebene Lehren verstunden und ihren Schriftgelehrten nur das Recht der Schirmung, Auslegung und Anwendung derselben zugestunden, wenn ferner in den ältesten Zeiten des Christentums und besonders, nachdem der Kanon der hl. Schriften einmal fixiert war, die christlichen Priester in demselben Verhältnis zu letzteren stunden, so hat sich dagegen in späteren Zeiten die Meinung geltend gemacht, erstlich daß den Konzilien *mit* dem Oberhaupt der Kirche, endlich daß diesem *ganz allein* absolute und mit der Schrift völlig in Dignität gleiche Autorität zukomme. Offenbar ging

* Man sieht hieraus den Irrtum jener französischen Publizisten und einiger Theologen ein, welche lediglich in einem gänzlichen Lossein und Indifferenz des Staates und der Kirche das Heil beider suchten, weil sie an keinen Bund beider glaubten, der nicht eine Conjuration wäre. Übrigens schließt der hier aufgestellte Begriff der Mitwirkung des Priesters mit der weltlichen Regierung jenen seiner freien Stellung zur letzteren ein, somit alle Bureaudienstbarkeit in seiner priesterlichen Funktion aus: so wie die Universalität der christlichen Kirche als Weltkirche oder Weltinnung und Korporation alle Nationaluniformierung des Priesters ausschließt und kein Priester eines Landes dem eines anderen ein fremder sein soll.

man nun hiebei einerseits von der falschen Voraussetzung aus, daß diese Schriften um nichts besser seien als jedes von Menschen hinterlassene geschriebene Gesetz, d. h. daß sie ein Totes seien, über welchem keine höhere Persönlichkeit wache, und welches also einer materiell gegenwärtigen Person als einer lex viva bedürfe, wobei man also doch wieder zu einer unsichtbaren Assistenz seine Zuflucht nahm, und nur diese, den Aussprüchen der Schrift entgegen, auf ein einziges Individuum kontrahierte, monopolisierte und gleichsam akkaparierte. – So wie man andererseits aus dem wahren Satze, daß das mündliche Wort dem in Schrift gefaßten vorgehen mußte, die falsche Folge zog, daß dieselbe frühere Integrität der mündlichen Lehre in denselben sichtbar sich folgenden Lehrern unverändert fortdauern würde und müßte, da ja eben die Inschriftfassung der Summa dieser Lehre im Christentum, wie früher im Judentum, jedem bevorstehenden Verfall der mündlichen Lehre Ziel und Schranken setzen sollte, hiemit aber das mündliche Wort dem in Schrift bereits verfaßten nicht *bei-*, sondern für alle Zukunft als klassisch, d. h. als leitend und orientierend oder konstituierend, *untergeordnet* ward. Wie denn selbst der auferstandene Christus seinen Jüngern die (von Ihm, wie Er sagte, zeugende) Schrift auslegte. – Nachdem man aber einmal dieser Würdigung der Schrift entgegen die Notwendigkeit eines fortbestehenden äußeren, vorzüglich nur an einem Individuum haftenden, Orakels statuiert oder fingiert hatte, so war es nur konsequent, wenn man die Schrift zur mündlichen Lehre der oder vielmehr des Kirchenvorstehers als fortwährend in demselben Verhältnisse seiend darstellte, in welchem jene bei Fixierung des Kanons war, woraus denn auch folgte, daß man wohl die Schrift, nicht aber jene infalliblen Lehrer vermissen und entbehren könne, weil ja an diese ebenso sicher, als an Christus und seine Apostel, als sie noch sichtbar unter den Menschen herumgingen, sich halten konnte.

Wenn es schon weder recht noch klug getan ist, einen Krieg

(Prinzipienstreit) anzufangen, so wäre es doch nicht minder unrecht und unklug, falls man, nachdem ein solcher Streit sich einmal unabsichtlich entzündete, der Nachforschung und freien Diskussion über dessen eigentliche Wurzel* sich entziehen oder selbe verwehren wollte. Was protestantischerseits nicht minder als katholischerseits gilt, indem z. B. die ersten Reformatoren in Deutschland zwar unmittelbar den Absolutismus im Kirchenregiment angriffen, selben indes nicht tilgten, sondern nur nationalisierten, womit aber die äußere Einheit der Kirche als Weltkirche und Weltkorporation verletzt ward. Indem diese Reformatoren ferner mit mehrerem Unwesentlichen des Katholizismus auch das Wesentliche desselben weg- und gleichsam dem Papsttum nachwarfen**, bestärkten sie dieses. Wozu endlich in neueren Zeiten ein falscher Rationalismus kam, welcher sich um so breiter machte, je weniger er in die Tiefen des natürlichen und religiösen Lebens eindrang, und je weniger er also von beiden verstand, und welcher Rationalismus mit Christus und Christentum ebenso leicht als mit Papst und Papsttum tabula rasa machen, ja mit letzteren nicht anders als durch eine radikale Exstirpation des ersteren fertig werden zu können vermeinte. So wie umgekehrt die französischen Revolutionäre das Christentum zu tilgen meinten, wenn sie das Papsttum beseitigten.

So wenig der dermalige Cäsaropapismus der erste allgemeine oder katholische Christianismus ist, so wenig ist solches der Protestantismus, weil die Zurückweisung dessen, was nicht die Sache, nicht schon das Geben derselben, wenn schon die Bedingung ihres Empfangs ist, oder weil ich hierzu erst wissen muß, ob ich das, was ich bedarf, nicht habe. Zu welchem *negativen* Wissen es darum auch nur jener bringt, der dermalen aus einem Katholiken ein Protestant und umgekehrt

* Bekanntlich hat man die erste Wurzel des Reformationsstreites nicht in Deutschland, sondern in Rom und Paris zu suchen.

** Wie das Unrecht nur von dem Teil des Rechtes fortlebt, den man ihm gegen sich läßt, so gilt dasselbe vom Irrtum.

wird. Wie denn der Protestant mit gleichem Rechte zum (päpstlichen) Katholiken sagt: Du hast die Sache nicht, als letzterer zu jenem: Du gibst mir die Sache nicht.

Wennschon vor dem mißlungenen Reformationsversuch der Katholizismus alteriert war, so fing der Protestantismus schon mit Alterationen und Variationen an, welche Instabilität schon in seiner Natur liegt, weil die Zurückweisung dessen, was nicht die Sache ist, nicht schon das Geben derselben, sondern nur die Bedingung ihrer Erwerbung ist. (2)

Über die Emanzipation des Katholizismus

Gegen die Emanzipation des Katholizismus vom Romanismus oder der römisch-hierarchischen Diktatur überhaupt sind dermalen in Deutschland 1. diese selber; 2. ein großer Teil des hohen und des niedrigen katholischen Klerus, welcher teils aus Not – auf welch' letztere die nichtparteinehmenden Regierungen doch unmaßgeblichst reflektieren sollten –, teils aus Unverstand, teils endlich aus habitueller Neigung am szientivischen Servilismus hangt; 3. ein Teil der Akatholiken oder Protestanten selber, welche nicht eine Emanzipation der Katholiken, sondern dieser ihren Übertritt zu sich wollen, indem sie keine Vorstellung davon haben, wie man ein Katholik sein kann ohne Papst, oder ein Nichtpapist ohne Protestant zu sein, obschon es nicht zu leugnen ist, daß der Katholizismus bestund, ehe noch von einem Papsttum und einem Protestantismus die Rede war, so wie gegen ein Papsttum protestiert wurde, ehe noch ein solches aufkam, und obschon *Luther* selbst, indem er als Mönch den Irrtum seiner und der früheren Zeit (bis ins achte Jahrhundert hinauf) von der Untrennbarkeit des Papsttums vom Katholizismus teilte, nur darum akatholisch ward, weil er antipapistisch war. 4. Ein Teil der weltlichen, hierin nicht recht berichteten, Regierungen, welche noch immer im Romanismus das Organ des Monarchtums zu sehen meinen, und deren Ratgeber etwa mit Mephistopheles in *Goethes Faust* denken: Duckt der Mensch da (im religiösen Wissen und Tun), so duckt er auch anderswo ... In neueren Zeiten wärmten die Legitimisten diesen Servilismus wieder auf, weil sie ihn zur Restauration der Monarchie nötig hielten, wurden aber von einem Teil ihrer Gegner (den Barrikadisten) hierin noch überboten, welche gleichfalls durch ihn dem Revolutionismus erst die nötige Weihe geben zu können meinten....

Wenn auf eine solche Weise für eine Emanzipation des Katholizismus und Romanismus die Aspekten in Deutschland sich nicht günstig zeigen, so haben doch die Kölner Händel diesem allem entgegen, und gegen die Erwartung von beiden Seiten, eine so markierte Bewegung unter dem katholischen Klerus wie unter den Laien in Deutschland wieder erweckt, und vorzüglich ist die Vitalfrage von der Stellung der Religionswissenschaft in Deutschland zur römischen Diktatur bei dem *Hermesischen* Streite so eindringlich wieder zur Sprache gekommen, daß eine abermalige Reprimierung dieser Bewegung, selbe mag herkommen, woher sie will, weder zu hoffen noch zu fürchten ist, im Gegenteil aber vielmehr zu erwarten, daß, falls man in Rom zu den alten und veralteten Waffen einer Exkommunikation der deutschen Intelligenz griffe, die Deutschen ihrerseits nicht ermangeln würden, die Römer von dieser ihrer (der deutschen) Intelligenz zu exkommunizieren. So sehr auch immer einzelne Römlinge, auf günstige aber vorübergehende Konjunkturen bauend, dagegen zu schreien und zu schreiben und sich mit ihren Anhängern hierüber zu mystifizieren oder in einen blauen (römischen) Dunst zu verhüllen bestrebt sein möchten. Der Deutsche ist nämlich vermöge seiner Natur zum korporativen Element geneigt, und da die Wissenschaft und Kunst ... eigentlich nur in freien Bünden gedeihen, somit kein Regiert- oder Gezwungenwerden vertragen (nolunt cantare compulsi seu ligati); so begreift man, warum der auf Schrift und Wissenschaft sich vorzüglich verstehende Deutsche keinen Spaß hierin versteht, und daß, falls seine bessere, ursprüngliche Natur, selbst auf längere Zeit, *unterdrückt*, doch nicht *erdrückt* werden kann. Wie sich dieses bereits in der versuchten, wenn schon nicht gelungenen und nicht etwa auf halbem Wege stehen gebliebenen, sondern sofort einen unrechten Weg eingeschlagen habenden Kirchenreformation in Deutschland erwiesen hat. Welches Mißlungensein, somit auch der völligen Befreiung und Verselbständigung der Religionswissenschaft in Deutschland von jeder ausländischen und gegen jede ausländische Diktatur, zwar aus mehreren Ursachen, hauptsächlich aber und schon daraus begreiflich wird, wenn man die Disputationen der Theologen jener Zeit nachliest und sich überzeugt, daß es beide Parteien nur zu häufig sowohl an gründlichen theologischen und historischen, als besonders auch an naturwissenschaftlichen Kenntnissen fehlte, und selbe somit nicht zur Einsicht gelangen konnten, daß es sich weder um eine bloße Konservation des bestehenden Wissens, noch um eine Reformation desselben, sondern um dessen tiefere Begründung und neue Institution schon zu jener Zeit handelte. – Was nun aber *im* Streit unterblieb, das unterblieb um so mehr *nach* ihm, und nachdem die Parteien, jede in ihr verschanztes Lager, zurückgegangen waren, und jede damit anfing, der freien Bewegung der Religionswissenschaft Grenzpfähle zu stecken, so zwar, daß nicht nur die protestierenden Kirchenvorsteher selbst, anfangs wenigstens und so gut als es ging, päpstelten, sondern daß auch die weltlichen Regenten zu solcher theologischen Diktatur griffen, und geraume Zeit alle Parteien nur darin einverstanden zu sein schienen, das Wissen in der Religion zu einem stationären, somit zu einem unlebendigen zu machen: da ja, was nicht fortwächst, unlebendig ist und also auch nicht ins Leben eingreift, und da eben, weil der Gegenstand der Religion ewiger Natur ist, das Wissen von ihm zu keiner Zeit still stehen, d. h., im Gegenteil, immer fortwachsen, folglich nie sich antiquieren, veraltern und verfallen, *und nur in diesem Fortwachsen sich konservieren kann und soll.* Wie denn umgekehrt alles, was wir in der Zeit nicht fortwachsen, sondern stagnieren sehen, eben hiedurch seine Eitelkeit, d. h. seine Leerheit am inneren, ewigen, darum allein konservierenden Prinzip erweist, wenn es auch einzelnen Menschen, die sich den Namen der Konservativen geben, an Interesse und Lust nicht fehlen sollte, solche hohlen Larven noch geraume Zeit fortzuschleppen.

Es ist nun nicht in Abrede zu stellen, daß diese Religionswissenschaft in Deutschland auch dermalen sich im Ganzen in einem wahrhaft kläglichen Zustande befindet, und daß selbe noch weiter als zur Zeit der Reformation von jener tieferen Begründung entfernt scheint, welche ihre Selbständigkeit als Wissenschaft erheischt, so daß mit dem bloß negativen Tun einer Abwehr fremden deprimierenden Einflusses die Sache in Deutschland dermalen um so weniger schon abgetan sein würde, als eben die drei Hauptparteien, in welche, bezüglich auf das religiöse Wissen, sich die Deutschen dermalen gruppiert zeigen, nicht *für* sondern gerade *gegen* selbes sind. Ich meine nämlich die blindautoritätsgläubige Partei, welche selber ganz nichts von Religionssachen wissen will, sondern andere, die sie dafür bezahlt, für sich wissen läßt, ferner die bloß gefühlsgläubige oder die Partei der Mystiker, dieses Wort in seinem wahren Sinne genommen, und endlich die rationalistische Partei, welche mit ihrem eingebildeten Selberwissen alle Religionswissenschaft kaputt zu machen meint. . . .

Aber freilich ist die Entfremdung der Theologie von der Naturwissenschaft, von welcher hier die Rede ist, von ungleich älterem Datum, als man gewöhnlich meint oder weiß. Nämlich noch vor dem Ende des ersten Jahrhunderts kam jener gnostische Irrtum in der christlichen Doktrin auf, gegen welchen *Paulus (I. Timotheus)* warnt, durch welchen ein völlig verkehrter Begriff (Vorstellung) von der materiellen Natur in und außer dem Menschen aufgestellt und behauptet ward, daß diese materielle Natur an sich durchaus böse, ja *von* einem bösen Prinzip selber gegen Gott entstanden sei und bestehe, anstatt anzuerkennen, daß selbe *gegen* das in einer früheren Katastrophe der Schöpfung entstandene Böse geschaffen ist und besteht; so wie dessen normale Funktion keine andere ist, als diese wie immer sich geöffnet habende Quelle der Verderbtheit teils in sich niederzuhalten, teils seiner Ausscheidung und Wiederverschließung zu dienen. Man begreift also wie dieser Abscheu und diese Verachtung der materiellen Natur teils ein Nichtbeachten oder Ignorieren derselben zur Folge haben mußte, teils jene falsche Asketik, welche, wie *Paulus* sagt, dem Leibe nicht seine gebührliche Notdurft läßt, sondern ihn auf alle Weise zu mortifizieren und zu verderben trachtet. Es war aber eben nur diese gnostische Asketik, welche am Ende des dritten Jahrhunderts sich dem Mönchtum im Orient und Okzident mitteilte, und durch selbes, des gesamten Klerus sich bemächtigend, sich in der ganzen Christenheit gegen die apostolische Lehre ausbreitete. Von dieser Asketik machte die Hierarchie indes bald für sich die Nutzanwendung, daß sie die hohe Meinung, die das einfältige Völklein von der Divinität solcher Naturpeiniger faßte, welche nicht gottgelassen, sondern eigenwillig die höhere Natur in sich dadurch zum Reden bringen wollten, daß sie den Leib auf die Folter legten, zu dem Glauben hinlenkte, dieses allen Menschen zwar von Natur unerreichbare Vermögen, »ihre Natur (wie der Bischof von Verona, Zeno, A. 360 sich ausdrückt) mit Füßen zu treten«, wohne nur dem hiezu durch die hierarchische Ordination geweihten Kleriker ein. Auf die Divinität des Klerikers ward somit die Unterwürfigkeit des Laien (als einer anima vilis) unter ihn basiert, dadurch aber in der gesamten Christenheit ein orientalischer Kastengeist durch den apostolischen Stuhl wieder eingeführt, von welchem die Apostel nichts wußten. Hiemit wurden denn auch die Christen in die ordinierten wissenden und die nicht ordinierten nichtwissenden und vom Christentum nichts verstehenden und nichts zu verstehen brauchenden Christen geschieden. Bis zu welcher Manie man es hierin noch in späteren Zeiten brachte, kann man aus einer Rede eines Domherrn in Gran entnehmen, welcher auf der Synode in Turnau 1629 behauptete, »daß die Macht des Priestertums nicht nur jene der Könige übertrifft, sondern auch die der Engel, daß diese Macht beinahe nur dieselben *Grenzen* hat, als die göttliche, und also freilich für die Gesamtheit der Kreaturen (d. h. der Laien, quibus non est intellectus) betäubend, und diese vor Staunen entseelend (wenigstens stupefazierend) sein muß«. (3)

Audiatur et tertia pars

Wenn uns die Geschichte lehrt, daß die ursprüngliche Kirchenverfassung nichts weniger als eine monarchische, sondern eine korporative war, so lehrt sie uns auch, daß diese korporative Verfassung zuerst dadurch deprimiert ward, daß die weltlichen Regenten (namentlich *Karl* der Große) die Kirche zur *Staatskirche*, somit die Kirchendiener zu Staatsdienern und Staatsbeamten machten, daß aber bald genug (nach *Karls* Tod) eine vom römischen Bischof ausgehende zweite Umgestaltung der Kirchenverfassung aus einer Staatskirche in einen *Kirchenstaat* eintrat, womit die Kirchenvorsteher nicht nur den weltlichen Regenten den Dienst aufsagten, sondern letzteren für sich in Dienst nahmen, welche In-Dienst-Nehmung in absolut autokratischer Form bekanntlich unter *Gregor* VII. ihren Kulminationspunkt erreichte oder sich auf die Spitze trieb, und zwar von da an de facto wieder stets in Abnahme kam, ohne daß jedoch der römische Hof von seinen Ansprüchen auf diese In-Dienst-Nehmung der weltlichen Macht bis jetzt abgegangen wäre, wie denn derselbe z. B. nicht nur gegen den westfälischen Frieden in der vom 26. Nov. 1648 datierten, wiewohl erst am 3. Januar 1651 bekannt gemachten,

Bulle *Zelo Domus Dei* (Magn. Bullar. Roman. IV. p. 269 seq.) protestierte, sondern sogar dieselben Grundsätze noch im Jahr 1815 durch seinen damaligen Nuntius auf dem Kongresse in Wien aussprechen ließ*.

* In der Bulle Zelo Domus Dei, welche Papst Innocenz X. gegen den westfälischen Frieden erließ, wie gesagt wird, aus Eifer für das Haus Gottes und um die Reinheit des orthodoxen Glaubens und die Würde und das Ansehen der katholischen Kirche überall unversehrt zu bewahren, wird es mit dem innigsten Schmerze beklagt, daß durch die Vergleichspunkte des Friedensschlusses unter andern auch die sonst von den Ketzern an sich gebrachten Kirchengüter letzteren samt ihren Nachkommen auf ewige Zeiten überlassen worden seien, daß den Ketzern der Augsburger Konfession freie Ausübung ihrer Ketzerei in den meisten Orten erlaubt und mit den Katholiken die Beförderung zu Staatsdiensten und Ämtern und zu einigen Erzbistümern, Bistümern und andern Würden und geistliche Pfründen eingeräumt worden seien. Dies alles und anderes sei geschehen, obgleich der römische Stuhl durch seine Nuntien protestiert und jene Friedensartikel für null und nichtig, ungerecht, und durch Unbefugte verwegener Weise geschlossen worden, erklärt habe. Um nun aber desto wirksamere Maßregeln für die Unschädlichkeit besagter Beschlüsse zu treffen, so erkläre hiemit der apostolische Stuhl ausdrücklich alle Artikel der Friedensbeschlüsse, welche der katholischen Religion, dem Gottesdienste, dem Seelenheile, dem apostolischen Stuhle, der römischen und den untergeordneten Kirchen, dem geistlichen Stande und ihren Personen, Gliedern, Gütern, Privilegien, Prärogativen, nur den gringsten Nachteil verursachen oder verursachen könnten, mit allem daraus Erfolgtem oder noch etwa daraus Erfolgendem von Rechts wegen als null und nichtig, kraftlos, ungerecht, unbillig, verdammt, verworfen, eitel, ohne allen Einfluß und Erfolg für die Vergangenheit, Gegenwart und alle Zukunft, und daß niemand zur Beobachtung derselben, seien dieselben auch durch einen Eidschwur verwahrt, gehalten sei. Dann werden alle jene Friedensartikel nochmals zu desto größerer Vorsicht verdammt, verworfen, vereitelt, kassiert, vernichtet, kraft- und wirkungslos gemacht, und feierlich vor Gott wegen ihrer dawider protestiert und alle Kirchen und Personen in ihren unversehrten alten Zustand wieder eingesetzt und vollständig erneuert. Auch wird nicht versäumt zu erinnern, daß dieses Schreiben für immer gültig und wirksam sein und bleiben und in alle Zukunft unverletzt beobachtet werden soll; weshalb dann jeder wissenschaftliche oder nichtwissenschaftliche Eingriff dagegen durch welche Autorität immer für null und nichtig im Voraus erklärt wird. – In der vom Papst Pius VII. seinem Nuntius (Consalvi) gegebenen Instruktion heißt es: »Es ist Grundsatz des kanonischen Rechts (absolut. 16 de haereticis), daß die Untertanen eines offenbar ketzerischen Fürsten (über welche Offenbarkeit nur der römische Stuhl entscheiden kann, sowie darüber: ob irgendein Gegenstand vor sein oder vor das weltliche Forum gehört) von jeder Huldigung, Treue und allem Gehorsam gegen ihn entbunden sind. Und leben wir auch gegenwärtig in so ungünstigen Zeiten der Erniedrigung der Braut Jesu, also daß es ihr unmöglich ist, jenen Grundsatz wirklich geltend zu machen, so ist es doch nützlich, an die allerheiligsten Regeln (nämlich die kanonische Disziplin) der gerechtesten

Wenn nun aber schon die Reformatoren in Deutschland im Sinne hatten, die ursprüngliche korporative Verfassung und Verwaltung gegen die staatskirchliche und kirchenstaatliche wiedereinzuführen, so gelang ihnen doch dieses aus mehreren Ursachen so wenig, daß die protestantische Kirche größtenteils wieder zur Staatskirche zurückkam. Von welchen Ursasachen ich hier nur auf eine wenig oder nicht bemerkte aufmerksam machen will, nämlich darauf, daß zu jener Zeit selbst noch bei mehreren Reformatoren die Meinung von der Untrennbarkeit des Katholizismus von dem Absolutismus oder Monarchismus seiner Verwaltung*, da die Falschheit der Isidorischen Dekretalen noch nicht entdeckt war, zu tief eingewurzelt gewesen ist, als daß sie nicht Zweifel gegen die Tunlichkeit der Wiedereinführung einer korporativen Kirchenverwaltung wenigstens in petto gehegt haben sollten, wie denn die erste Forderung einer Kirchenreformation als jene »in Haupt und Gliedern« sich aussprach**. Wenn aber auf solche Weise der eine Teil der Reformatoren die monarchische Konzentration der Kirchenverwaltung zum Bestande der Einheit der Kirche nicht bloß als National-, sondern als Weltkirche noch nötig erachtete (was außer Rußland und Griechenland noch allgemein jetzt geschieht), so schlug vorzüglich bei *Luther* der Protest gegen die römische Diktatur (Cäsaropapismus) guten Teils in einen Protest gegen die Prinzipien

Strenge gegen die Feinde des Glaubens zu erinnern.« - Man sollte glauben, daß nach einer solchen Erklärung allen nichtrömischen Regenten und Regierten alle Lust zu einer Konkordierung und Hoffnung einer möglichen Versöhnung mit dem römischen Hofe ausgegangen sein müßte.

* So machte es sich noch *Hegel* mit dem Katholizismus leicht, indem er solchen geradezu als einen Glauben an die Infallibilität des Papstes deklariert, wogegen derselbe in seiner Lehre vom Staat diesen gleichsam mit päpstlicher Autorität in Religion, Kunst etc. dotiert.

** Insofern also diese Reformatoren anfänglich von einem Haupt der Kirche als einem Fokus der Ordination sprachen, setzten sie sich dem Vorwurf aus, durch Losreißung von demselben die Kontinuität oder Filiation dieser Ordination unterbrochen zu haben, wogegen die altgläubige Kirche, welche sich nie zu einem solchen Oberhaupt bekannte, diese Filiation ununterbrochen in sich erhielt.

des Katholizismus selber aus, welche hiemit gleichsam dem Papsttum nachgeworfen wurden und dieses hiermit nur bestärkt ward. Indessen hatte, schon lange bevor diese Spaltung in der abendländischen Kirche geschah, die morgenländische Kirche, indem sie der primitiven, nämlich der synodalen Verwaltungsform derselben treu blieb, sowohl von der Verunstaltung zur dienenden Staatskirche als von der zum herrschenden Kirchenstaat, sich freigehalten: da man zugeben muß, daß diese morgenländische Kirche sich mit mehrerem Recht als die römische die apostolische und altgläubige nennt, wenn man z. B. nur die Apostelgeschichte aufschlägt, welche von einem ersten Zusammentritt der Gemeinde zu Antiochia mit jener in Jerusalem als nur in Form einer Synode geschehen erzählt, nicht aber in jener einer Unterwürfigkeit der einen Gemeinde unter die andere, geschweige unter ein infallibles, d. h. inappellables Oberhaupt und Regenten beider. Woraus vorderhand wenigstens so viel einleuchtet, daß gerade bei den dermaligen neu aufgestörten und in Echauffement erhaltenen alten Wirren der abendländischen Kirche in Deutschland es um so unverzeihlicher sein würde, die morgenländische Kirche, wie bisher geschah, auch ferner zu ignorieren, als gleich zu Anfang der Reformation *Luther* selbst in seiner Disputation mit *Eck* sich auf letztere berief als ohne sichtbares Oberhaupt in Einheit bestehend, und hiemit seinen Gegner in die Enge trieb, welcher aber freilich *Luther* hinwieder in die Enge getrieben haben würde, falls er ihm gewiesen hätte, daß er, um konsequent zu sein, der griechischen Kirche sich hätte anschließen sollen. (4)

Zurückweisung der von dem Univers wider mich erhobenen Anklage eines Abfalls von der katholischen Kirche

Wenn es dem Univers* beliebte mich für einen Verrückten darum zu erklären, weil ich die Überzeugung aussprach, daß die Difformation als Säkularisation des Katholizismus, somit dessen Unfreiheit in bezug auf Weltzwang und Weltdruck, in der nicht-korporativen, sondern autokratischen Stellung des Vorsteheramts zu suchen ist, – so könnte es mir belieben, ihn (den Univers) für einen Blödsinnigen (simple) zu erklären, falls nicht Mehreres zu seiner Entschuldigung mir zu sprechen schiene. Denn 1. der in einem schier petrifizierten Vorurteil Festgerannte pflegt wenigst vorerst denjenigen, welcher ihm das Konzept verrückt, somit den ihn Verrückenden wenn schon nur zurecht Rückenden, für einen Verrückten, nämlich für das zu halten, was er doch nur selber ist, und dies erscheint im gegenwärtigen Falle um so begreiflicher, als mit jenem Vorurteil oft die gesamte materiale und soziale Existenz dessen verbunden ist, welcher in jenem sich befangen befindet. 2. Die Franzosen halten überhaupt zwischen bürgerlichem wie religiösem Bigottismus oder Servilismus und Jacobinismus keine Mitte fest, und sind unter Napoleon, welchem die Gallikanische Kirchenfreiheit in seinen Kram nicht taugte und der den Katholizismus darum wieder unbedingt der römischen Diktatur unterwarf, statt vorwärts zu kommen, zurückgegangen. Endlich 3. mangelt den Franzosen nicht bloß die Sache, von der es sich hier handelt, nämlich eine freie Korporation im altgermanischen Sinne, sondern sogar der Begriff derselben, weswegen sie denn nur zwischen Absolutismus und Jacobinismus gleichsam oszillieren, und es ihnen also als ein Märlein dünken muß, wenn man von einer Ge-

* »L'univers religieux«, eine 1838 von Montalembert aus eigenen Mitteln aufgekaufte katholische Zeitung; zuerst liberal, dann – unter Louis Veuillot – extrem ultramontan (Anm. d. Hrsg.).

staltung der katholischen Kirche als Weltkorporation spricht. Dieser Univers hat darum auch nicht die geringste Ahnung davon, daß, falls auch die erste Gestaltung der Kirche rein korporativ war, wie denn Christus alle Ungleichheit oder Primatie unter seinen Jügern untersagt, wie selber die Schlüsselgewalt nicht minder allen Jüngern als dem Petrus gibt, seine virtuelle somit reale Gegenwart, somit die Formation einer Kirche, jeden Zweien oder Dreien in Seinem Namen sich Verbindenden zusagt, und alle Prärogativen und hierarchischen Gradationen in der Mitteilung seiner Geistesgaben ausschließt, daß, sage ich, hiemit nicht das geringste dem Katholizismus abgeht, wohl aber derselbe hiemit einerseits von der Jalousie und tribulierenden Reaktion der Weltmächte so wie andererseits von der Opposition des Protestantismus sich frei machen wird, so wie innerlich die Evolution des religiösen Sinnes und religiösen Wissens von den sie versteinernden Banden wieder befreit werden, und besonders der Klerus nicht mehr nötig haben wird, durch einen stets paraten Recursus ad principem oder ad Papam nur im Servilismus unter den einen seine Befreiung vom Servilismus unter dem andern zu suchen. So wie der hiemit zu einem alle nationale Schranken nicht durchbrechenden, sondern frei als Geist der Humanität, des allen Menschen gewährenden Lichtes und der Liebe, sich darbietenden Weltkorporation allen verwandten Korporationen, der öffentlichen Wohlfahrt und Wohltätigkeit, der Wissenschaft, Kunst etc. zur sichernden Basis und zum Leiter dienen wird und soll. Anstatt endlich, wie der Univers sich erlaubt, von meinem Abfall von der Kirche zu reden, ohne jedoch, wie er meint, meine früheren Leistungen für den Katholizismus nicht anzuerkennen, würde er besser getan haben in meinen Schriften selber zu finden, daß ich zwar immer diesen Katholizismus verteidigte, nie aber der Autokratie oder Infallibilität seiner Vorsteher das Wort sprach, weswegen ich mir auch alle Parallele zwischen mir und den Herren Lamennais und Lamartine verbitten muß. (5)

Quellennachweis

Die Hinweise beziehen sich auf die sechzehnbändige Gesamtausgabe der Werke Baaders (Leipzig 1851-1860), wobei die römischen Ziffern den Band, die arabischen Ziffern die Seiten bezeichnen. Die Texte wurden orthographisch den heute geltenden Regeln angepaßt, die Satzzeichen blieben im wesentlichen unkorrigiert.

Ursprünge: Sturm und Drang, Aufklärung, Mystik

(1) XI, 6-8
(2) XI, 24-25
(3) XI, 25-27
(4) XI, 52-58
(5) XI, 116-120
(6) XI, 201-203
(7) XI, 203
(8) XI, 210
(9) XI, 216
(10) XI, 217
(11) XI, 219
(12) XI, 221-222
(13) XI, 224
(14) XI, 227
(15) XI, 230
(16) XI, 233
(17) XI, 252-253
(18) XI, 263-266

Boehmius redivivus

(1) II, 199-200 (Aus: Fermenta Cognitionis, Zweites Heft. Vorrede 1822)
(2) II, 367-385 (Aus: Fermenta Cognitionis, Sechstes Heft, zugleich als Proben religiöser Philosopheme älterer Zeit. 1825)

Urbild der Menschheit

(1) XIV, 488 (Aus: Über die Wechselseitigkeit der Alimentation und der in ihr stattfindenden Beiwohnung. Geschrieben im Spätherbst 1838 als Programm zu Vorlesungen über Anthropologie und Psychologie)
(2) II, 18 (Aus: Gedanken aus dem großen Zusammenhange des Lebens. 1813)
(3) II, 117-122 (Aus: Sätze aus der Bildungs- und Begründungslehre des Lebens. 1820)
(4) II, 176-177 (Aus: Fermenta Cognitionis, Erstes Heft. 1822)
(5) II, 186-188 (Aus: Fermenta Cognitionis, Erstes Heft. 1822)
(6) II, 217-218 (Aus: Fermenta Cognitionis, Zweites Heft. 1822)

(7) IV, 210-219 (Über eine bleibende und universelle Geisterscheinung hienieden. Aus einem Sendschreiben an die Frau Gräfin Wielhorski, geborene Fürstin Biron von Curland. Münster 1833)
(8) II, 431-433 (Aus: Fermenta Cognitionis. Sechstes Heft. 1825)
(9) III, 303-310 (Aus: Über den verderblichen Einfluß, welchen die rationalistisch-materialistischen Vorstellungen auf die höhere Physik, sowie auf die höhere Dichtkunst und die bildende Kunst noch ausüben. 1834)

Eros und Androgyne

(1) X, 343-346 (Die Liebe selber ist ein Kind der in Liebe sich Verbindenden)
(2) IV, 163-178 (Sätze aus der erotischen Philosophie. Zuerst in: Eos. Münchener Blätter für Poesie, Literatur und Kunst. 1828. Nr. 127-135)
(3) IV, 179-200 (Vierzig Sätze aus einer religiösen Erotik. Fräulein Emilie Linder gewidmet. München 1831)
(4) V, 274-275 (Impetus philosophicus für das Weihnachtsfest)

Evolution und Revolution

(1) I, 135-150 (Über die Freiheit der Intelligenz. Eine akademische Rede bei Eröffnung der Ludwig-Maximilians-Universität in München. 1826)
(2) VI, 125-143 (Über das dermalige Mißverhältnis der Vermögenslosen oder Proletairs zu den Vermögen besitzenden Klassen der Sozietät in betreff ihres Auskommens sowohl in materieller als intellektueller Hinsicht aus dem Standpunkte des Rechts betrachtet. 1835)
(3) V, 280-283 (Reflexion über einen neuerlich öffentlich gemachten skandalösen Vorschlag gegen die Überbevölkerung)
(4) V, 275-276 (Zusammenhang des Cultus und der Cultur). Vgl.: II, 18 (in dieser Ausgabe: S. 67f.)

Weltinnung oder Weltmonarchie?

(1) IV, 257-265 (Aus: Über den christlichen Begriff der Unsterblichkeit im Gegensatze der älteren und neueren nichtchristlichen Unsterblichkeitslehren. Aus einem Sendschreiben an Seine Durchlaucht den Erbprinzen Constantin Löwenstein-Wertheim. Würzburg 1835)

(2) V, 373-382 (Aus: Über die Trennbarkeit oder Untrennbarkeit des Papsttums oder des Primats vom Katholizismus. 1838)
(3) X, 56-62 (Aus: Über die Tunlichkeit oder Nichttunlichkeit einer Emanzipation des Katholizismus von der römischen Diktatur in bezug auf die Religionswissenschaft. 1839)
(4) V, 393-398 (Aus: Bemerkungen über den in der Beilage zur Augsburger Allgemeinen Zeitung vom 17. Dezember 1839 enthaltenen Aufsatz: Die römisch-katholische und die griechisch-russische Kirche)
(5) V, 407-408 (Zurückweisung der von dem Univers wider mich erhobenen Anklage eines Abfalls von der katholischen Kirche)

Literaturhinweis

Werke Franz von Baaders

Gesamtausgabe

Franz von Baader, Sämtliche Werke, 16 Bde., hrsg. von Franz Hoffmann, Julius Hamberger, Anton Lutterbeck, F. von Osten, Christoph Schlüter, Leipzig 1851-60 (Neudr.: Aalen 1963)

Neuere Einzelausgaben und Auswahlen

Grundzüge der Sozietätsphilosophie, hrsg. von Franz Hoffmann, Würzburg 1865. Neu hrsg. als Bd. 2 der Summa-Schriften von Alexander Schmid, Hellerau 1917
Schriften, ausgewählt und hrsg. von Max Pulver, Reihe »Der Dom«, Leipzig 1921
Schriften zur Gesellschaftsphilosophie, hrsg. und erläutert von Johannes Sauter, Reihe »Die Herdflamme«, Bd. 14, Jena 1925
Über den Begriff der Zeit. Über den Zwiespalt des religiösen Glaubens und Wissens, eingeleitet von Carl Linfert, Darmstadt 1954
Ausgewählte Schriften und Abhandlungen. Stuttgart 1929
Über Liebe, Ehe und Kunst. Ausgewählt, eingeleitet und mit Texthinweisen von Hans Graßl, München 1953
Gesellschaftslehre. Ausgewählt, eingeleitet und mit Texthinweisen von Hans Graßl, München 1957
Seele und Welt. Franz Baaders Jugendtagebücher, eingeleitet und hrsg. von David Baumgardt, Berlin o. J. (1929)
Franz von Baader und sein Kreis. Ein Briefwechsel. Hrsg. von F. Werle, Leipzig 1924
Lettres inédites de Franz von Baader, hrsg. von Eugène Susini, Bd. 1, Paris 1942, Bd. 2 und 3, Wien 1952
So spricht Franz von Baader. Hrsg. von Fritz Werle und Ursula von Mangoldt. Bearbeitet von Ewalt Kliemke, München-Planegg 1954

Arbeiten über Franz von Baader

Hugo Ball, Zur Kritik der deutschen Intelligenz, Bern 1919, vor allem S. 125-171
David Baumgardt, Franz von Baader und die philosophische Romantik, Halle 1927
Ernst Benz, Franz von Baaders Gedanken über den »Proletair«, in: Zeitschrift f. Religions- und Geistesgeschichte, H. 2, 1948
– Franz von Baader und der abendländische Nihilismus, in: Archiv für Philosophie, H. 3, 1949
– Die abendländische Sendung der östlich-orthodoxen Kirche. Die russische Kirche und das abendländische Christentum im Zeitalter der Heiligen Allianz, Mainz-Wiesbaden 1950
– Adam. Der Mythus vom Urmenschen, München-Planegg 1955, vor allem S. 209-235
– Franz von Baader und Kotzebue. Das Rußlandbild der Restaurationszeit, Mainz-Wiesbaden 1957
Alois Dempf, Schelling – Baader – Görres, in: Geistige Welt II, H. 1, April 1947, S. 10ff.
Johann Eduard Erdmann, Die Entwicklung der deutschen Spekulation seit Kant. Hrsg. von H. Glockner, Stuttgart 1931, Bd. 3, S. 287-341
Hans Graßl, Eine Philosophie der Liebe, in: Hochland 1950/51, S. 374-385
Otto Gründler, Franz von Baader, in: Hochland 1923/24
Hans Harras, Franz von Baader, Diss. Gießen 1931
Klaus Hemmerle, Franz von Baaders philosophischer Gedanke der Schöpfung, Freiburg 1963
Fanny Imle, Baaders Erkenntnislehre, in: Philosophisches Jahrbuch, Bd. 46, S. 464-478 und Bd. 47, S. 65-84, Fulda 1933/34
Johannes Jost, Bibliographie der Schriften F. v. Baaders mit kurzem Lebensabriß, Bonn 1926
Gerd-Klaus Kaltenbrunner, Sozialrevolutionär, Politiker und Laientheologe. Zum 200. Geburtstag Franz von Baaders, in: Zeitwende, Heft 3/1965, S. 151ff.
– Franz von Baader als Theologe der Gegenrevolution, in: Moderne Welt, Heft 2 / 1965, S. 210ff.
Fritz Lieb, Baader und Kant, Diss. theol., Basel 1923
– Franz Baaders Jugendgeschichte, München 1926

Leo Löwenthal, Die Sozietätsphilosophie Franz von Baaders, Diss. Frankfurt 1923
Hermann Nohl, Franz von Baader, der Philosoph der Romantik, in: Euphorion, Bd. 19, 1912, S. 612 ff.
Hans Reichel, Die Sozietätsphilosophie Franz von Baaders, in: Zeitschrift f. d. gesamte Staatswissenschaft, 57. Jg., Tübingen 1901, S. 193-264
Johannes Sauter, Die Sozialphilosophie Franz von Baaders, Innsbruck 1926
– Baader und Kant, Jena 1928
– Franz von Baaders romantische Sozialphilosophie, in: Zeitschrift f. d. gesamte Staatswissenschaft, Tübingen 1926
– Der Symbolismus bei Baader, in: Blätter f. deutsche Philosophie, 1. Jg., 1928
– Franz von Baader, in: Süddeutsche Monatshefte, 32. Jg., 1934/35
Josef Siegl, Franz von Baader. Ein Bild seines Lebens und Wirkens, München 1957
Hermann Spreckelmeyer, Die philosophische Deutung des Sündenfalls bei Franz Baader, in: Abhandlungen zur Philosophie und Psychologie der Religion, H. 43/44, Würzburg 1938
Theodor Steinbüchel, Franz von Baaders Descartes-Kritik im Rahmen ihrer Zeit und in ihrer grundsätzlichen Bedeutung, in: Wissenschaft und Weisheit, H. 10, 1943, S. 41 ff.
Eugène Susini, Franz von Baader et le romantisme mystique. La philosophie de Franz von Baader, 2 Bde., Paris 1942
Herbert Tuebben: Die Freiheitsproblematik Baaders und Deutingers und der deutsche Idealismus, in: Abhandlungen zur Philosophie und Psychologie der Religion, H. 20/21, Würzburg 1929
H. Wimmershoff, Die Lehre vom Sündenfall in der Philosophie Schellings, Baaders und Fr. Schlegels, Diss. Freiburg 1934
Ernst Karl Winter, Anton Günther. Ein Beitrag zur Romantikforschung. In: Zeitschrift f. d. gesamte Staatswissenschaft, 88. Bd., 2. Heft, S. 281 ff., vor allem S. 321-333

Armin Adam, Ökologie als Heilsgeschichte. Die Gnosis des Herrn von Baader. In: Frag-Mente, Schriftenreihe zur Psychoanalyse, Nr. 29/30 (März 1989), S. 211-221.
Hans Bach, Zur Aktualität des Naturverständnisses der Romantik. In: Zeitschrift für Ganzheitsforschung, Neue Folge, Jahrgang 34 (Wien 1990), H. 2, S. 67-73.
Hans Urs von Balthasar, Apokalypse der deutschen Seele, Studien zu einer Lehre von den letzten Haltungen, Bd. 1, Salzburg-Leipzig 1937, bes. S. 624ff.
Hans Urs von Balthasar, Prometheus, Bd. 1, Heidelberg ²1947, S. 624ff. (Neuausgabe der »Apokalypse der deutschen Seele«).
Jakob Baxa, Einführung in die romantische Staatswissenschaft, Jena ²1931, bes. s. 116ff., 249ff., 254ff.
Jakob Baxa, Franz von Baader. Zum Gedächtnis seines 200. Geburtstages. In: Zeitschrift für Ganzheitsforschung, Neue Folge, Jg. 9 (Wien 1965), H. 3, S. 129-142.
Jakob Baxa (Hrsg.), Adam Müllers Lebenszeugnisse, 2 Bde., München-Paderborn-Wien 1966.
Jakob Baxa, Romantik und konservative Politik. In: Rekonstruktion des Konservatismus. Hrsg. von Gerd-Klaus Kaltenbrunner, Bern ³1978, S. 443-468.
Ernst Benz, Les Sources Mystiques de la Philosophie Romantique Allemande, Paris 1968.
Ernst Benz, Die ewige Jugend in der christlichen Mystik von Meister Eckhart bis Schleiermacher. In: Eranos-Jahrbuch, Leiden 1974, S. 549-597.
Ernst Benz, Sophie Latour, Hans Mislin, Erwin Stein: Leopold Ziegler, Freiburg i. Br. 1981, bes. S. 97ff., 106ff., 111ff.
Nikolai Berdjajew, Selbsterkenntnis. Versuch einer philosophischen Autobiographie, Darmstadt-Genf 1953, bes. S. 101, 378.
J. Betanzos: Franz von Baader's Philosophy of Love, Diss. Michigan 1968.
J. Beumer, Franz von Baader und sein Plan zur Vereinigung der römischen und russischen Kirche. In: Volk Gottes. Festgabe für Josef Höfer. Hrsg. von R. Bäumer und H. Dolch, Freiburg i. Br. 1967, S. 430-451

Ernst Bloch, Das Prinzip Hoffnung, Frankfurt a. M. 1967, Bd. 2, S. 918-924.
Ernst Bloch, Das Materialismusproblem, seine Geschichte und Substanz, Frankfurt a. M. 1977, bes. S. 260-270.
Ernst Robert Curtius, Büchertagebuch. Mit einem Nachwort von Max Rychner, Bern-München 1960, S. 50-53, 88-92 (Dalp-Taschenbücher, Bd. 348).
Dülmen, Richard van, Baaderiana. Neue Veröffentlichungen über Franz von Baader. In: Zeitschrift für bayerische Landesgeschichte, Jg. 31 (1968), S. 822-831.
Ludwig Elm, Konservatives Denken 1789-1848/49. Darstellung und Texte, Berlin (Ost) 1989, bes. S. 80ff., 228ff.
Johann Eduard Erdmann, Philosophie der Neuzeit. Der Deutsche Idealismus. Geschichte der Philosophie, Bd. 7, Reinbek bei Hamburg 1971, S. 30-35.
Max Ettlinger, Geschichte der Philosophie von der Romantik bis zur Gegenwart, München-Kempten 1924, bes. S. 109-114.
Antoine Faivre, De Saint-Martin à Baader: Le ›Magikon‹ de Kleuker. In: Etudes Germaniques, Jg. 23 (1968), S. 161-190.
Antoine Faivre, La Philosophie de la Nature dans le Romantisme Allemand. In: Histoire de la Philosophie, Encyclopédie de la Pléiade, Bd. 3, Paris 1974, S. 14-45.
Antoine Faivre, Franz von Baader et les Philosophes de la Nature. In: Epochen der Naturmystik. Hermetische Tradition im wissenschaftlichen Fortschritt. Hrsg. von A. Faivre und R. C. Zimmermann, Berlin 1979, S. 381-425.
Ludwig Feuerbach, Anthropologischer Materialismus. Ausgewählte Schriften. Hrsg. von Alfred Schmidt, Frankfurt a. M. 1967, Bd. 2, S. 108ff.
Karl R. H. Frick, Die Erleuchteten, Graz 1973.
Karl R. H. Frick, Licht und Finsternis. 2 Bde., Graz 1975-1978.
Gerhard Funke, Cogito ergo sum. Sein und Bewußtsein. In: Sinn und Sein. Ein philosophisches Symposion (Festschrift für F.-J. von Rintelen), Tübingen 1960, S. 155-182.
Heinz-Jürgen Görtz, Franz von Baaders »Anthropologischer Standpunkt«, Freiburg i. Br.-München 1977.
Paul Gottfried, Conservative Millenarians. The Romantic Experience in Bavaria, New York 1979.

Hans Graßl, Münchner Romantik. Ein Beitrag zu ihrer deutschen und europäischen Bedeutung. In: Der Mönch im Wappen, München 1960, S. 323-360.
Hans Graßl, Franz von Baader als Nachfahre der Alchemisten und Rosenkreuzer. Eine Skizze. In: Antaios. Hrsg. von Ernst Jünger und Mircea Eliade, Bd. 3, H. 4 (November 1961), S. 330-341.
Hans Graßl, Hegel an Baader. Ein unveröffentlichter Brief. In: Hegel-Studien. Hrsg. von Friedhelm Nicolin und Otto Pöggeler, Bd. 2 (Bonn 1963), S. 105-110.
Hans Graßl, Aufbruch zur Romantik. Bayerns Beitrag zur deutschen Geistesgeschichte 1765-1785, München 1968.
Hans Graßl, Franz von Baader (1765-1841). In: Katholische Theologen Deutschlands im 19. Jahrhundert. Hrsg. von H. Fries und G. Schwaiger, Bd. 1, München 1975, S. 274-302.
Hans Graßl, Die Münchner Romantik. Umrisse einer krisenhaften Entwicklung. In: Von der Aufklärung zur Romantik, Regensburg 1984.
Hans Graßl, Franz von Baader (1765-1841). In: Christenleben im Wandel der Zeit. Hrsg. von Georg Schwaiger, Bd. 2: Lebensbilder aus der Geschichte des Erzbistums München und Freising, München 1987, S. 22-34.
Friedrich Hartl, Franz von Baader und die Entwicklung seines Kirchenbegriffs, München 1970.
Friedrich Hartl, Franz von Baader. In: Wegbereiter heutiger Theologie. Hrsg. von H. Fries und J. Finsterhölzl, Bd. 8 (1971).
Friedrich Hartl, Der Begriff des Schöpferischen. Deutungsversuch der Dialektik durch Ernst Bloch und Franz von Baader, Frankfurt a. M. 1979.
Friedrich Hartl, Die Idee der einen Kirche bei Franz von Baader. In: Theologie und Philosophie, Bd. 48 (1973), S. 551-557.
Friedrich Heer, Europa – Mutter der Revolution, Stuttgart 1964, bes. S. 578-594.
Lorenz Hein, Franz von Baaders Liebe zur Russischen Orthodoxen Kirche. In Kyrios. Vierteljahresschrift für Kirchen- und Geistesgeschichte, Neue Folge, Bd. 12 (1972), S. 31-59.
Sebastian Helberger-Frobenius, Macht und Gewalt in der Philosophie Franz von Baaders, Bonn 1969.
Klaus Hemmerle, Franz von Baaders Weg philosophischer Gotteser-

kenntnis. In: Philosophisches Jahrbuch, Jg. 70 (München 1962/63), S. 271-294.
Hermann Hesse, Herr Claassen. Erzählung (1936). In: Innen und Außen. Gesammelte Erzählungen. Bd. 4 (1919-1955), Frankfurt a. M. 1977, S. 212-232.
Klaus Hornung, Der Sozialkonservativismus im deutschen Staats- und Gesellschaftsdenken. In: Europa, Jg. 1990, H. 3, S. 60-72.
Gerd-Klaus Kaltenbrunner (Hrsg.), Wissende, Verschwiegene, Eingeweihte. Hinführung zur Esoterik, Freiburg i. Br.-München 1981 (INITIATIVE, Bd. 42).
Gerd-Klaus Kaltenbrunner, Europa. Seine geistigen Quellen in Porträts. Bd. 2, Nürnberg-Sigmaringendorf 1983, S. 163-175.
Gerd-Klaus Kaltenbrunner, Wege der Weltbewahrung. Sieben konservative Gedankengänge, Asendorf 1985, bes. S. 131 ff., 177 ff., 204 f.
Gerd-Klaus Kaltenbrunner (Hrsg.), Geheimgesellschaften und der Mythos der Weltverschwörung, Freiburg i. Br.-München 1987 (INITIATIVE, Bd. 69).
Gerd-Klaus Kaltenbrunner, Vom Geist Europas, Asendorf 1987 (Bd. 1), 1989 (Bd. 2), 1991/92 (Bd. 3).
Gerd-Klaus Kaltenbrunner, Elite. Erziehung für den Ernstfall. Erweiterte Neuauflage, Asendorf 1990.
Paul Kluckhohn, Die Auffassung der Liebe in der Literatur des 18. Jahrhunderts und in der deutschen Romantik, Tübingen [3]1966, S. 442 ff.
Panajotis Kondylis, Konservativismus. Geschichtlicher Gehalt und Untergang, Stuttgart 1986.
Peter Koslowski, Franz von Baader. Spekulative Dogmatik als christliche Gnosis. In: Gnosis und Mystik in der Geschichte der Philosophie. Hrsg. von Peter Koslowski, Zürich-München 1988, S. 243-259.
Bernhard Lakebrink, Studien zur Metaphysik Hegels. Hrsg. von Gerd-Klaus Kaltenbrunner, Freiburg i. Br. 1969, S. 202-220.
Willi Lambert, Franz von Baaders Philosophie des Gebets. Ein Grundriß seines Denkens, Innsbruck 1978.
Willi Lambert, Ideologie und Ideologiekritik bei Franz von Baader. In: Zeitschrift für Katholische Theologie, Bd. 101 (1979), S. 127-146.
Willi Lambert, Franz von Baader (1765-1841). In: Christliche Philosophie im katholischen Denken des 19. und 20. Jahrhunderts. Hrsg. von Emerich Coreth SJ, Walter M. Neidl und Georg Pfligersdorf-

fer. Bd. 1: Neue Ansätze im 19. Jahrhundert, Graz-Wien-Köln 1987, S. 150-173.
Carl Linfert, Franz von Baader. 1765-1841. In: Die großen Deutschen. Deutsche Biographie. Hrsg. von Hermann Heimpel, Theodor Heuß und Benno Reifenberg, Bd. 3, Gütersloh 1978, S. 63-74.
Leo Löwenthal, Franz von Baader. Ein religiöser Soziologe der Soziologie. In: Internationales Jahrbuch für Religionssoziologie, Bd. 2 (1966), S. 231-252, Bd. 3 (1967), S. 201-218.
Leo Löwenthal, Die Sozietätsphilosophie Franz von Baaders. Beispiel und Problem einer »religiösen Soziologie« (Diss. Frankfurt a. M. 1923). Wiederabgedruckt in ders.: Philosophische Frühschriften. Frankfurt a. M. 1987, S. 99-168 (L. Löwenthal: Schriften, Bd. 5).
Pirmin Meier, Franz Xaver von Baader. In: Abendland, 10. Jg., Nr. 61 (Zürich 1973).
Walter Nigg, Franz von Baaders Religionsphilosophie. In: Neue Zürcher Zeitung, Nr. 253 (Fernausgabe Nr. 114), 27. April 1969, S. 52.
Siegbert Peetz, Die Wiederkehr im Unterschied. Ernst von Lasaulx, Freiburg i. Br.-München 1989, bes. S. 25 f., 45 f., 141 ff., 164 ff.
Klaus Peter (Hrsg.), Die politische Romantik in Deutschland. Eine Textsammlung, Stuttgart 1985 (Reclams Universal-Bibliothek Nr. 8093/5).
Roland Pietsch, Metaphysik des Feuers. Die esoterische Grundlegung der Gesellschaftslehre Franz von Baaders. In: G.-K. Kaltenbrunner (Hrsg.): Wissende, Verschwiegene, Eingeweihte. Hinführung zur Esoterik, Freiburg i. Br.-München 1981, S. 144-161.
Kurt Poppe, Franz von Baaders Lehre zur Übernatur, Natur, Unternatur und zur Unnatur. In: Die Drei, Monatsschrift für Anthroposophie, Dreigliederung und Goetheanismus, 1961, H. 3, S. 146 ff.
Kurt Poppe, Versuchung und Fall des Menschen. In: Die Drei, 1966, H. 6, S. 369 ff.
L. Procesi Xella, Baader. Rassegna storica degli studii. 1786-1977, Bologna 1977.
L. Procesi Xella, La dogmatica speculativa di Franz von Baader, Torino 1977.
Erich Przywara, Platonismus. Platon-Baader-Franz Brentano. In: Stimmen der Zeit, Jg. 1928, S. 270-283.
Hans Reiss, Politisches Denken in der deutschen Romantik, Bern 1966, S. 60-65 (Dalp-Taschenbücher, Bd. 386).

A. Rieber, Sexualität und Liebe in ihrem Zusammenhang mit Schöpfung, Sündenfall und Erlösung bei Franz von Baader. In: Salzburger Jahrbuch für Philosophie, Bd. 14 (1970), S. 67-83.
Renate Riemeck, Franz von Baader. Eine Skizze seines Lebens. In: Die Kommenden, Jg. 19 (Freiburg i. Br. 1965), H. 5, 7 und 8.
H. Sauer, Ferment der Vermittlung. Zum Theologiebegriff bei Franz von Baader, Göttingen 1977.
Thomas Schipflinger, Sophia-Maria. Eine ganzheitliche Vision der Schöpfung, München-Zürich 1988 (KOINONIA, Bd. 7).
Stefan Schmitz, Sprache, Sozietät und Geschichte bei Franz von Baader, Frankfurt a. M.-Bern 1975.
Willi August Schulze, Franz von Baader und der päpstliche Primat. In: Theologische Zeitschrift, Jg. 16 (Basel 1960), S. 59-61.
Ferdinand Schumacher, Der Begriff der Zeit bei Franz von Baader, Freiburg i. Br.-München 1983.
Hans Sedlmayr, Franz von Baaders Gedanken zur Kunst. In: Philosophisches Jahrbuch, Jg. 68 (München 1960), S. 361-369.
Hans Sedlmayr, Über Wahrheit und Erkenntnis nach Franz von Baader. In: Wahrheit und Verkündigung. Michael Schmaus zum 70. Geburtstag. Hrsg. von Leo Scheffczyk, Werner Dettloff und Richard Heinzmann, München-Paderborn-Wien 1967, S. 97-112.
Hans Sedlmayr, Der Gedanke der Mitte bei Franz von Baader. In: Wirklichkeit der Mitte. Beiträge zu einer Strukturanthropologie. Festgabe für August Vetter, Freiburg i. Br.-München 1968, S. 309-318.
Hans Sedlmayr, Erneuerung als konservatives Prinzip. In: Rekonstruktion des Konservatismus. Hrsg. von Gerd-Klaus Kaltenbrunner, Bern ^{3}1978, S. 73-94.
Bernhard Sill, Androgynie und Geschlechtsdifferenz nach Franz von Baader. Eine anthropologisch-ethische Studie, Regensburg 1985.
Robert Spaemann, Der Ursprung der Soziologie aus dem Geist der Restauration, München 1959, bes. S. 69f., 80f., 85f. (Neuausgabe Stuttgart 1990).
Theodor Vaternahm, Schopenhauer und Baader. In: Schopenhauer-Jahrbuch, Bd. 34 (1951/52), S. 69-73.
Gerhard Wehr, Franz von Baader. Zur Reintegration des Menschen in Religion, Natur und Erotik, Freiburg i. Br. 1980.

Diana C. Wyssdom, Les sept piliers. La naissance de la sagesse ou la doctrine de Franz von Baader, Yverdon-Lyon 1964.
Leopold Ziegler, Menschwerdung. 2 Bde., Olten 1947.
Leopold Ziegler, Die neue Wissenschaft. Universitas aeterna, München 1951.
Leopold Ziegler, Spätlese eigener Hand, München 1953, bes. S. 427-438.
Leopold Ziegler, Briefe, 1901-1958, München 1963, bes. S. 265 f., 271 f., 289 f., 346, 358, 437 ff.

Inhalt

Eros und Androgyne
Zur Philosophie der Liebe und Ehe

Evolution und Revolution
Christlicher Liberalismus und Sozialismus

Weltinnung oder Weltmonarchie?
Kirchenkritik und Ökumenismus

Zu dieser Ausgabe

insel taschenbuch 1320
Franz von Baader, Sätze aus der erotischen Philosophie und andere Schriften

Herausgegeben von Gerd-Klaus Kaltenbrunner. Insel Verlag Frankfurt am Main 1991. Die Textsammlung lag erstmals 1966 als »sammlung insel-Band 19« vor. Vorliegende Ausgabe wurde von Gerd-Klaus Kaltenbrunner neu bearbeitet. Frontispiz: Franz Xaver von Baader, um 1830. Stadtarchiv München. Umschlagabbildung: Hans von Marées, Das goldene Zeitalter II, 1880/83. Öl auf Holz. Staatsgemäldesammlungen, München.

Philosophie
im insel taschenbuch

Augustinus: Bekenntnisse. Lateinisch und Deutsch. Eingeleitet, übersetzt und erläutert von Joseph Bernhart. Mit einem Vorwort von Ernst Ludwig Grasmück. it 1002

Jakob Böhme: Aurora oder Morgenröte im Aufgang. it 1171

Boethius: Trost der Philosophie. Zweisprachige Ausgabe. Lateinisch und deutsch. Mit einem Nachwort von Ernst Ludwig Grasmück. it 1215

Giordano Bruno: Das Aschermittwochsmahl. Übersetzt von Ferdinand Fellmann. Mit einer Einleitung von Hans Blumenberg. it 548

Marcus Tullius Cicero: Von den Pflichten. Zweisprachige Ausgabe. Aus dem Lateinischen von Christian Garve. it 1273

Epikur: Philosophie der Freude. Briefe, Hauptlehrsätze, Spruchsammlung, Fragmente. Übertragen und mit einem Nachwort versehen von Paul M. Laskowsky. it 1057

Erasmus von Rotterdam: Das Lob der Torheit. Mit den Randzeichnungen von Hans Holbein dem Jüngeren. Übersetzt und herausgegeben von Uwe Schultz. it 369

Kant-Brevier. Ein philosophisches Lesebuch für freie Minuten. Herausgegeben von Wilhelm Weischedel. it 61

Sören Kierkegaard: Briefe. Aus dem Dänischen und mit einem Nachwort von Walter Boehlich. it 727

– Tagebuch des Verführers. Aus dem Dänischen von Helene Ritzerfeld. it 405

Niccolò Machiavelli: Der Fürst. Aus dem Italienischen von Friedrich von Oppeln-Bronikowski. Mit einem Nachwort von Horst Günther. it 1207

Philipp Mainländer: Philosophie der Erlösung. Ausgewählt von Ulrich Horstmann. it 1148

Meister Eckhart: Das Buch der göttlichen Tröstung. Ins Neuhochdeutsche übertragen von Josef Quint. it 1005

Michel de Montaigne: Essays. Herausgegeben und mit einem Nachwort versehen von Ralph-Rainer Wuthenow. Revidierte Fassung der Übertragung von Johann Joachim Bode. it 220

Thomas Morus: Utopia. Mit einem Nachw. von Norbert Elias. it 1206

Friedrich Nietzsche: Also sprach Zarathustra. Ein Buch für alle und keinen. Thomas Mann, Die Philosophie Nietzsches im Lichte unserer Erfahrung. it 145

– Der Antichrist. Versuch einer Kritik des Christentums. it 947

– Ecce homo. Mit einem Vorwort von Raoul Richter und einem Nachwort von Ralph-Rainer Wuthenow. it 290

167/1/10.90

Philosophie
im insel taschenbuch

Friedrich Nietzsche: Die fröhliche Wissenschaft. Mit einem Nachwort von Ralph-Rainer Wuthenow. it 635
– Die Geburt der Tragödie aus dem Geiste der Musik. Mit einem Nachwort von Peter Sloterdijk. it 1012
– Götzen-Dämmerung oder Wie man mit dem Hammer philosophiert. it 822
– Jenseits von Gut und Böse. Mit der Streitschrift ›Zur Genealogie der Moral‹ und einem Nachwort von Ralph-Rainer Wuthenow. it 762
– Menschliches, Allzumenschliches. Ein Buch für freie Geister. Mit einem Nachwort von Ralph-Rainer Wuthenow. it 614
– Morgenröte. Gedanken über die moralischen Vorurteile. Mit einem Nachwort von Ralph-Rainer Wuthenow. it 678
– Unzeitgemäße Betrachtungen. Mit einem Nachwort von Ralph-Rainer Wuthenow. it 509
– Vom Nutzen und Nachteil der Historie für das Leben. it 1236
– ›Wie man wird, was man ist.‹ Ermutigungen zum kritischen Denken. Herausgegeben von Ursula Michels -Wenz. it 1096
Jean Orieux: Das Leben des Voltaire. Aus dem Französischen von Julia Kirchner. Mit einer Zeittafel und einem Personenregister. it 874
Blaise Pascal: Größe und Elend des Menschen. Aus den »Pensées«. Auswahl, Übersetzung und Nachwort von Wilhelm Weischedel. it 441
– Über die Religion und über einige andere Gegenstände. Aus dem Französischen übertragen und mit einem Nachwort herausgegeben von Ewald Wasmuth. it 1008
Platon: Phaidon. In der Übersetzung von Rudolf Kassner. Mit einem Nachwort von Karl Hielscher. it 379
– Das Trinkgelage oder Über den Eros. Übertragung, Nachwort und Erläuterungen von Ute Schmidt-Berger. Mit einer Wirkungsgeschichte von Jochen Schmidt und griechischen Vasenbildern. it 681
Jean-Jacques Rousseau: Bekenntnisse. Aus dem Französischen von Ernst Hardt. Mit einer Einführung von Werner Krauss. it 823
Arthur Schopenhauer: Aphorismen zur Lebensweisheit. Vollständige Ausgabe mit Erläuterungen und Übersetzung der fremdsprachigen Zitate. Mit einem Nachwort von Hermann von Braunbehrens. Mit 16 Daguerreotypen und Fotos und Bilderläuterungen von Arthur Hübscher. it 223
Arthur Schopenhauer: Kopfverderber. Über die Universitäts-Philosophie und ihre Professoren. Herausgegeben von Otto A. Böhmer. Mit Abbildungen. it 661

167/2/10.90

161/1/10.90

Klassische deutsche Literatur im insel taschenbuch

Georg Büchner: Lenz. Erzählung. Mit Oberlins Aufzeichnungen ›Der Dichter Lenz, im Steinthale‹, ausgewählten Briefen von J. M. R. Lenz und einem Nachwort von Jürgen Schröder. it 429

– Leonce und Lena. Ein Lustspiel. Mit farbigen Illustrationen von Karl Walser und einem Nachwort von Jürgen Schröder. it 594

– Woyzeck. Nach den Handschriften neu herausgegeben und kommentiert von Henri Poschmann. it 846

Gottfried August Bürger: Wunderbare Reisen zu Wasser und zu Lande. Feldzüge und lustige Abenteuer des Freiherrn von Münchhausen, wie er dieselben bei der Flasche im Zirkel seiner Freunde selbst zu erzählen pflegt. Mit den Holzschnitten von Gustave Doré. it 207

Bürgers Liebe. Die Ehestandsgeschichte von Elise Hahn und Gottfried August Bürger. Herausgegeben von Hermann Kinder. Mit zeitgenössischen Illustrationen. it 564

Wilhelm Busch: Kritisch- Allzukritisches. Gedichte. Ausgewählt und mit einem Nachwort von Theo Schlee. Mit Illustrationen von Wilhelm Busch. it 52

– Sämtliche Bilderbogen. Mit einem Nachwort von Gert Ueding. it 620

Adelbert von Chamisso: Peter Schlemihls wundersame Geschichte. Nachwort von Thomas Mann. Illustriert von Emil Preetorius. it 27

Matthias Claudius: Der Wandsbecker Bote. Mit einem Vorwort von Peter Suhrkamp und einem Nachwort von Hermann Hesse. it 130

Annette von Droste-Hülshoff: Bei uns zulande auf dem Lande. Prosaskizzen. Herausgegeben von Otto A. Bäumer. Mit Abb. it 697

– Die Judenbuche. Ein Sittengemälde aus dem gebirgichten Westfalen. Mit Illustrationen von Max Unold. it 399

– Sämtliche Gedichte. Mit einem Nachwort von Ricarda Huch. it 1092

Marie von Ebner-Eschenbach: Dorf- und Schloßgeschichten. Mit einem Nachwort von Joseph Peter Strelka. it 1272

Johann Peter Eckermann: Gespräche mit Goethe in den letzten Jahren seines Lebens. 2 Bde. Herausgegeben von Fritz Bergemann. it 500

Joseph von Eichendorff: Aus dem Leben eines Taugenichts. Mit Illustrationen von Adolf Schrödter und einem Nachwort von Ansgar Hillach. it 202

– Gedichte. Mit Zeichnungen von Otto Ubbelohde. Herausgegeben von Traude Dienel. it 255

– Gedichte. In chronologischer Folge herausgegeben von Hartwig Schultz. it 1060

– Novellen und Gedichte. Ausgewählt und eingeleitet von Hermann Hesse. it 360

161/2/10.90

Klassische deutsche Literatur im insel taschenbuch

Theodor Fontane: Allerlei Glück. Plaudereien, Skizzen und Unvollendetes. Ausgewählt und herausgegeben von Otto Drude. it 641
– Cécile. Mit einem Nachwort von Walter Müller-Seidel. it 689
– Effi Briest. Mit 21 Lithographien von Max Liebermann. it 138
– Frau Jenny Treibel oder ›Wo sich Herz zum Herzen findt‹. Roman. Mit einem Nachwort von Richard Brinkmann. it 746
– Grete Minde. Mit einem Nachwort von Peter Demetz. it 1157
– Irrungen, Wirrungen. Mit einem Nachwort von Walther Killy. it 771
– Jenseit des Tweed. Bilder und Briefe aus Schottland. Mit zahlreichen Abb. und einem Nachwort herausgegeben von Otto Drude. it 1066
– Mathilde Möhring. Mit einem Nachwort von Peter Demetz. it 1107
– Meine Kinderjahre. Autobiographischer Roman. Mit einem Nachwort von Otto Drude. it 705
– Die Poggenpuhls. Roman. it 1271
– Schach von Wuthenow. Erzählung aus der Zeit des Regiments Gendarmes. Mit einem Nachwort von Benno von Wiese. it 816
– Der Stechlin. Mit einem Nachwort von Walter Müller-Seidel. it 152
– Stine. Roman. Mit einem Nachwort von Peter Demetz. it 899
– Unwiederbringlich. Roman. it 286
– Von Zwanzig bis Dreißig. Herausgegeben von Otto Drude. Mit zahlreichen Abbildungen. it 985
– Vor dem Sturm. Roman, aus dem Winter 1812 auf 13. Mit einem Nachwort von Hugo Aust. it 583
– Wanderungen durch die Mark Brandenburg. 5 Bde. in Kassette. Herausgegeben von Gotthard Erler und Rudolf Mingau. it 1181-1185
– Wanderungen durch die Mark Brandenburg. Band I. Die Grafschaft Ruppin. it 1181
– Wanderungen durch die Mark Brandenburg. Band II. Das Oderland. it 1182
– Wanderungen durch die Mark Brandenburg. Band III. Havelland. it 1183
– Wanderungen durch die Mark Brandenburg. Band IV. Spreeland. it 1184
– Wanderungen durch die Mark Brandenburg. Band V. Fünf Schlösser. it 1185
Theodor Fontane. Ein Leben in Briefen. Mit zahlreichen Bildnissen und Faksimiles, ausgewählt und herausgegeben von Otto Drude. it 540
Georg Forster: Ansichten vom Niederrhein, von Brabant, Flandern, Holland, England und Frankreich im April, Mai und Junius 1790. Herausgegeben von Gerhard Steiner. it 1136

161/3/10.90

Klassische deutsche Literatur im insel taschenbuch

Georg Forster: Reise um die Welt. Herausgegeben und mit einem Nachwort von Gerhard Steiner. it 757

Christian Fürchtegott Gellert: Fabeln und Lieder. Mit den vierundzwanzig Radierungen zu Gellerts Fabeln von Daniel Nikolaus Chodowiecki. Herausgegeben von Gottfried Honnefelder. it 895

Friedrich Gerstäcker: Die Flußpiraten des Mississippi. Roman. Mit einem Nachwort von Harald Eggebrecht. it 435

Johann Wolfgang von Goethe: Dichtung und Wahrheit. 3 Bde. in Kassette. Mit Bildmaterial. it 149-151

– Elegie von Marienbad. September 1823. Faksimile einer Urhandschrift. Herausgegeben von Christoph Michel und Jürgen Behrens. Mit einem Geleitwort von Arthur Henkel. it 1250

– Erotische Gedichte. Skizzen und Fragmente. Herausgegeben von Andreas Ammer. it 1225

– Faust. Erster Teil. Nachwort von Jörn Göres. Illustrationen von Eugène Delacroix. it 50

– Faust. Zweiter Teil. Mit Federzeichnungen von Max Beckmann. Mit einem Nachwort zum Text von Jörn Göres und zu den Zeichnungen von Friedhelm Fischer. it 100

– Urfaust. Faust. Ein Fragment. Faust. Eine Tragödie. Paralleldruck der drei Fassungen. 2 Bde. Herausgegeben von Werner Keller. it 625

– Frühes Theater. Mit einer Auswahl aus den dramaturgischen Schriften 1771-1828. Herausgegeben und mit einem Nachwort von Dieter Borchmeyer. it 675

Goethe – warum? Eine repräsentative Auslese aus Werken, Briefen und Dokumenten. Herausgegeben und mit einem Nachwort versehen von Katharina Mommsen. it 759

Goethe über die Deutschen. Herausgegeben von Hans-J. Weitz. Mit dem Nachwort von 1949, Nachweisen, Register und Illustrationen. it 325

Goethes Briefe an Charlotte von Stein. 3 Bde. in Kassette. Herausgegeben von Julius Petersen. it 1125

Goethes Briefwechsel mit seiner Frau. 2 Bde. in Kassette. Herausgegeben von Hans Gerhard Gräf. it 1100

Goethes Gedanken über Musik. Eine Sammlung aus seinen Werken, Briefen, Gesprächen und Tagebüchern. Herausgegeben von Hedwig Walwei-Wiegelmann. Mit achtundvierzig Abbildungen erläutert von Hartmut Schmidt. it 800

Goethes Liebesgedichte. Herausgegeben von Hans Gerhard Gräf mit einem Nachwort von Emil Staiger. it 275

161/4/10.90

Klassische deutsche Literatur im insel taschenbuch

Johann Wolfgang von Goethe: Die guten Frauen als Gegenbild der bösen Weiber. Mit Kupferstichen von Johann Heinrich Ramberg aus dem Taschenbuch für Damen auf das Jahr 1801. it 925
– Hermann und Dorothea. Mit Aufsätzen von August Wilhelm Schlegel, Wilhelm von Humboldt, Georg Wilhelm Friedrich Hegel und Hermann Hettner. Mit zehn Kupfern von Catel. it 225
– Historische Schriften. Eine Auswahl in biographischer Folge. Herausgegeben von Horst Günther. Mit Zeichnungen von Goethe. it 650
– Italienische Reise. Mit vierzig Zeichnungen des Autors. Herausgegeben und mit einem Nachwort versehen von Christoph Michel. it 175
– Tagebuch der Italienischen Reise 1786. Notizen und Briefe aus Italien. Mit Skizzen und Zeichnungen des Autors. Herausgegeben und erläutert von Christoph Michel. it 176
– Klassisches Theater. Herausgegeben und mit einem Nachwort von Dieter Borchmeyer. it 700
– Die Leiden des jungen Werther. Mit einem Essay von Georg Lukács und einem Nachwort von Jörn Göres. Mit zeitgenössischen Illustrationen von Daniel Nikolaus Chodowiecki und anderen. it 25
– Märchen. Der neue Paris. Die neue Melusine. Das Märchen. Herausgegeben und erläutert von Katharina Mommsen. it 825
– Der Mann von funfzig Jahren. Mit einem Nachwort von Adolf Muschg. it 850
– Maximen und Reflexionen. Text der Ausgabe von 1907 mit den Erläuterungen und der Einleitung Max Heckers. Nachwort von Isabella Kuhn. it 200
– Die natürliche Tochter. Mit den Memoiren der Stéphanie Louise de Bourbon-Conti und drei Studien von Bernhard Böschenstein. it 1175
– Novelle. Mit Federzeichnungen von Max Liebermann und einem Nachwort von Paul Stöcklein. Großdruck. it 2301
– Novellen. Herausgegeben und mit einem Nachwort versehen von Katharina Mommsen. Mit Federzeichnungen von Max Liebermann. it 425
– Pandora. it 1075
– Reineke Fuchs. Mit Stahlstichen nach Zeichnungen von Wilhelm Kaulbach. it 125
– Reise-, Zerstreuungs- und Trost-Büchlein. 1806-1807. Nach der durch Hans Wahl besorgten Faksimile-Ausgabe von 1927 neu herausgegeben, mit Bilderläuterungen und Nachwort von Christoph Michel. it 400

161/5/10.90

Klassische deutsche Literatur
im insel taschenbuch

Johann Wolfgang von Goethe: Das Römische Carneval. Mit den farbigen Figurinen von 1789 und den Fragmenten ›Über Italien‹. Herausgegeben und mit einem Nachwort versehen von Isabella Kuhn. it 750

– Römische Elegien und Venezianische Epigramme. Herausgegeben von Regine Otto. it 1150

– Schriften zur Naturwissenschaft. Ausgewählt und herausgegeben von Horst Günther. Mit Zeichnungen von Goethe. it 550

– Schriften zur Weltliteratur. Mit Buchillustrationen aus der Goethezeit. Herausgegeben von Horst Günther. it 1025

– Tagebuch der ersten Schweizer Reise 1775. Goethes letzte Schweizer Reise. Mit den Zeichnungen des Autors und einem vollständigen Faksimile der Handschrift, herausgegeben und erläutert von Hans-Georg Dewitz. it 300/375

Goethe über das Mittelalter. Herausgegeben von Jens Haustein. it 1200

Johann Wolfgang von Goethe: Unterhaltungen deutscher Ausgewanderten. Mit einem Nachwort herausgegeben von Gert Ueding. it 1050

– Die Wahlverwandtschaften. Ein Roman. Erläuterungen von Hans-J. Weitz. Mit einem Essay von Walter Benjamin. it 1

– West-östlicher Divan. Mit Essays zum ›Divan‹ von Hugo von Hofmannsthal, Oskar Loerke und Karl Krolow. Herausgegeben und mit Erläuterungen versehen von Hans-J. Weitz. it 75

– Wilhelm Meisters Lehrjahre. Herausgegeben von Erich Schmitt. Mit sechs Kupferstichen von Catel, sieben Musikbeispielen und Anmerkungen. it 475

– Wilhelm Meisters theatralische Sendung. Mit einem Nachwort von Wilhelm Voßkamp. it 725

– Wilhelm Meisters Wanderjahre oder die Entsagenden. Mit einem Nachwort von Adolf Muschg. it 575

– Xenien. it 875

Der Briefwechsel zwischen Schiller und Goethe. 2 Bde. Herausgegeben von Emil Staiger. Mit Illustrationen. Bildkommentar von Hans-Georg Dewitz. it 250

Johann Wolfgang von Goethe / Friedrich von Schiller: Sämtliche Balladen. Herausgegeben von Karl Eibl. it 1275

Johann Wolfgang von Goethe: Briefwechsel mit Marianne und Jakob Willemer. Herausgegeben von Hans-J. Weitz. it 900

Briefwechsel zwischen Goethe und Zelter 1796-1832. Herausgegeben von Max Hecker. it 950

Jeremias Gotthelf: Die schwarze Spinne. Mit Illustrationen von Renate Sendler-Peters. it 991

161/6/10.90

Klassische deutsche Literatur
im insel taschenbuch

Christian Dietrich Grabbe: Scherz, Satire, Ironie und tiefere Bedeutung. Ein Lustspiel in drei Aufzügen. Mit Illustrationen von Friedrich Heubner. it 534

Franz Grillparzer: Der arme Spielmann. Mit einem Nachwort von Richard Brinkmann. it 690

Jacob Grimm: Über den Ursprung der Sprache. Gelesen in der Preußischen Akademie der Wissenschaften am 9. Januar 1851. Mit Anmerkungen und einem Nachwort von M. Rassem. it 877

Hans Jakob Christoffel von Grimmelshausen: Der abenteuerliche Simplicissimus. Mit Zeichnungen von Fritz Kredel. it 739

– Trutz-Simplex oder Ausführliche und wunderseltzame Lebensbeschreibung der Ertzbetrügerin und Landstörtzerin Courasche. Mit einem Nachwort von Wolfgang Koeppen. it 211

Karoline von Günderode: Gedichte. Herausgegeben von Franz Josef Görtz. it 809

Johann Christian Günther: Gedichte. Mit einem Nachwort von Herbert Heckmann. it 1028

Wilhelm Hauff: Märchen. Erster Band. Herausgegeben von Berhnard Zeller. Mit Illustrationen von Theodor Weber, Theodor Hosemann und Ludwig Burger. it 216

– Mitteilungen aus den Memoiren des Satans. Mit einem Nachwort herausgegeben von Bernhard Zeller und zahlreichen Illustrationen von Rolf Köhler. it 782

– Zwerg Nase. Ein Märchen mit Illustrationen von Karl Walser. it 1191

Friedrich Hebbel: Erzählungen und Tagebuchblätter. Ausgewählt und mit einem Nachwort versehen von Hermann Hesse. it 1029

Johann Peter Hebel: Kalendergeschichten. Ausgewählt und mit einem Nachwort von Ernst Bloch. Mit neunzehn Holzschnitten von Ludwig Richter. it 17

– Schatzkästlein des rheinischen Hausfreundes. Nachdruck der Ausgabe von 1811 sowie sämtliche Kalendergeschichten aus dem »Rheinländischen Hausfreund« der Jahre 1808-1819. Herausgegeben und mit einem Nachwort versehen von Jan Knopf. it 719

Heinrich Heine: Atta Troll. Ein Sommernachtstraum. Mit einem Nachwort von Bernd Kortländer, kommentierenden Anmerkungen und zahlreichen Abbildungen. it 748

– Buch der Lieder. Mit zeitgenössischen Illustrationen und einem Nachwort von E. Galley. it 33

– Deutschland. Ein Wintermärchen. Mit einem Nachwort von Joseph Peter Strelka. Anhang mit Bibliographie und einer Zeittafel. it 723

161/7/10.90

Klassische deutsche Literatur im insel taschenbuch

Heinrich Heine: Florentinische Nächte. Mit Illustrationen von Wilhelm Wagner. it 923
– Italien. Mit farbigen Illustrationen von Paul Scheurich. it 1072
– Neue Gedichte. it 1055
– Der Rabbi von Bacherach. Ein Fragment. Mit Illustrationen von Max Liebermann und einem Nachwort von Joseph A. Kruse. it 811
– Reisebilder. Mit einem Nachwort von Joseph A. Kruse und zeitgenössischen Illustrationen. it 444
– Die romantische Schule. Mit einem Nachwort von Norbert Altenhofer. it 910
– Romanzero. Mit einem Nachwort von Joseph A. Kruse und zeitgenössischen Illustrationen. it 538
Julius Eduard Hitzig: E.T.A. Hoffmanns Leben und Nachlaß. Mit Anmerkungen zum Text und einem Nachwort von Wolfgang Held. it 755
Friedrich Hölderlin: Gedichte. Herausgegeben und mit Erläuterungen versehen von Jochen Schmidt. it 781
– Hyperion oder Der Eremit in Griechenland. Herausgegeben und mit einem Nachwort versehen von Jochen Schmidt. it 365
Hölderlins Diotima Susette Gontard. Gedichte – Briefe – Zeugnisse. Mit Bildnissen. Herausgegeben von Adolf Beck. it 447
Hölderlin. Dokumente seines Lebens. Briefe, Tagebuchblätter, Aufzeichnungen. Herausgegeben von Hermann Hesse und Karl Isenberg. it 221
Hölderlin. Chronik seines Lebens mit ausgewählten Bildnissen. Herausgegeben von Adolf Beck. it 83
E.T.A. Hoffmann: Die Abenteuer der Silvester-Nacht. Mit farbigen Illustrationen von Monika Wurmdobler. it 798
– Die Brautwahl. Mit farbigen Illustrationen von Monika Wurmdobler. it 1124
– Die Elixiere des Teufels. Mit Illustrationen von Hugo Steiner-Prag. it 304
– Das Fräulein von Scuderi. Erzählung aus dem Zeitalter Ludwig des Vierzehnten. Mit Illustrationen von Lutz Siebert. it 410
– Der goldne Topf. Ein Märchen aus der neuen Zeit. Mit 13 Illustrationen von Karl Thylmann. Herausgegeben und mit einem Nachwort von Jochen Schmidt. it 570
– Klein Zaches genannt Zinnober. Ein Märchen. Mit Radierungen von Renate Sendler-Peters. it 777

161/8/10.90

Literatur der Moderne im insel taschenbuch

Hans Christian Andersen: Spaziergang in der Sylvesternacht. Aus dem Dänischen von Anni Carlsson. Mit Zeichnungen von Gunter Böhmer. it 1130

Lou Andreas-Salomé: Lebensrückblick. Grundriß einiger Lebenserinnerungen. Aus dem Nachlaß herausgegeben von Ernst Pfeiffer. Neu durchgesehene Ausgabe mit einem Nachwort des Herausgebers. it 54

– Rainer Maria Rilke. Mit acht Bildtafeln im Text. Herausgegeben von Ernst Pfeiffer. it 1044

Bertolt Brecht: Hauspostille. Mit Anleitungen, Gesangsnoten und einem Anhang. Radierungen von Christoph Meckel. it 617

Hans Carossa: Das Jahr der schönen Täuschungen. it 1091

– Eine Kindheit. it 295

– Die Schicksale Doktor Bürgers. it 830

– Der Tag des jungen Arztes. it 1137

– Verwandlungen einer Jugend. it 296

Tankred Dorst: Grindkopf. Libretto für Schauspieler. Mitarbeit Ursula Ehler. Mit farbigen Zeichnungen von Roland Topor. it 929

– Korbes. Ein Drama. Mitarbeit Ursula Ehler. Mit farbigen Zeichnungen von Johannes Grützke. it 1114

– Der nackte Mann. Mitarbeit Ursula Ehler. Mit farbigen Zeichnungen von Johannes Grützke. it 857

Federico García Lorca: Die dramatischen Dichtungen. Deutsch von Enrique Beck. it 3

Manfred Hausmann: Der Hüttenfuchs. Erzählung. Mit farbigen Illustrationen von Rolf Köhler. it 730

Hermann Hesse: Bäume. Betrachtungen und Gedichte. Mit Fotografien von Imme Techentin. Zusammenstellung der Texte von Volker Michels. it 455

– Dank an Goethe. Betrachtungen, Rezensionen, Briefe. Mit einem Essay von Reso Karalaschwili. Neu zusammengestellt von Volker Michels. it 129

– Franz von Assisi. Mit Fresken von Giotto und einem Essay von Fritz Wagner. it 1069

– Gedichte des Malers. Zehn Gedichte mit farbigen Zeichnungen. it 893

– Hermann Lauscher. Mit frühen, teils unveröffentlichten Zeichnungen und einem Nachwort von Gunter Böhmer. it 206

– Kindheit des Zauberers. Ein autobiographisches Märchen. Handgeschrieben, illustriert und mit einer Nachbemerkung versehen von Peter Weiss. it 67

155/1/10.90

Literatur der Moderne
im insel taschenbuch

Hermann Hesse: Knulp. Drei Geschichten aus dem Leben Knulps. Mit dem Fragment ›Knulps Ende‹. Mit sechzehn Steinzeichnungen von Karl Walser. it 394
– Magie der Farben. Aquarelle aus dem Tessin. Mit Betrachtungen und Gedichten zusammengestellt und mit einem Nachwort versehen von Volker Michels. it 482
– Mit Hermann Hesse durch Italien. Ein Reisebegleiter durch Oberitalien. Mit farbigen Fotografien. Herausgegeben von Volker Michels. it 1120
– Piktors Verwandlungen. Ein Liebesmärchen, vom Autor handgeschrieben und illustriert, mit ausgewählten Gedichten und einem Nachwort versehen von Volker Michels. it 122
– Schmetterlinge. Betrachtungen, Erzählungen, Gedichte. Zusammengestellt und mit einem Nachwort versehen von Volker Michels. it 385
– Die Stadt. Ein Märchen, ins Bild gebracht von Walter Schmögner. it 236
– Der verbannte Ehemann oder Anton Schievelbeyn's ohnfreywillige Reisse nacher Ost-Indien. Handgeschrieben und illustriert von Peter Weiss. Mit einem erstmals veröffentlichten Opernlibretto von Hermann Hesse. it 260
– Der Zwerg. Ein Märchen. Mit Illustrationen von Rolf Köhler. it 636

Marie Hesse: Ein Lebensbild in Briefen und Tagebüchern. Mit einem Essay von Siegfried Greiner. Mit frühen Lithographien von Gunter Böhmer. it 261

Monica Huchel: Fürst Myschkin und die anderen. Ein Katzen-Brevier. it 808

Henrik Ibsen: Ein Puppenheim. Herausgegeben und übersetzt von Angelika Gundlach. Mit zeitgenössischen Abbildungen. it 323

Jens Peter Jacobsen: Frau Marie Grubbe. Interieurs aus dem 17. Jahrhundert. Aus dem Dänischen von Mathilde Mann. it 841
– Niels Lyhne. Mit Illustrationen von Heinrich Vogeler. Nachwort von Fritz Paul. Aus dem Dänischen von Anke Mann. it 44
– Die Pest in Bergamo und andere Novellen. Mit Illustrationen von Heinrich Vogeler. Aus dem Dänischen von Mathilde Mann. it 265

Marie Luise Kaschnitz: Beschreibung eines Dorfes. Fotografien von Michael Grünwald. it 665
– Eisbären. Erzählungen. it 4

Harry Graf Kessler: Tagebücher 1918-1937. Herausgegeben von Wolfgang Pfeiffer-Belli. it 659

155/2/10.90

Literatur der Moderne
im insel taschenbuch

Dieter Kühn: Bettinas letzte Liebschaften. it 894
– Flaschenpost für Goethe. it 854
Ferdinand Kürnberger: Der Amerikamüde. Amerikanisches Kulturbild. it 942
Lesebuch der Jahrhundertwende. Prosa aus den Jahren 1889 bis 1908. Ausgewählt von Klaus Schöffling. it 997
Malwida von Meysenbug: Memoiren einer Idealistin. Herausgegeben, eingeleitet und kommentiert von Renate Wiggershaus. it 824
Christian Morgenstern: Alle Galgenlieder. it 6
Marcel Proust / Eugène Atget: Ein Bild von Paris. Texte und Photographien. Herausgegeben von Arthur D. Trottenberg. it 669
Rainer Maria Rilke: Sämtliche Werke. 6 Bände in Kassette. Herausgegeben vom Rilke-Archiv in Verbindung mit Ruth Sieber-Rilke. Besorgt durch Ernst Zinn. it 1101-1106
– Band I: Gedichte. Erster Teil. it 1101
– Band II: Gedichte. Zweiter Teil. it 1102
– Band III: Jugendgedichte. it 1103
– Band IV: Frühe Erzählungen und Dramen. it 1104
– Band V: Kritische Schriften. Worpswede. Auguste Rodin. it 1105
– Band VI: Malte Laurids Brigge. Kleine Schriften. it 1106
– Am Leben hin. Novellen und Skizzen 1898. Mit Anmerkungen und einer Zeittafel. it 863
– Die Aufzeichnungen des Malte Laurids Brigge. it 630
– Auguste Rodin. Mit 96 Abbildungen. it 766
– Ausgesetzt auf den Bergen des Herzens. Gedichte aus den Jahren 1906 bis 1926. it 98
– Briefe. 3 Bde. in Kassette. Herausgegeben vom Rilke-Archiv in Weimar in Verbindung mit Ruth Sieber-Rilke. Besorgt durch Karl Altheim. it 867
– Die Briefe an Gräfin Sizzo. 1921-1926. Herausgegeben von Ingeborg Schnack. it 868
– Das Buch der Bilder. Des ersten Buches erster Teil. Des ersten Buches zweiter Teil. Des zweiten Buches erster Teil. Des zweiten Buches zweiter Teil. it 26
– Die drei Liebenden. Die Liebe der Magdalena. Portugiesische Briefe. Die Briefe der Marianna Alcoforado. Die vierundzwanzig Sonette der Louïze Labé. it 355
– Duineser Elegien. Die Sonette an Orpheus. it 80
– Erste Gedichte. Larenopfer. Traumgekrönt. Advent. it 1090
– Ewald Tragy. Mit einem Nachwort von Richard von Mises. it 1142

155/3/10.90

Literatur der Moderne
im insel taschenbuch

Rainer Maria Rilke: Frühe Gedichte. it 878
– Gedichte. Aus den Jahren 1902 bis 1917. Taschenbuchausgabe der 1931 als Privatdruck erschienenen Edition der Handschrift Rainer Maria Rilkes. Illustriert von Max Slevogt. it 701
– Gedichte aus den späten Jahren. Zusammengestellt von Franz-Heinrich Hackel. it 1178
– Geschichten vom lieben Gott. Illustrationen von E. R. Weiß. it 43
– Geschichten vom lieben Gott. Illustrationen von E. R. Weiß. Großdruck. it 2313
– Die Letzten. Im Gespräch. Der Liebende. it 935
– Neue Gedichte. Der Neuen Gedichte anderer Teil. it 49
Rilkes Landschaft. In Bildern von Regina Richter, zu Gedichten von Rainer Maria Rilke. Mit einem Nachwort von Siegfried Unseld. it 588
– Das Stunden-Buch, enthaltend die drei Bücher: Vom Mönchischen Leben. Von der Pilgerschaft. Von der Armut und vom Tode. it 2
– Über den jungen Dichter und andere kleine Schriften aus den Jahren 1906 bis 1926 in zeitlicher Folge. it 340
– Vom Alleinsein. Gedichte und Briefe. it 1216
– Wladimir, der Wolkenmaler und andere Erzählungen, Skizzen und Betrachtungen aus den Jahren 1893-1904. Ausgewählt und zusammengestellt von Volker Michels. it 68
– Worpswede. Fritz Mackensen. Otto Modersohn. Fritz Overbeck. Hans am Ende. Heinrich Vogeler. Mit zahlreichen Abbildungen und Farbtafeln im Text. it 1011
– Zwei Prager Geschichten und ›Ein Prager Künstler‹. Mit Illustrationen von Emil Orlik. Herausgegeben von Josef Mühlberger. it 235
Rainer Maria Rilke / Lou Andreas-Salomé: Briefwechsel. Herausgegeben von Ernst Pfeiffer. it 1217
Leopold von Sacher-Masoch: Venus im Pelz. Mit einer Studie über den Masochismus von Gilles Deleuze. it 469
August Strindberg: Ein Puppenheim. Und andere Erzählungen. Aus dem Schwedischen von Klaus Möllmann. Mit Illustrationen von Barbara Gutjahr und einem Nachwort von Leopold Magon. it 282
Felix Timmermans: Dämmerungen des Todes. Aus dem Niederländischen von Rein A. Zondergeld. Mit Illustrationen des Autors und einem Nachwort von Jörg Krichbaum. it 297

155/4/10.90